U0906165

风雅大宋

（一）·天下归一

FENGYA DASONG 壹

王佳 —— 著

浙江人民出版社

图书在版编目（CIP）数据

风雅大宋．一，天下归一 / 王佳著．— 杭州：浙江人民出版社，2022.3（2022.9 重印）
ISBN 978-7-213-10413-8

Ⅰ．①风… Ⅱ．①王… Ⅲ．①中国历史－宋代－通俗读物 Ⅳ．① K244.09

中国版本图书馆 CIP 数据核字（2021）第 248941 号

风雅大宋（一）：天下归一

王 佳 著

出版发行：浙江人民出版社（杭州市体育场路 347 号 邮编 310006）
市场部电话：（0571）85061682 85176516
责任编辑：潘海林
特约编辑：小 北 黎福安
营销编辑：陈雯怡 赵 娜 陈芊如 小 马
责任校对：朱 妍
责任印务：刘彭年
封面设计：琥珀视觉
电脑制版：刘龄蔓
印 刷：杭州丰源印刷有限公司
开 本：710 毫米 ×1000 毫米 1/16 印 张：19.25
字 数：238 千字 插 页：1
版 次：2022 年 3 月第 1 版 印 次：2022 年 9 月第 2 次印刷
书 号：ISBN 978-7-213-10413-8
定 价：58.00 元

目
录

这是隐藏在黑暗中，永远不会被他人所知的秘密，忽然猛一下被揭开了黑幕。刺眼的光线令赵光义头昏眼花，他强忍住颤抖的声调，装作毫不在意地挥挥手说：“当时情况紧急，国不可一日无君，也怪不得他们。”

赵普既然和太祖一同布衣起家，得了天下后，不久当了宰相，就毫不客气，完全把天下当成自己的事，就连《宋史》也评价道：“普性深沉有岸谷，虽多忌克，而能以天下事为己任。”

最后一句，将卢多逊悲伤的心情描写得淋漓尽致。他以为洛阳的花花草草，都在翘首企盼他的归来。当然，鬼魂作诗这种事是无稽之谈，这只不过是老百姓对卢多逊心情的猜测而已，也从侧面反映了卢多逊当时是多么渴望回到权力中心去。

赵光义还是没有把持住自己。他忘记了高粱河的伤痛，摸着大腿想：“报仇雪恨的机会来了，我就不信，打不过一个成天闹绯闻的女人。”

从太宗的后期开始，我们可以看出来，一大批个性鲜明、才华出众的臣子依次进入政治核心。在我国历史上，人们总是将唐宋并称，其实在规模上，宋朝并不盛大，它之所以值得我们后人骄傲，依靠的就是这些前无古人的文臣集团。

序

20世纪上半叶，中国近代以来两位史学巨擘陈寅恪和钱穆，给大宋王朝下了两个著名的论断。一个说“华夏民族之文化，历数千年之演进，造极于赵宋之世”；另一个说两宋王朝乃是“积贫积弱”的“文官政府”。

这两个论断命运迥异。前者的说法一度只有少数历史学者还记得曾经有这么一回事，而后者的说法亦被割裂，只剩下“积贫积弱”四个字。伴随着1840年以来缠绕于中国人心里近200年的悲情意识，借助《说岳全传》《杨家将》等演义小说及民间戏曲留下来的文化意识片段，直到今日的中国，仍然深入人心，几乎构成两宋的“历史符号”。

两宋与晚清一样，一度是绝大多数中国人都不太愿意提起的王朝。人们向往的是汉唐雄风，而两宋在人们的心目中，不过是苟延残喘地延续了300年，而对于我们这个担负过太多屈辱历史的民族来说，回忆那个时代，实在容易勾起民族潜意识里的悲情。即使完全不读历史书的人，也知道岳飞的故事……但凡还记得中学历史知识的国人，对于宋朝的“岁赐”也一定印象深刻，世界上再也没有比我们对割地赔款更加深恶痛绝的民族了。

至于文学爱好者，也许有人如醉如痴地喜爱宋词，但这正可当成宋朝“文弱”的一个证据，而诞生于宋朝的理学，则更被人们普遍视为造成中国近代衰落的重要原因……

同样是在20世纪上半叶，准确地说是1910年，在隔壁那个经历过明治维新，正磨刀霍霍准备实现其帝国野心的日本，一个在后世享有崇高学术地位的历史学家内藤湖南，第一次正式提出了他的著名学术观点——唐宋变革论。那篇将唐朝视为中世纪的结束，将宋朝视为近世开端的学术论文，在接下来的时间里，深刻影响着某些中国学者的历史观。

从此，有了另一个宋朝。

这个宋朝，经济发达、文化繁荣、科技昌明，它处在华夏文明演化的关键路口。政治、军事、文化、思想、商业、农业、科技……几乎每个方面，都发生了前所未有的革命性变化。当你用“屈辱”与“失败”来描绘这个宋朝与周边民族的关系时，会让人觉得那是一种几乎不可忍受的浅薄之见。它的结局的确以失败告终，但在它失败的废墟下，掩埋着无比珍贵的财富，等待我们拨开悲情的迷雾去发掘。

实际上，在中国研究两宋的学者中，这样的工作已经进行了近30年。只是，无数发掘出来的珍宝，它们的外表依然是看起来枯燥无味、令绝大多数人望而却步的学术论文、学术著作。

在今日的中国，其实既不缺乏踏踏实实、安于清苦，致力学术研究的学者，也不缺乏求知若渴，想要了解更多知识的大众。但学者们往往敏于思而讷于言，大多数人并不善于与大众沟通；而普通大众，也同样将枯燥的论文与学术著作视为畏途，因而真正缺失的，乃是将学术与普通大众两者沟通起来的桥梁。

幸运的是，这样的桥梁逐渐多起来了——当读者翻开这本书的时候，即意味着你已经走上了一座桥梁。这是一件值得庆幸的事情，因为本书不仅将带你去拜访一个个活灵活现、个性鲜明的宋朝人物，追随他们的事迹，与他们一起思考、呼吸……而且，这座桥梁也是安全可靠的。

在沟通的桥梁尚少之时，人们面对滔滔的大河，不太会挑剔桥的安全质量。但是，当桥梁逐渐多起来后，人们对历史的了解亦随之加深，过河的途径一多，对于桥的安全质量自然会有所评价，这亦是一种进步。在过去的几十年里，承担架起桥梁之任的人，的确有一些故意曲解史籍，反果为因，夹带私货；另有更多的人，粗制滥造，干的其实只是诸史纪事本末的白话文翻译工作……

这是可以理解的。只是，随着读者的进步，担当这种桥梁的人，也应当随之进步。这样才能进入一个真正的良性循环。

我们手中的这本书，正是这样的一个良性循环，在目前同类有关宋朝的作品中，这还是唯一一本让我打开阅读后，能够清楚地知道作者的确认认真真读过不少笔记小说——她不是在翻译《宋史纪事本末》或者《皇宋通鉴长编纪事本末》。作者虽然是用通俗、轻松的语言讲述宋朝的故事，但她所讲的故事是可靠的。我至今还清楚地记得，当年读了某本仿黄仁宇风格讲述宋朝历史的作品之后，有多么失望。

作为一个学习历史的人，面对历史，心里始终会有一种难以言说的尊重——我一直认为，对于历史的尊重，并不是要我们正襟危坐，板着脸，满口古文，讲着一些普通人听不懂的学术名词，甚至读书都只读竖排繁体……那种腔调，其实是很可笑的。真正尊重历史的人，应当尊重历史本身的情感，我们应当去体会身处不同时代的人们的情感，体谅他们的心情，其中最重要亦是最基本的则是尊重事实。对历史可以有不同的解释，我们也可以用自己的观点去解释历史，却永远不应该通过曲解历史，故意颠倒前因后果，来曲护自己的观点。

每本作品都是有灵魂的，而读者将感受得到。

所以，能够向各位介绍这本书，我将这当成一种荣幸。

阿越

2021 年 11 月于未飞斋

第一章 从一位神仙说开去

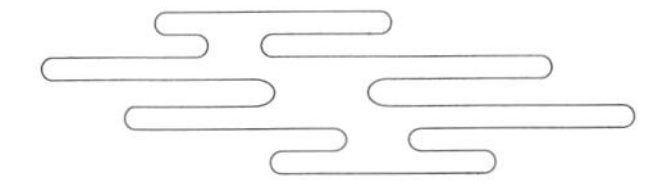

在陈桥驿薄雾笼罩的拂晓，被人强行推上权力巅峰，此时的赵匡胤，会做出什么样的表情呢？诡异的淡淡微笑，虚假的过分惊恐，或者睡眼惺忪浑身酒气……我们无从知晓，结局只有一个，他必须无条件接受。

关于一个王朝的历史，却要从讲述神仙开始，这听上去确实像荒腔走板的野路子。不过历史就是如此，无论多么严肃的史学家，如果其著作里对于古人的描写没有神仙穿梭，世人非但会怀疑其治学态度，而且多半会丧失阅读的兴趣。

中国人对神仙的态度一贯是友好的，这友好中又饱含着深深的羡慕。在古代，如果非要对职业进行排名的话，神仙应该是位列前三的。

首先，这一行有一个垄断的专利权——点石成金、化汞为丹。他们借此过着优哉游哉的生活，卧在白云之上喝酒，坐于松树之下弹琴。不像老百姓，为了柴米油盐，处处仰人鼻息。

除此之外，神仙的工作地点位于虚无缥缈的“方外”，所谓“跳出三界外，不在五行中”，不受任何人的约束。如果他们偶然跳下来为世人指导一下工作，后者多半要感激涕零，赶紧写进家谱作纪念。

这一点，皇帝也不能例外。

话说有一位跟道家学派创始人老聃是同乡的人，早年科举不第，失意之下，就隐居到武当山九室岩辟谷练气，自号扶摇子，闲来作诗八十一首，讲的都是导引炼丹之术，编成《指玄录》流传于世。

隐居既久，周围方圆百里的百姓都知道有这样一个“神仙”，最擅长一样本事——睡觉。

根据常识，睡觉不属于特异功能。

但是这位道士却将这一件平凡无奇的事情做得风生水起。他经常一睡就是几个月，即便在醒着的时候，也不吃东西，每天至多喝几杯酒而已。最后，终于惊动了周世宗，将他召到宫内关起来，经过仔细观察发现，他果然能一个多月长睡不醒。

周世宗的世界观受到了震撼，等“神仙”醒了，就急忙召见，请教了一些比较基础性的学术问题，比如神仙怎么点石成金？如何平地飞升？

“神仙”呵呵一笑说：“你是天下君王，应该以苍生为念，留意炼金这种小伎俩，实在是有点不合适啊！”

周世宗默然不语，挥手放还山中。

显德六年（959），当周世宗北征契丹归来，在路上身染沉疴时，大概还意识不到，当初那个颇能睡觉的“神仙”，还有一个多么惊人的秘密没有对他吐露。

看到此处，读过宋史的人都应该意识到了，这位“神仙”便是陈抟老祖。

在赵氏兄弟没有当皇帝之前，他们的每一段生命历程中，都留下了这位“神仙”的影子。

最初，宋太祖的母亲杜太后，用扁担挑着两个儿子避难时，遇到陈抟，陈抟就说：“莫道当今无天子，都将天子上担挑。”

再后来，陈抟骑驴在长安大街闲逛，遇到了三个年轻人。他呼哧跳下，仰天哈哈大笑，动作幅度之大，差点将头巾与簪子甩掉。然后，陈抟抢上前去，左右各挽一人，笑容可掬地问：“能不能一起喝杯酒？”年纪稍长那位说：“我们和赵学究一起出游，把他也叫上吧。”

陈抟斜着眼睛睥睨良久，把赵学究看得都有点不好意思了，这才点头说："也可，也可！这个酒席还真缺不了你。"

刚进酒店，赵学究因为走得脚软，急忙抢了左侧上席坐下。陈抟呵斥道："你是什么人物，怎么敢坐上席？"

赵学究只好悻悻退到席右。

此刻，在这不知名的小店里，陈抟所面对的这三位年轻人，正是未来大宋王朝的开创者，太祖赵匡胤、太宗赵光义和宰相赵普。

为了不违反天庭组织纪律，陈抟还是咬牙忍住，愣是没有将秘密吐露。

我们再将时间往后推移。后周显德七年（960），陈抟又骑着白骡子，带领恶少年数百，欲入汴州。在中途听说赵匡胤已经黄袍加身，就哈哈大笑说："天下由此定矣！"遂入山隐居。

以上所说的这些，皆是宋人笔记里列举出来，用来证明赵匡胤是真命天子，为他接受周恭帝的"禅让"寻找合适理由的。神仙都站出来作证了，世人当然就不能再怀疑。

事实上，显德元年（954），赵匡胤已经被任命为殿前都虞候。次年，由于宰相范质的推荐，赵普被任命为滁州军事判官，也就是在滁州，这君臣二人才初次风云际会。

此时赵匡胤已经是中高级将领，这样级别的官员，不可能在街上随便被陌生人拥入酒肆买个烂醉。而他的亲信赵普，也岂是他人能随意呵斥的？

因为陈抟的故事稍微有点离谱，所以《宋史》中并没有详细记载。不过太祖如此重要的人物登场，神奇的异兆是必不可少的。

据载在他出生的时候，洛阳夹马营赤光萦绕室内，奇异的香气整夜不散，所以他有了一个乳名，叫作"香孩儿"。同时其身体呈现金色，而且三天不散。据好事者考证，这是新生儿黄疸，我们不做评论。

后来又有两件神奇的事，其一是他骑着一匹烈马在城墙的斜坡道奔驰，额角重重撞上门楣，换了别人肯定脑壳破裂，不死也是重伤，他却若无其事地站起来，继续追赶。第二件事，他和韩令坤在土屋赌博，门外有麻雀打架，扑倒在地，他们急忙出去捕捉，刚一出门，土屋就轰然倒塌了。

由此证明，太祖身边有很多隐形的保护神，是上天的重点眷顾对象。

当然，这些皆是后来史官的总结。最初离家为前程奔走的香孩儿，闯荡的道路上尘土飞扬，和普通人一样，难免经历各种的挫折。精神上惨遭无赖羞辱，肉体上被赌徒修理，最后饿极了，在寺院的菜地里偷吃莴苣，被一位火眼金睛的老和尚发现。

常人看赵匡胤，只是一条憔悴大汉，目光炯炯却面有菜色。老和尚目力超人，看到的竟是一条金龙盘踞，又有人说，是一条小赤龙在鼻息之间游走不定。总之，和正常人不一样。

和尚建议他向北方去，投身于轰轰烈烈的造反运动，定有出头之日。

彼时正是五代末期，大好河山像蛋糕一样，被切得七零八碎。只要手里有七八个人和三五棍棒，人人都敢称帝，皇帝的位子上人来人往，如同走马灯，人世间热闹非凡。

到北方去干什么呢？除了当兵，似乎没有别的出路了，一来他出身军人世家，父亲赵弘殷一直担任军职，无形中对军人有好感。其次，乱世里实力决定一切，要生存就必须有兵马。

在路上，赵匡胤经过南京的高辛庙，看到香案上的竹杯筊，就想占卜一下自己的前程。他从小校开始，一直占到节度使，不料一个都没有中，都遭到了否决，不免有些沮丧：难道自己只能老死乡野，做一个平头百姓不成？

于是怒从心头起，恶向胆边生，把心一横喊道：“过此则为天子乎！”咔嚓一声巨响，一个圣筊[①]，为我们送来了光芒万丈的开国皇帝。

这就是中国古代历史上的一个文化奇观——谶纬，从民间歌谣、算命占卜或者出土文物中，准确预言将来社会的动向与发展。这种事被不厌其烦地重复，乃是为了证明“天命”这种东西的存在。

谶纬之风大兴，还是在汉朝的时候。那时光武帝刘秀在南阳龙潜，他的朋友，宛城大地主李通就劝他：“我父亲李守在长安做官，他老人家是位业余天文学家，根据星历占卜，预言了‘刘氏当兴，李氏为辅’。”方士蔡少公也到处宣扬：“刘秀要当皇帝了。”[②]

最神奇的是，有一本小册子《河图赤伏符》上说：“刘秀发兵捕不道，四夷云集龙斗野，四七之际火为主。”就是说二十八年之后，有一个叫刘秀的，要光复汉室河山。因为这个原因，王莽的御用文人刘歆特意改名为刘秀，希望这个预言能够应验在自己身上。

最后李通问刘秀：“现在天下乱象纷呈，你是不是也打算创业，建立个政权什么的？”

刘秀人如其名，非常忸怩地摇了摇头拒绝。他是个读书人，自幼家底殷实，不爱动粗，只想正常读书入仕。

刘秀有一句豪言壮语，“仕宦当作执金吾，娶妻当得阴丽华”，颇能反映当时的心态。执金吾是什么？只不过是巡行殿外，担任皇帝警卫的中层官员；阴丽华呢，则是新野大地主的女儿。由此可见刘秀最初的志向，有点“老婆孩子热炕头”的小农意识。

---

① 双筊一正一反，表示所占之事可成。

② 那时叫刘秀的人非常多，并非特指。

当然，按照史书的说法，刘秀最后还是没有抵挡住“天命”的滚滚车轮，当上了皇帝。

和刘秀一样，此时的赵匡胤得到了上天的启示。他信心满满地继续往北方去，参加了当时后汉的军队。他的领导叫郭威，小名“郭雀儿”，因为身上刺着两只小鸟的文身。

得到上天启示的赵匡胤，果然如有神助。他是一个相当勇猛的士兵，总是像一把尖刀一样，径直刺入敌人的心脏，就算在极端的劣势下，他所表现出来的强悍意志力与战斗力，也值得所有人的钦佩。

攻打寿州城的时候，赵匡胤率领手下跳进护城河冲锋，密集的箭雨瞬间遮天蔽日。如果不是一名叫张琼的小兵舍命挡箭，未来的大宋开国皇帝早就一命呜呼了。

这种勇猛使得他频频出现在周世宗的视野里，他的职位迅速得到提升，年纪轻轻就坐上了节度使的位子。节度使级别很高，但在当时并不像唐朝那样威风了。因为吸取了唐朝藩镇之乱的教训，五代之后，朝廷将兵力都集中到禁军中，由皇帝亲自掌管。

无论如何位高权重，赵匡胤当时大概做梦也没想到，日后他会成为王朝的主宰者。

周世宗柴荣，可谓不世出的英雄。此人不光勇猛精干，而且警惕性很高，他打仗不要命的程度，比赵匡胤有过之而无不及，完全不把自己当作万乘之尊。

从后来赵匡胤的只言片语中，我们也能体会到柴荣的厉害。

赵匡胤登基后，特别喜欢微服私访，有人劝他说这样不安全。赵匡胤回答说：“天子之兴，是天命所在，以前周世宗见到诸将中有方面大耳之人，就疑心其有天子之相，动辄杀之，我终日在他身边，却没有受到伤害，就是这个原因。”

据说还有一次，柴荣喝了不少酒，忽然指着赵匡胤说：“你这家伙，方面大耳皮肤黝黑，似乎有当天子的模样！”赵匡胤急忙跪下，痛哭流涕，用无比肉麻的话语表示忠心，这才得以平安无事。

在柴荣手下做事，是一件很有压力的事。不过赵匡胤也算获益不少，他从柴荣这里学到了很多东西。柴荣从一个毫无军功的继承者开始，仅用很短时间就将朝廷上下治理妥当，令赵匡胤叹为观止。

树立起绝对权威之后，柴荣将马鞭一挥，指向北方那个遥远的梦想——讨伐契丹，收复幽燕！这片土地从中原分割出去，已经属于“历史遗留问题”了。

没有人会否认柴荣的强悍。但是早在千年之前，骑着青牛过函谷关的老子就说过：“物极必反，过于强壮的东西，最容易折断。天下最柔软的是水，但同时，水也是世上力量最大的。”

柴荣的强悍，在自然规律面前同样弱不禁风。在取得了阶段性胜利，即将与契丹国王决战之前，他病倒了！几天之后，他坚强的意志终于抵抗不过肉体的痛苦，下令撤军，离开那个不祥之地——病龙台。

当初，听说柴荣要来讨伐，幽燕之地的老百姓难免惊慌，凑在一起闲聊。有人说：“大家不用担心，天子姓柴，幽州为燕，燕者，烟火也，柴送进了烟火，那还能存活吗？”

更神秘的是，柴荣自己也有感觉。他还是平头百姓的时候，曾梦见一个神人拿着金黄的大伞和一卷《道经》赐给他。然而就在之后几天，神人又来了，向他索要大伞与《道经》。柴荣呼哧一下从梦中惊醒，满脸汗水对近侍说：“吾梦不祥，岂非天命将去耶！”

非但夜梦不祥，在出征的归途中，又出了一段小插曲，更让柴荣心惊肉跳。

柴荣在批阅四方文书时，得到一个牛皮书囊，里面有块木牌写着：

点检做天子。这里的“点检”指的是一个官职，殿前都点检，是掌管禁军的朝廷要员。当时担任这个职务的，是柴荣的姐夫张永德。

历来史学界对这块木牌的由来众说纷纭，焦点就在李重进和赵匡胤身上。

李重进是郭威的亲外甥，战功赫赫，勇猛非凡。李重进最不喜欢的人之一，就是时任殿前都点检的张永德。李、张二人互相看不顺眼，不停地打对方的小报告，所以说李重进派人偷偷放这么一块木牌，用来陷害张永德，完全是有可能的。

至于赵匡胤，因为他是事后最大的受益者，所以被怀疑也实属正常，人们都猜测他是为了急于摆脱上司张永德，才要拉他下水。

不管这块木牌是谁做的，总之在周世宗夜梦之后，“不豫”之际，得到这样一个东西，自然是相当晦气。

柴荣并不是糊涂蛋，很容易想到是有人陷害张永德。但请不要低估迷信的力量，正如前文所说，在古代，历来皇帝登基，都要有这样预言式的图谶，否则你都不好意思坐上龙椅。

回去之后，柴荣立刻罢免姐夫张永德，把他赶出去当节度使。

历史再一次显示了它的吊诡——赵匡胤被任命为殿前都点检。木牌说的一点不错，这个赵点检后来竟然真的当了皇帝。更诡异的是，这个木牌非但这一次言中，而且还有第二次。赵匡胤当皇帝之后，任命他的弟弟赵光义担任殿前都点检，民间就传言：“点检做天子，莫非又是一个天子？”果然赵光义也位登大宝，不过这是后话。

赵点检能够上位，有一个很重要的原因，就是柴荣信任他，而且知道他是个外人，没有深厚的背景，造反概率较小。那时候人们普遍相信“龙生龙、凤生凤”的朴素血统论，皇帝亲戚造反的成功率要远远大于老百姓，因为他们身上流淌着“龙族”的血。这就是为什么刘秀和刘备，都宣称自己是刘邦的后代的原因。

赵匡胤就这样捡了个便宜，成为柴荣临终托孤的大臣之一。

少帝只有七岁，所以柴荣务必选择那些忠心耿耿的人来托孤。文人方面是范质、王溥为参知枢密院事，魏仁浦兼枢密使，武臣方面则托付给韩通和赵匡胤。

值得注意的是，派侍卫亲军都指挥使李重进率领所部赴河东，防御北汉，其用意很明显，是怕他不服小皇帝，起兵造反。

做完这一切，周世宗如释重负，可忽然之间又无比疲倦。五年，这短短五年的戎马生涯使他殚精竭虑，过早耗尽了元气，现在人事安排妥当，他该好好睡一觉了。他觉得情况有点不妙了，力不从心的感觉第一次涌上心头。不料，还有人上书打扰，说对人事安排有点意见。上书之人是右拾遗杨徽之，他说赵匡胤不适合统帅禁军，言下之意，这个人靠不住。

柴荣想了又想，小心行得万年船，为江山社稷和年幼的儿子打算，又补充了一道命令，军政主要归韩通负责。后周显德六年（959）六月，三十九岁的柴荣，终于安心地离开了，带着他“十年开拓天下，十年养百姓，十年致太平”的宏伟蓝图，从历史的天空黯然陨落。

他这个“三十计划”，其实也是有来历的。世宗手下有个大臣叫王朴，精通天文星象与算命，世宗曾经问过他：“我还有多少年的岁月？”王朴面色凝重地回答：“陛下用心，以苍生为念，天高听卑，自当蒙福。以我浅薄的才学来推断，三十年后的事情不好说啊！”

世宗以为自己还有三十年的时间，豪情顿起，说：“若如卿言，寡人当以十年开拓天下，十年养百姓，十年致太平足矣。”但实际情况是，世宗从即位到晏驾，在位五年余六个月，五六乃三十之数，王朴所谓三十，乃是委婉的说法。

王朴是先于周世宗去世的，赵匡胤对这个人也始终敬畏三分。直到他称帝之后，有一次路过功臣阁，忽然风吹门开，里面王朴的画像迎风摇摆，宛如活人迎面走来。赵匡胤悚然变色，急忙整理衣冠肃然鞠躬，并告诉左右侍从："倘此人在，朕不得着此袍！"

世宗驾崩后，七岁的周恭帝柴宗训即位。一切都在有条不紊地进行着，新皇帝上任，对将相大臣们加官晋爵例行赏赐，大家也都安分守己，赵匡胤领归德节度使，仍兼任殿前都点检。

在这个短暂的权力真空时刻，赵匡胤仔细研判局势。研究结论显示，不能再等了，那些令他敬畏的人，不管是上天堂还是下地狱，都管不着人间了，他必须有所作为，才对得起上天的屡屡启示。

但是他能怎么样呢？柴荣说得很明白，军政统归侍卫亲军马步军副都指挥使韩通负责，自己所兼任的殿前都点检形同虚设。

《易经》上说过"潜龙勿用"，在你的力量还不足以"飞龙在天"之时，最好安分守己。先到自己的工作单位归德府[①]去报到吧。按照惯例，家人都留在京城里，你可以把这理解成福利，也可以看成是抵押人质。

人虽然走了，但是势力不减，地下活动在悄悄进行着。

这也要怪周世宗自己，选择韩通是看中了他的忠诚老实。但是韩通性格上有缺陷，作为后周实际上的军事掌舵者，韩通并不精通吏道，也不具备"精明敏锐"的基本素质。周世宗看走了眼，选错了人，付出的代价是极其惨重的。

没过多久，禁军两大部之一的殿前司里，慕容延钊被任命为殿前副都点检，王审琦担任殿前都虞候，殿前都指挥使换成了石守信；另一方面在侍卫司，袁彦被调任保义军节度使，好消息是升官了，坏消息是被

---

① 今河南商丘。

赶出了禁军，据说是因为他和赵点检关系不和。

这些人事安排上的变化，引起了一部分人的警觉，包括后周军事第一人韩通的儿子韩微。

韩微智谋过人，只不过小时候得病，落下了驼背的毛病，被人送了个不雅的外号“橐驼儿”。他早就发现了“赵氏集团”的行为，力劝父亲出手制止，不料韩通这个莽夫[①]大大咧咧地摇头拒绝了。

韩通之所以掉以轻心，是有原因的。毕竟，他是军事一把手，而赵匡胤在禁军中并无实际权力，人在外地当节度使，一家老小都还押在京城，他有胆量起兵吗？

另一个人，殿中侍御史郑起，也曾上书宰相范质，指出赵匡胤一伙正在进行密谋活动。范质的反应和韩通一样，认为天下太平。大家最担心的李重进，都老老实实去当节度使了，一个根基不深的赵匡胤，翻不起多大的浪花。

另据有心人考证，因为都对一个叫王著的读书人不满，赵匡胤和范质曾合谋，扣下了柴荣任命王著为宰相的遗诏，这种默契无形中增进了二人的感情。再加上赵点检豪爽仗义，颇能笼络人心，范质不会怀疑他，甚至会帮助他，前面说到的人事变动，难保范质没有出力。

公元960年元旦，后周君臣正聚在京城庆祝新年，大典进行到一半之时，忽然接到北方边疆镇州、定州的飞驰急报，契丹人联合北汉突然发动袭击，请求朝廷立刻派兵增援。大家脸上的笑容立马凝固，心脏剧烈跳动，大臣们忍不住七嘴八舌开始讨论应对之策。

这一天的到来是早晚的事，五代军事部署的弊端就体现在这里，“实中虚外”的结构导致中央军事力量最为强大，各个藩镇都无力抗衡。这

① 外号很形象，“韩瞠眼”。

固然保证了京城的安全，但缺点是，大型的战役都需要禁军出兵增援，极易引起动荡。

这群人中间，有一个人的心脏跳动尤为剧烈，不过他不是慌张，而是激动。他就是“凑巧”在京城的赵点检。

朝臣们讨论的结果是：韩通不能走，京城的安全要保证；李重进距离太远，时间上来不及。慌作一团的文臣们很快达成共识，把禁军大权交给赵匡胤。

一切都在按照计划完美地进行着。

赵匡胤要造反，必须解决以下三个问题：第一是拿到军权，而且必须是英勇善战的禁军；第二要把那些拥护后周的人压制住；第三就是找到合适的人来拥戴自己。

现在借着北方的军情，把韩通的军权拿到手了。走出京城之后，“将在外，君命有所不受”，也不怕那些忠于后周的人了，可谓一箭双雕。

至于第三个问题，自然有人帮他解决，否则自己这么多年辛苦结交培植的党羽，岂不成了废物？

临危受命的赵匡胤立即召集幕僚开会，制定作战计划。带上侍卫马军都指挥使高怀德、侍卫步军都指挥使张令铎和自己同行。当然，侍卫步军的虎捷左厢、右厢都指挥使张光翰与赵彦徽，都在其中。

这个布局值得玩味。高怀德目前看来貌似中立，张令铎是出了名的仁厚忠诚，便于控制。再加上张光翰与赵彦徽这两个铁哥们，局势绝对在掌控之中。再对比一下京城的留守人员，殿前都指挥使石守信、殿前都虞候王审琦，关系好得不能再好，一切将水落石出。

好了，一切准备妥当，这就准备开拔。

但是按照中国传统哲学的辩证思想，两峰之间必有一谷，所谓“否极泰来”，想要享福可以，黎明前的寒冷和黑暗，需要你以莫大的勇气和运气来度过。

风向变了！

流言像长着翅膀的乌鸦一样，在京城的大街小巷来回流窜，这是魔咒：出兵之日，便是点检做天子之时。

流言的兴起，肯定有它必然的原因。在纷乱复杂的表面现象下，历史有它内在的政治文化规律。五代十国是一个典型的弱肉强食的时代，谁给的好处多就跟谁干，不存在忠心与否。

举个例子，当初后唐废帝李从珂造反，闵帝派兵去征讨他，为了鼓舞士气，闵帝亲自到国库给士兵颁赐银绢物品。士兵们身背赏物浩浩荡荡，在路上扬言说："到凤翔应该再弄一份。"

李从珂一看这些当兵的打仗就是为了致富，便劝说他们："如果我得了帝位，你们的赏赐会更加丰厚。"于是为了发财致富，众人纷纷倒戈。

等杀了闵帝，李从珂登基后发现，京城国库已经空无一物。李从珂哪里敢食言，只能从民间大肆搜刮以犒赏士兵，但是这帮大兵仍然不满意，抱怨说："去却生菩萨，扶起一条铁。"

在这种特殊的政治气氛下，士兵的胃口越来越大，时不时会怂恿自己的主帅造反，如果主帅不配合，甚至会危及生命。

远的不说，开封城里有点年纪的人，大概都还记得，后周太祖郭威是如何登上皇位的。

就在十年前的公元950年，后汉重臣枢密使兼天雄军节度使郭威，同样是接到边报，被即位不久的小皇帝刘承祐派出去防守契丹。

趁着郭威不在京城，这位心理敏感脆弱，据说患有癫痫病的小皇帝，干了一件惊天动地的事。他派十几个士兵以迅雷不及掩耳之势斩杀了他父亲留下的三位顾命大臣，说这几个老家伙图谋造反。其实是小皇帝晚上睡觉时，听到宫墙外作坊间有锻铁的声音，就一直怀疑有人要杀他。

刘承祐一击得手，觉得搞政变夺权实际上并没有那么难，于是再次下令，诛杀三位权臣的亲信和家属，包括手握重兵正在外地打仗的郭威。

接到诛杀郭威的密诏，小皇帝的舅舅李弘义忍不住摇头。事关重大，他不用掂量也知道如何选择，急忙快马加鞭，通知了侍卫步军都指挥使王殷。王殷又带着密诏，十万火急赶往郭威处。

对于这件事，郭威肯定是有预感的，所以他没有过多的惊慌，采用属下谋士的建议，将诏书中要被诛杀的人名，换成了自己的几位重要下属，十分悲伤地拿给他们看。

这一招果然奏效，那些将军一看皇帝如此忘恩负义，刚一登基就准备清理门户，顿时勃然大怒。军队就此被煽动起来。

郭威还在犹豫，他实在不想走出最后决裂的那一步。在路上经过反复斟酌，他给皇帝写了一封情真意切又绵里藏针的信，大意是：见好就收吧，我不会反叛你，请你也不要把事情做绝。

刘承祐和他的另一个舅舅看到这封信后，行动也很迅速——立马派人杀了郭威留京的全部家属。

这就是为什么郭威要传位给内侄柴荣，因为他没有儿子了。

郭威发怒了。他命令班师回京，同时允诺，攻破开封之后，大家可以尽情抢劫一番。很快，刘承祐就被杀死了。

倘若郭威就此登上皇帝的位子，此事就失去了传奇性。

郭威相当沉得住气。他出面请皇太后临朝听政，册立老皇帝刘知远的养子，也就是刘承祐的兄弟刘赟做皇帝。本来，听到郭威进京，河东节度使刘崇就很不高兴，因为论起血缘关系，老皇帝刘知远是自己的堂哥，现在刘家的江山眼看要姓郭了，他按捺不住，准备出兵了。忽然之间，喜从天降，自己的儿子刘赟被大家推举为皇帝。

刘崇停止了愤怒，静静地在家里等着老太师冯道接自己的儿子进京登基。

冯道就是后世民间俗称“不倒翁”的那一位，自称“长乐老”。此公既然有本事历经五朝，为三朝宰相，一朝太傅一朝太师，经验不可谓不多，眼光不可谓不毒。

冯道对郭威的心思洞若观火，出发前暗自叹息，老夫我一生不说谎话，如今却要去撒一个弥天大谎。

郭威此举玩的什么猫腻？冯道要说什么谎话？

我们稍稍分析一下当时的局势。因为前面说过的血统论，皇室人员是最有资格继承皇位的，当时皇家旁系里，有三个人实力较强：河东节度使刘崇、忠义节度使刘信、武宁节度使刘赟。

倘若郭威一入城就称帝，这三人肯定要合力发兵讨伐，那时候胜负难料，就很危险了。

所以，郭威此举意在先稳住刘崇，再将刘赟“调虎离山”。

这边新皇帝在路上，那边郭威又整军出发，再次防御契丹。

不过这一次走得很慢，超出常规的慢。很显然，他刻意放慢行军速度，是为军士们提供足够的考虑时间，让他们慢慢想，还有什么没有做到位的，哪里不对劲？

在漫长寂寞的行军途中，逐渐有人开窍了，大家三三两两，聚在一起商量：“新皇帝就要来了，是被我们搞死的那个混蛋的兄弟……我们在开封烧杀抢掠，也是犯法的……这下和刘家翻脸，他们掌权之后……”

大家面面相觑，心中无比担忧。

再次开拔之时，将士们却鼓噪起来。他们开始消极怠工、游行请愿。哗变发生了！郭威却不慌不忙，把自己关在民房里默不作声，一副事不关己的态度。

众将士搬来梯子翻墙跳进屋里，后面是密密麻麻声援的兄弟们，将民房团团围住，他们嘴里喊的都是同一句话："侍中当皇帝！"

郭威做出一副无奈的样子，反复推让，说时迟那时快，一名训练有素的士兵眼疾手快，伸手扯下黄旗，推开人群扑上前，不由分说将郭威裹住！

新皇帝诞生了！

虽然黄袍简陋了一点。

众人心头的一块石头落了地，自己的小命算是保住了，而且拥戴有功，这简直比打了胜仗还令人欣喜，风险大，回报却相当丰厚。

这时候大家才反应过来，郭威第二次带兵出来，就是为了等待这一刻。否则在京城办事，会有很多无谓的麻烦，还有其他的武装力量阻挠。

纵观郭威登基的全过程，客观来讲，是"半推半就"的，是被小皇帝逼急了的无奈之举。不过他的那些谋士确实不怎么样，完全不能体会领导的意图，而且没有前期准备，缺乏现成的黄袍就是明显的失误。

相比而言，赵匡胤的登基，准备得就有点太充分了。

现在开封百姓结合本朝太祖的经历，看出了赵匡胤谎报军情的企图，所以人言汹汹。如果那块写着"点检做天子"的牌子当时真是赵匡胤自己放的，现在他估计后悔莫及。张永德因为那块牌子丢了位子，自己该不会也因为坊间谶语，断送了谋划良久的前程吧？赵匡胤苦苦思索，来回在院子里踱着步子……

不知不觉就踱回了自己家。他哀叹道："外面人说话太不负责了，都说我要造反，我该怎么办呢？"

这时他的妹妹正在厨房做饭，听到这一声叹息勃然大怒，提着擀面杖冲出去收拾她贵为高级将领的哥哥，一边打还一边训斥："丈夫临大事，可否当自决，来家内吓唬妇女何为耶！"

赵匡胤遭到痛打，脑子似乎开了窍，历史上没有记载他和谋士是否经过了商量，这种犯忌讳的事当然不敢讲。我们可以猜测，经过大家研究之后，决定兵行险招，来个“富贵险中求”，拜访军事统帅韩通，把话说清楚。

当然在这之前，赵匡胤还是做了一些工作。正月初二，先派慕容延钊领兵先行出发。为什么呢？关系虽然很铁，但是慕容年纪和资历都比较老，在军中有威信，事先没有和他通气，关键时刻翻脸不好应付。

韩通对赵匡胤的到来并没有感觉特别意外，以为这只是例行的辞行。两人握手说了一些不痛不痒的官话，韩通叫赵匡胤放心：“我们信任你。”

韩微再次力劝自己的父亲，借此机会杀了赵匡胤，又被干脆地拒绝了。

韩通当然知道民间的传言，但是他太自信了。

这一幕很像鸿门宴，赵匡胤走出韩府，不知道脊背上出了多少汗。

正月初三，赵匡胤统领大军北上，一路上队伍秩序井然，秋毫无犯，京城老百姓眼看大军的旗帜消失在远方，这才松了一口气。

随大军一起出发的，当然还有以赵普为核心的幕僚集团，陈抟老祖的预言再一次发挥了威力：“非渠不能预此席！”没他还真成不了席。

大军行进途中，有一位殿前司苗广义，善天文占卜之术，开始散布“反动”言论，说太阳上还有一个太阳，二日黑光磨荡许久。我们知道，历来太阳都是皇帝的象征。

所以苗广义的意图很明显，改朝换代迫在眉睫，有新天子要出世了！此人跟随当时的星相学家王处讷学过星相，也算师出名门，所以在军中颇有一些信徒，引得议论纷纷。随后赵匡胤的幕僚楚昭辅也抬手指天，告诉众人天意有归，授命有兆，新天子要呼之欲出了。

煽动起众人之后，当晚大军到达陈桥驿，人心已经激动不安，一股莫名其妙的情绪在军中迅速蔓延开来。兴奋、激动还有略微的恐惧，所有的人都好像要进行一场豪赌。大家搓着手，不知道该不该出手押牌。押，搞不好诛灭九族；不押，金光大道在召唤。

赵普手下的那帮谋士也行动起来。大军刚刚安营扎寨，他们就开始四处活动，煽风点火，中高层将士的情绪很快就被激发起来。

很显然，这些人当兵就是为了在乱世中混口饭吃，谈不上有什么崇高理想。现在主上年幼无知，自己在前方拼死拼活，又有谁能知道呢？不如拥立新天子，荣华富贵唾手可得。

五代十国时期，这种事情上演得太多了，限于篇幅我们不一一详述。既然大家的路数都差不多，那就随便找个样本抄袭一下就行了。这些将士的意见初步形成后，由都押衙李处耘反映给赵光义和赵普。

赵普佯作吃惊，说拥立天子事关重大，不可草率行事。他又试探提议，现在外寇压境，要不咱们先攻打契丹，把他们击退了再回来商量这件事？

诸将表示抗议，强烈反对这个愚蠢的方案。他们虽然鲁莽，但也知道造反这种事，属于典型的“一不做，二不休”，要干就一条道走到黑，否则就缩起脑袋不要叫嚣。为了避免拥立不成反遭杀身，将士们执意要求现在就拥立太尉（赵匡胤）为皇帝，一刻都不能耽搁了。

赵普看火候差不多了，才说了一些冠冕堂皇的话，中心思想就是你们不要骚扰百姓，要防止那些节度使再次作乱，稳定压倒一切！安定人心，就能长保你们富贵！

赵普一番话深入浅出，点出要害。随后，他吩咐众将回去鼓动士兵，准备拥立劝进。另一方面他和赵光义又派快马入京，通知守城的石守信和王审琦等人，要他们做好应变的准备。

外围工作部署就绪，这幕戏的主角呢？

赵点检这几天过得不错，并没有因为契丹犯边而增加自己的工作压力。他晚上多喝了一点酒，现在宿醉未醒，似乎不知道外面发生了什么。

这真是一个奇妙的时代啊，有些人在梦里稀里糊涂就化作孤魂野鬼，有些人则莫名其妙地成了九五之尊。

天刚蒙蒙亮，士兵们就聚集在赵匡胤营帐周围齐声高呼，声震原野，赵光义和赵普率领全副武装的士兵破门而入，将一件合体的黄袍“强行”披在赵匡胤身上。

在陈桥驿薄雾笼罩的拂晓，被人强行推上权力巅峰，此时的赵匡胤，会做出什么样的表情呢？诡异的淡淡微笑，虚假的过分惊恐，或者睡眼惺忪浑身酒气……我们无从知晓，结局只有一个，他必须接受。

太祖披着黄袍，被人扶上战马，众人喊叫着要回京城，先把位子稳定下来再说。

赵匡胤又发表了一番讲话，大意还是要遵纪守法，听我的话，我就当皇上，否则我就不干了。然后又说，少帝和太后都是我们的老上级，那些公卿大臣，也都是老同事，不要欺凌他们。历来帝王登基进入京城，都要纵容手下烧杀抢掠，我是不会允许的。事成之后，肯定重重赏赐你们，否则，就是灭族之罪。

众人一听赵匡胤同意当皇帝，齐声拜服说：“谨遵号令！”

这是相当完美的一次策划，兵不血刃夺得皇权，从前虚无缥缈的预言，刹那间严然成了事实。

第二章 免死铁券失效了

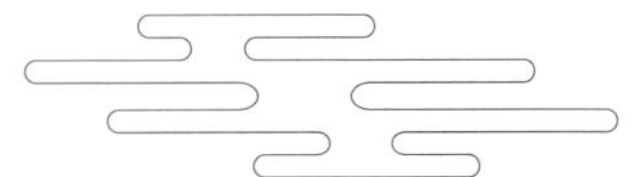

悲愤的李重进一咬牙，决定独自造反。为什么说他悲愤？其实以局外人的眼光来分析，李重进确实有理由悲愤，当初进京表忠心都被拒，是你赵匡胤逼的！

很多年以后，老宰相赵普回想起这一幕，肯定会发出会心的微笑，这是自己一生最为成功的作品。但是有一个小小的细节，他始终觉得遗憾。

那天他应该这样……

进入太祖营帐之前，他应该当着众人的面大声宣布，为了拥立太尉做皇帝不至于尴尬寒酸，我们连夜让村口的王裁缝赶制了一件黄袍，尺寸合适，价钱公道。

这样的话，就再也不会有人怀疑这件事是早有预谋的了。一招不慎，露出了破绽，遗憾终生啊。

赵匡胤自己并非没有注意到这个细节，但是赵普拥戴之功实在巨大，这些细节也就无足轻重，但有些人就令太祖耿耿于怀，比如翰林学士承旨陶谷。

话说回到京城，石守信得到消息，打开城门迎接新帝，随后安排少帝“禅让”。禅让非常严肃庄重，有成套的礼数，但大家都太兴奋了，忘记了非常重要的东西——禅让诏书！

就在众人面面相觑，赵普暗自为自己的失误懊悔时，陶谷扬扬得意地从袖子里抽出诏书，显示了自己的远见卓识和高瞻远瞩。

然而，赵匡胤是个实在人，很讨厌这种自作聪明的做派。陶谷此举虽说为他解了围，但据记载“太祖由是薄其为人”，一是为他不忠后周，向新主争宠；二来怪他早有安排泄露了此事。

陶谷文章号称宋初第一，却一直是翰林学士承旨。这个职位的待遇一般，所以他想辞去，但太祖不允，跟他说：“此职有何难做，依样画葫芦而已，且做，且做！”既不许罢官，也不进用。陶谷一生的尴尬，都是被小聪明害的。所以无奈题诗曰：“官职有来须有做，才能用处不忧无。堪笑翰林陶学士，一生依样画葫芦。”太祖看后更不高兴了。

再回头说进城之前，赵匡胤派潘美通知城里的几位老同志，高层人事变动，请大家做好心理准备。

此时早朝尚未退下，范质得到消息惊惧交加，抓住王溥胳膊急切道：“仓促出兵，导致兵变，这是我等的罪过。”可能是因为太激动了，范质“爪入溥手几出血”。

韩通一看这几个书呆子，或惊慌失措，或面无表情，根本没有要反抗的意思，便一言不发冲出宫门，去集合自己的部下。

集合起来能干什么呢？现在局势并不明朗，赵匡胤尚未出面，那就干脆去攻打他的办公室——殿前都检点公署。不料石守信料到会有此招，早就埋伏在左掖门，韩通他们一露面，铺天盖地的箭雨便唰唰地飞来。人少势微，加上情势突变，韩通手下的几个兄弟顷刻间四散逃窜。

韩通被石守信的伏兵打得丢盔弃甲，孤身跑回家里，大概是要通知家人逃命，正巧遇上了命中注定的克星王彦升。我们很难猜测，为何赵匡胤要派王彦升来完成这项特殊的任务，难道就是看中了此人的嗜血残忍，好将韩通一党一网打尽？

史书记载王彦升：性残忍多力，善击剑，号“王剑儿”。他看到刚刚跑回家，还没来得及关门的韩通，双眼迅速变得血红。顷刻之间韩府血流成河，韩通夫妇和三个儿子被活活砍死。

用今天的观点来看，这个王彦升的心理似乎有点扭曲变态，其嚣张跋扈远超一般人。新朝后，王彦升做京城巡检，晚上巡逻竟然巡到了宰相王溥家里。

王溥当然知道这个大名鼎鼎的瘟神，急忙起身迎接。王彦升大大咧咧说，没事，巡逻累了，搞点小酒喝喝。王溥知道王彦升的来意，磨蹭许久，方才不情愿地拿出白金千两，打发了他。心里却觉得十分委屈，这什么世道，都抢劫抢到宰相家里来了，次日给太祖密奏一道，赵匡胤一看确实有点离谱，就打发王彦升到唐州做刺史去了。

王彦升后来又到原州做防御使，每有西夏人触犯了王法，也不施加刑法，反而大摆筵席，召集部属前来饮酒。席间把那个罪犯叫上来，一手端酒杯，一手剐下此人耳朵，塞进嘴里下酒！如此吃了几次，治安状况明显好转。

因为杀了韩通，使得本来温文尔雅的禅让，出现了血腥味，令太祖很不开心，所以下令对王彦升“终身不授节钺”。

解决了韩通这唯一的抵抗，赵匡胤身披黄袍，策马拥入京城。

真正属于他的时代拉开了序幕！

在将士们的簇拥之下，赵匡胤登上明德门，命令众军解甲归营，自己则很低调地返回都点检公署，似乎从来没有黄袍加身这回事一样。

赵普等人却没有闲着。一会工夫，范质等旧臣一个个前来觐见，这是好听的说法，事实上，他们背后跟着的是一大群心潮澎湃的将士。

赵匡胤此时已经休息了一会，情绪也酝酿得差不多了。见到昨天的同事，今天的降臣，忽然之间泪如雨下，痛心疾首地说：“我今天被这些该死的大兵胁迫，真是惭愧……”

此时范质等人处于一个很尴尬的境地，马上就投降似乎不妥，再坚持坚持，脑袋恐怕就要搬家。范质几人正表情木然胡思乱想时，背后哗啦一声，罗彦环拔出宝剑捍卫他们的胜利果实，喝道："我辈无主，今日须得天子！"

这正是"秀才遇上兵"，王溥率先打破沉默，第一个上前朝拜，施以臣子之礼，其次是范质，再后来……

赵匡胤现在不哭了，抓紧时间去崇元殿，接受八岁小皇帝的禅让，禅让之后，一切就都顺理成章了。

一个崭新的朝代——宋朝，就此登上历史的舞台，这个名字来源于赵匡胤的最后一个职务，归德军宋州节度使。

这一切来得似乎过于容易，赵匡胤这年三十四岁，距离他离家外出讨生活，不过十余年的光景。从流浪汉到开国皇帝，他浓墨重彩地写下了自己人生中最重要的传奇。

心理学上说，人的性格是逐渐自我养成的，早年的经历直接影响着后来的行事风格，赵匡胤也不例外。

入主皇宫之后，他肯定细细总结过自己成功的原因，这个问题他母亲杜太后也问过。赵匡胤回答得很是敷衍，他说："都是因为祖宗积德，我才能有今天。"很显然，这是托词。

杜太后没那么好糊弄，一针见血地指出："你得天下，都是因为别人的江山在孤儿寡母手里，所以你才捡了便宜。'国赖长君'，你以后要把位子传给弟弟光义，然后再传给你儿子，才能永葆平安。"

姑且不论杜太后有没有说过此话，也不论对不对，赵匡胤得天下的原因，他自己应该比任何人都清楚，那里头的奥妙，只不过是两个字而已。就因为这两个字，赵匡胤后来大刀阔斧实施改革，不厌其烦地制定了种种策略，才造成了宋代独特的治国风格，以及后世子孙的耻辱与遗憾。

到底是哪两个字？——兵权！

宋朝建立起来了，在旁人眼里，这也没什么了不起的，没准又是个短命王朝。当时天下分崩离析，翻开地图，北有北汉和虎视眈眈的契丹，南方还有南唐、吴越、南汉、湖南和荆南、后蜀，割据政权星罗棋布。以前不是自己的天下，无须费心。现在不一样了，周围这些小国，越看越别扭。它们就好像某种皮肤顽症，时不时提醒你，要想舒服就得挠一挠。

可是赵匡胤现在腾不出手来，因为有人不服气，造反了。

首先跳出来的，按照我们前面的分析，应该是后周老皇帝郭威的外甥，那个凶悍跋扈的李重进。然而，不知道什么原因，李重进这一次成了落后分子，反宋大旗率先被昭义节度使李筠举了起来！

赵匡胤初登帝位就知道，这些节度使肯定心里不服，给他们各自发了诏书安慰，特地加封李筠为中书令。

到目前为止，李筠都还算得上是一条好汉，他早年跟随周世宗南征北战，也算战功卓著。在潞州盘踞了这么多年，可谓根深叶茂，所以敢于私自征收赋税，敢于召集逃犯之流入伍，威猛如柴荣者，有时候都拿他没办法，也只是在形式上下诏责问一下而已。

现在这个姓赵的小子篡夺了江山，竟然还派人下诏，显然是无视自己曾经的辉煌。李筠很生气，决定避而不见。在左右侍从拼命劝告下，才勉强跪下接了诏书。

等传谕的使者上了台阶，走到酒席边上，还没有动筷子，就听到身边传来了诡异的哭声。原来是李筠，他表情十分痛苦，老泪纵横地面对着一幅画，哭哭啼啼。

画上之人，就是后周太祖郭威，李筠的老上级。

这下把李筠手下的一干人等吓得够呛，急忙上前跟赵匡胤派来的使者解释说："他喝点酒就这样失态，您千万不要往心里去。"

李筠的儿子李守节，是个深明大义的好青年，好几次苦苦劝告父亲，说赵宋现在兵强马壮，正想树个靶子来建立权威，咱们可不要往刀口上撞。

李筠沉思许久，就给儿子出了一条"妙计"："不如你到赵匡胤那里去看看，他对我们有没有戒备？"

李守节一听这话差点当场昏倒，严重怀疑面前这位老头是不是自己的亲爸爸。但是他反过来一想，去一下或许没有坏处，总比在这里闭门谋划造反要强。

现在我们已经看清楚了，李筠的思路和一般人不一样。北汉皇帝刘钧曾给他送来一封蜡书密信，信上说你要想造反，我对赵匡胤也不满很久了，咱们联合起来，结成同盟吧。

李筠觉得这个提议不错，内心暗自点头，事实上他后来也是这样做的。

然后，他又把这封信上交给了赵匡胤。这可把赵匡胤搞糊涂了，这是赤裸裸的挑衅，还是忠心耿耿的证明？

可见，首鼠两端是李筠人格最鲜明的特征。

接受赵匡胤的诏书，却又公然缅怀先帝；紧锣密鼓准备起兵，同时又派自己儿子深入虎穴涉险；勾结刘钧造反，却又献上密书向赵匡胤示好；一直到后来，一边以臣子之礼参拜合作者刘钧，一边又口口声声说"忠于周室，不敢臣宋"云云。

李守节忐忑不安地站到赵匡胤面前时，他看到的，是一个笑眯眯的黑胖子，问他说："你来干什么？"李守节双腿立刻发软，跪地磕头如捣蒜，并说："您何出此言？一定是有奸人陷害我父亲。"

赵匡胤微微点头表示：“我也知道你多次劝谏，但是你的父亲不听，他派你来，就是想让我杀掉你，我杀你干什么？你回去跟他说，我不当天子的时候，他怎么干都成，现在我当了天子，难道他就不能让着我点？”

但李筠不是三岁孩子，说好话没用。现在，就算赵匡胤抱着他流泪哀求不要造反，也停不住了——我乃周朝宿将，和世宗当年也是称兄道弟的关系，禁军里面也都是熟人，大家一听说是我李筠，那肯定是喜不自胜，纷纷前来投靠。况且我还有两样撒手锏——爱将儋珪，一条长枪使得出神入化；宝马拨汗，日行七百，快如闪电。

等等！兵马未动，粮草先行，现在粮草好像不是那么充足，怎么办，偷还是抢？李筠眼珠子一转，计上心来，又想出一个创造性的金点子。

他找到城里数一数二的高僧，此人信徒甚多，很有号召力。李筠跟僧人商量说：“现在我部队的给养有些跟不上，我给你跑个腿，化缘上钱、粮各三十万，先存在我的库里，事后二一添作五，平分如何？”

该僧也是财迷，满口应承下来。

于是，和尚坐在高高的柴堆上宣称，不久之后就要自焚了，时日无多，要结缘要种福田的抓紧时间，引来众人纷纷围观。李筠则在地下悄悄挖了一条通道，告诉和尚，到时候你悄悄跳下来，从地道钻出来就好了。

接下来，李筠带头和他太太前去参拜，将所有的家财都布施给了圣僧，很快人群疯狂捐钱捐物。

李筠一看东西到手，立刻很不厚道地堵上地道，真的把和尚给焚了！李筠再一次展示了他的首鼠两端，反复无常。

粮草备足之后，李筠正式开始了他的造反之旅。思前想后，他还是觉得有点势单力薄，需要找个靠山。

这个靠山就锁定住第二个“儿皇帝”，曾经向他抛去橄榄枝的北汉刘钧。为了表达诚意，他派人将赵匡胤的监军，亳州防御使周光逊、闲厩使李廷玉绑了，送给刘钧作礼物。意思是说，我态度十分坚决，一条道要走到黑了！

紧接着，派人杀了泽州刺史张福，占泽州作为据点。

刘钧那边接到礼物立刻行动，亲自率兵赶到太平驿和李筠会合。李筠望穿秋水迎来了他的新主子，隆重地施以臣子之礼。

不过，当他抬头仰望时，才发现这次会面是令人极度沮丧的。这才多久啊，北汉简直是一年不如一年，将士人少不说，而且个个面有菜色，无精打采。

李筠很郁闷，聪明的自己还是忽略了一点，契丹既然认了北汉这个傀儡，一定会狠劲剥削。这些年来，北汉已经被契丹蚕食得差不多了，几乎成了空壳子。

如果早知如此，我还造这个反干什么？李筠开始觉得，世界不是自己最初理解的那个样子了。

不料虎死不倒威，刘钧仗着契丹撑腰，开始摊牌：李筠你是我的臣子，那契丹也是你的主子，以后要服服帖帖，跟我一起……

李筠又开始反复无常了，说自己生是周室的人，死是周室的鬼，不愿归顺契丹。刘钧有点不舒服，不过还是封他为西平王，赐马三百匹。这个赏赐不是白给的，刘钧派了个监军来监视李筠。

赵匡胤早知道会有这么一天，而且知道此战非同寻常。根据杀鸡儆猴定理，只要这只出头鸟被打死，其他人如哭哭啼啼的成德军节度使郭崇，天天维修军器的保义军节度使袁彦，以及护国军节度使杨承信等人，会很快收起造反之心的。

首先奉命出征的是石守信和高怀德，接着是慕容延钊、王全斌由东路接应，目的只有一个，遏制李筠的进程，绝对不能让他西出太行山。

此时李筠正率兵南下迎战，留下儿子李守节在上党老巢守候。双方在长平首次交战，因为太祖下了死命令，所以西平王的部下吃了点小亏，留下三千具尸体退守泽州。

鉴于此战意义重大，不久之后太祖策马亲征，好让李筠败得心服口服。据说这里头有赵普的主意，他告诉太祖说："敌人以为国家初建，肯定不会主动出击，如果倍道兼行出其不意，肯定可以一举拿下！"太祖深以为然。

途中山路崎岖，到处都是大大小小的石头，不利马匹行进，如果强行推进，很可能增加很多非战斗减员，赵匡胤就亲自用马匹搬运石头。皇帝亲自动手了，众人哪敢怠慢，一个个争先恐后地搬运，一天之内，一条平坦大道就出现了。

太祖与石守信、高怀德会合之后，三军在泽州南部大败李筠数万人，有三千人当即投降，李筠只好继续退守泽州。

危城困守，中国战争史上最典型的画面出现了。

城墙外面，宋太祖英气勃勃，意气风发，史载"帝亲督战，列栅围之"，说得直接点，就是"瓮中捉鳖"。

城墙里面，李筠正和一个女人在说悄悄话，这个女人是他的侍妾刘氏。

刘氏忧心忡忡地说："城里现在还有多少马匹？城门随时可能会被攻破，不如带着心腹火速突围，保住昭义，向河东求援，总比在这里坐以待毙强吧？"

李筠想想觉得有道理，清点一下，居然还有千匹战马，于是决定晚上突围。

不料边上有人说：“您再考虑考虑，一旦出城，难保没人把你挟制住去投降邀功啊。”

李筠想想，也很有道理。

这是他一生中最后一次反复无常了。没过多久坏消息传来，龙捷使王廷鲁，汾州团练使王全德，这两个意志薄弱的人投降了赵匡胤。

李筠退路已堵，败局已定！

六月，赵匡胤亲自指挥攻城，冒着箭雨飞石加入敢死队。李筠眼看败局已定，只好自杀。

为首的一死，赵匡胤继续挥师上党，李守节只好乖乖地开门投降，得到了太祖的嘉奖。

太祖这一次大壮声威，一举拿下叛贼，立刻起到了敲山震虎的作用。可以设想，如果李筠久攻不下，四方诸侯恐怕就要闻风而动，局势就会相当糟糕。

事实上，已经有人这么做了。李筠刚举起旗帜，李重进就派遣心腹翟守珣去昭义镇联络，要联合起事。然而，两人的合作没有成功，这个所谓的“心腹”，一拐弯跑到新皇帝那里邀功，打小报告揭露了李重进的阴谋。

赵匡胤一看形势不妙，马上对翟守珣许以高官，并重重赏赐，任务只有一个，尽量拖住李重进，以免造成南北夹击的被动局面。

李重进就这样失去了唯一的机会。

翟守珣则立功不小，后来平定李重进后，太祖遍寻不到此人，最后通过悬赏的方式找到了他，并提升他为供奉官。

其他的节度使，相对好对付一点。

成德军节度使郭崇手下的辛仲甫，劝告郭崇应该遵纪守法，顺应时代潮流，节外生枝等于自寻死路。郭崇思忖再三，接受了这个意见，对朝廷使者彬彬有礼，消除了赵匡胤的怀疑。

成天修缮兵甲的保义军节度使袁彦，一看李筠如此不敌，也只好找了个台阶，当单枪匹马的潘美作为监军来宣他进京时，一刻不敢耽搁，立马收拾行李启程。

这些人都已臣服，为何李重进还是一意孤行？

其实稍加分析就可以看出，赵匡胤一旦掌权，李重进的悲惨命运就注定了，只是他缺乏敏感性，以为拥兵自重就可以保得平安。一切都是因为他特殊的身份——和后周王室有十分亲近的血缘关系，而且“年长于世宗”，也就是说，资历太老了。

其实，在赵匡胤刚登上帝位的几天之后，就罢免了李重进的军职，得到消息的李重进即刻请求进京觐见。按说，这是地方节度使表示臣服的意思，但是赵匡胤却高兴不起来，反而愁容不展，命令翰林学士李昉刻意推辞。

其中的奥妙，恐怕只有李重进本人可以体味。他要求觐见被拒，顿时慌了神，愈加觉得不安，直觉告诉他这次在劫难逃，就开始着手准备叛乱。等李筠那边起兵后，本想联络一下，却被翟守珣坏了事。

现在赵匡胤腾出了手，于是下令将李重进从扬州调到平卢去，同时赐给他一块“免死铁券”。让一个节度使离开自己的地盘，特别是在这个君臣猜忌的敏感时刻，意图很明显——调虎离山。

李重进接到铁券，一时头脑发热，决定进京面谢圣上，被他手下死死拦住。幕僚们集合起来开会，分析局势之后，觉得没有别的路子可走了，不如扣留宋使，造反算了！

和李筠一样，李重进也想寻找一个合作伙伴，北汉太遥远了，而且刘钧目前估计还没有从失败中恢复过来，那就就近寻找——南唐！

当时南唐掌权的是中主李璟，此人性格如何，从一件小事就能看出来。他曾经半开玩笑地问过手下的著名词人冯延巳，说：“‘吹皱一池春水’，关你什么事？”因为这一句是冯的得意之笔，他这么问，大约是怀着嫉妒之心。

冯延巳反应倒是不慢，回答说：“还是不如陛下您那一句‘小楼吹彻玉笙寒’来得高妙！”李璟很是受用。

能写出这样诗句的一位皇帝，应该说性格上和赵匡胤之流的赳赳武夫判若云泥。所以他接到李重进的求援信，想起李筠的惨败，大概也回忆起在周世宗时代，被打得稀里哗啦的仓皇岁月。

李璟就很客气很理性地回复说：“此时不宜造反，最佳时机你已经错过，现在赵匡胤风头正劲，算了吧。别说是你，就算韩信、白起这种狠角色来了，也绝无成功的可能。”

悲愤的李重进一咬牙，决定独自造反。为什么说他悲愤？以局外人的眼光来分析，李重进确实有理由悲愤，当初进京表忠心都被拒，是你赵匡胤逼的！

赵匡胤得知李重进准备谋反，立刻派“义社十兄弟”中的石守信和王审琦出兵讨伐，还有李处耘也跟着，这几个人都是直接参与“陈桥兵变”的忠实部下。相反，原来担任侍卫、殿前司的高级将领，基本没有参与。

这个布局一出现，我们就看出了赵匡胤的真实意图，他对李重进其实是心存忌惮，由怕生恨。

以太祖的雄才大略，李重进自然无法与之相提并论，但是请不要忽略“资历”这东西，李重进在禁军中担任高级将领多年，和许多将领非常熟悉。他当高级将领时，赵匡胤还是普通士兵。

赵匡胤担心的是，万一派一个他的昔日亲信去，阵前倒戈就太不划算了。这也是为什么当初要一口回绝李重进进京觐见的原因，也是畏惧他心怀叵测，在禁军中煽动兵变。

难道太祖不能在李重进入城之时，埋伏一些亲兵一举将其拿下？来看一些具体的例子，答案就有了。

最初赵匡胤刚入主皇宫，就看到宫嫔抱着一个小孩，他问这是谁的孩子，回答说是周世宗的小儿子，赵匡胤问赵普怎么办？赵普面不改色说："去之！"意思就是斩草除根。

身边跟着的潘美却沉默不语，赵匡胤问起来，潘美才说："如果我说杀掉，是有负世宗，如果说不杀，陛下又会怀疑我。"

赵匡胤点头说："继人之位，杀人之子，这种事我干不出来啊。"当即立下誓约，柴氏子孙即便犯了罪，也不许加刑处置，哪怕他们谋反，也只能在监狱里赐死自尽，绝不可在闹市斩杀，更不许株连亲属。

后来这个誓约更加具体化，被刻成碑文放置在太庙寝殿的夹室内，每当新天子即位，就由一个不识字的内侍陪同，跪下来默默念诵。

这个誓约是国家级的机密，除了历任皇帝再也无人知晓，直到后来靖康之变，金人打开宫殿，方才发现这一闪烁人性光辉的秘密。

所以说将李重进诱骗到京城干掉，绝对不是赵匡胤的风格。那么赵匡胤是什么风格呢？

开宝元年（968），皇宫修缮完毕，太祖坐在寝殿，命令将殿门全部打开，因为所有的门都在一条轴线上，所以一眼就可以看到门外。太祖见此情景，跟众大臣说："这就像我的心，没有曲邪，人人都可以看到！"

赵匡胤生逢乱世，却具有完善成熟的人格，实属罕见。

问起赵普对此次南征讨伐李重进的意见。赵普说："李重进所凭借的只有一条淮河，再加上一座孤城，他没有三国诸葛诞对士兵的恩信，却只有袁绍的蛮横，而且外无救援，内乏粮草，快打慢打都可以。不过兵贵神速，快一点好。”

那就快一点。

十月下旬，赵匡胤再次御驾亲征，百官六军一并乘舟东去，一时间势不可当，很快在十一月攻下扬州。

李重进临死前，手下的人要杀掉那个上次来送铁券的陈思诲，他这次倒很理智，大概是人之将死，其言也善。他说：“我们都要死了，杀他有什么用呢？”

扬州城破之后，李重进的哥哥李重兴、弟弟解州刺史李重赞、儿子李延福，以及数百名党羽全部被杀。等人杀得差不多了，赵匡胤才下诏：李重进的家属和部下赦免死罪，逃亡的也允许自首。

这是一道刻意迟来的命令。再仁慈的政治家，也有他残酷的一面。

古人说“匹夫无罪，怀璧其罪”，李重进恰恰印证了这句话。倘若他是一个软弱无能之辈，没有那么多的战功，完全有可能像后来那些被“杯酒释兵权”的将领一样，过几年舒服的日子。

《宋史》里记载，犯上作乱的二李和韩通并列为“周三臣”。韩通绝对对得起柴荣的在天之灵，但是李筠和李重进两人，却并非真心要讨回公道，否则当初在得知陈桥兵变之时，就该立刻起事，何必犹犹豫豫，最终错失良机？

赵匡胤心明如镜，所以他对韩通一直心存愧疚。后来，在开宝寺看到韩通与其子的画像，即刻令人抹去。

江山暂时坐稳了。

第三章 赵匡胤二三事

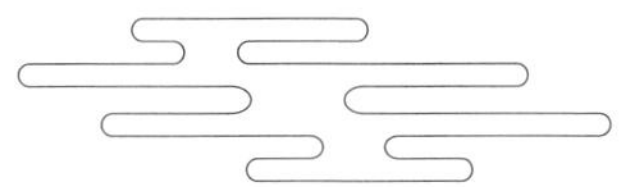

打个比方来说，有一大汉饥肠辘辘，想找点吃食。他是直接翻墙跳入北汉刘钧家里偷东西，还是先在街上随便抢劫文弱书生李璟，或者拆开超级败家子刘张的包裹，等吃饱喝足后，再去找刘钧？

平定二李之乱后，天下格局基本安定。太祖登高望远，看那富庶的南唐、南汉、后蜀，动起了心思。

当南唐派冯延鲁①前来时，太祖旧事重提，怒不可遏地说："你们的国主竟敢和我的叛臣私下联络，当我聋哑不成！"

冯延鲁辩解说："陛下只知其一不知其二。"于是将李璟那套说辞又搬了出来："我们国主给李重进指了条阳关大道，他却酷爱钻牛角尖，没办法……"

赵匡胤不由一怔，心想这人口才还真是不错。他一着急，实话就冒了出来，恐吓人家说："我手下的人都劝我乘胜过江，把你们拿下，你觉得如何？"

冯延鲁沉着冷静，回答得十分稳重，有理有据地说："李重进吹牛，说他一世雄杰，但是遇到英明神武的您，来不及转个身就被灭掉了，我们这样一个小国，哪里敢抵抗……但是，有些小问题您还是要考虑，我国有侍卫亲兵数万，是先皇亲手训练的，誓与国主同生共死，如果您舍得牺牲数万将士，不妨一试。而且大江天堑阻隔，风浪难测，如果不能攻破城池，退路也被封死的话，结局嘛……"

① 冯延巳的弟弟。

赵匡胤一听哈哈大笑，自我解嘲道：“开个玩笑而已。”

冬十一月，风雪交加，街上几乎看不到行人，赵普下班后也准备早早休息，不料刚躺下，就听见急促的敲门声，来者正是赵匡胤。告诉他说：“我也约了光义前来，尝尝嫂子最拿手的烤肉。”

赵普满腹狐疑，堂堂皇帝，冒着风雪就为了吃上一顿烤肉？

过了一会，开封府尹赵光义也急急赶来，三人吃着烤肉喝着小酒，好不惬意。杯酒下肚，赵普话也多了起来，忍不住问道：“夜深天寒，陛下为什么还要出来呢？”赵匡胤叹息一声说：“哪里睡得着，除了我睡觉的这一点点地方，其他都是别人的，苦恼郁闷着呢！”

赵普这才恍然大悟，知道太祖有了新的想法，便不失时机出主意说：“现在是南征北战抢地盘的最好时机，不知道您的意思如何？”

“太原，我想拿下坚固如铁桶的太原！”赵匡胤回答。

一听这话，赵普倒吸一口凉气，默默喝酒吃菜，良久才说：“这个超出了我的能力。”

赵匡胤立刻追问为什么，赵普还是沉默。再三追问下，赵普才慢吞吞地说：“北汉就算是一攻而下，我们把太原城夺走，那就直接和那些虎狼之国接壤了，所有的边境压力都需要我们来承担。不如，暂时留下它，等把其他诸国拿下，只剩小小的北汉，它还逃得了吗？”

赵匡胤又是哈哈大笑说：“我正有此意，刚才开玩笑试探你呢。”

这就是史上有名的“雪夜访普”，中国人在饭桌上解决问题的能力再次得到了印证。这可不是一般的问题，关系到帝国百年基业，也是刚刚建立的赵宋王朝能否坐大的纲领性策略。

就在这一夜，帝国的三个缔造者取得一致意见，先取西川（后蜀），然后是荆广、江南，最后再收拾结有世仇的北汉。

其实这不是什么新方案，最初的雏形是由王朴提出来的。早先王朴给柴荣上了一个《平边策》，说的就是这个意思。

事实证明，这个策略是科学的，行之有效的。原因也很简单。打个比方来说，有一大汉饥肠辘辘，想找点吃食。他是直接翻墙跳入北汉刘钧家里偷东西，还是先在街上随便抢劫文弱书生李璟，或者拆开超级败家子刘铱的包裹，等吃饱喝足后，再去找刘钧？

答案很明显，吃柿子拣软的捏，更何况刘钧还有一个“干爸爸”——契丹！

主动出兵打架不是闹着玩，这种事情要“师出有名”，莫名其妙地出去把别人揍一顿，不符合天下道义。

所以“雪夜访普”之后，赵匡胤最大的问题就是怎么堂而皇之地把别人的土地拿过来。

机会来了，建隆三年（962），割据湖南的武平军节度使周行逢死了，他的儿子周保权即位，只有十一岁。

历史何其相似，又是“主少国疑”。所以有人跳出来说，我和周行逢一起从底层爬上来，建立不朽功业，这个小孩子何德何能，要我北面侍奉？

这个人就是大将张文表。

张文表的为人，周行逢最清楚。临死前，他握着儿子的手说，和我同时起兵的有十个人，现在只有衡阳刺史张文表活着，我死后，他肯定不服管束。如果他叛变，就派杨师璠去讨伐。万一讨伐失败了，就归顺大宋算了，赵匡胤为人厚道，好歹会保你一条命。

刚好在这个时候，周保权遣兵更戍永州。路过衡阳时，张文表就发难了，将部队从他的地界驱赶出去。张文表让士兵们都穿着缟素，装作奔丧的样子，发兵直扑朗州[①]。

张文表军队路过潭州[②]，镇守此处的行军司马廖简正在大摆宴席。

手下人报告说叛贼张文表来了。廖简一贯看不起张文表，举着酒杯说：“张文表何足挂齿，来了一举拿下便是！”

不一会，张文表果然率领手下径直蹿进府中。廖简那天可能喝多了一点，连弓箭都歪歪扭扭拿不稳，最后只好叉开双腿坐在地上破口大骂。

张文表懒得听他啰唆，径直取了颈上人头，并且找出官印，自封“权留后”，随即将消息告诉朝廷。为了保留一条后路，张文表也给赵匡胤上了一道奏折，旗帜鲜明地表示要归顺大宋。

周保权能有什么办法？唯有按照父亲的遗愿，哭着下令让杨师璠去平定。杨师璠倒是忠臣，看皇帝哭了也一时心酸，对大家说：“你们看小领导，还没有成年就如此贤良。”

那个场面真是凄惨感人。

与此同时，赵匡胤发了两条诏令：第一，承认周保权武平军节度使的合法地位；第二，接受造反者张文表的归顺请求，两边都不得罪。

随即第三条诏令又来了，大宋还要派兵替天行道，去帮助周保权讨伐叛贼！

很明显，这三条紧挨着发出的诏令是互相矛盾的，赵匡胤支持周保权，也接受了张文表的归顺，但是，还要派人去攻打张文表！葫芦里卖的到底是什么药？

只有赵匡胤自己知道，他在暗地里笑了。

---

① 今湖南常德。

② 今湖南长沙。

乾德元年（963）正月，大宋派出了慕容延钊和李处耘率兵出征，去帮助少年周保权，解救处于水深火热中的湖南百姓。

这个决策是深思熟虑的结果。从地图上我们不难看出，要到达湖南，就必须路过荆南，凑巧的是，现任荆南节度使高继冲也是毛头小子，去年（962）十一月，他的叔叔高宝勖刚刚去世，他才坐上节度使的位子。

两个地方都是年轻人刚刚即位，现在又有合适的出兵借口，再迟钝的人都想得出来，赵匡胤这是要“一箭双雕”，在去湖南的路上，顺便把荆南也收入囊中。

二月，宋朝的军队到达襄州，都监李处耘派人告诉荆南节度使高继冲：“我们要去湖南替天行道，匡扶正义，从您这里路过一下，麻烦顺便给我们准备点粮草，没问题吧？”

高继冲毕竟缺乏经验，忽然看到大宋兵临城下，不禁有些恐慌。和左右亲信商量后，回话说：“大军如果直接开进城里，恐怕引起老百姓恐慌，不如我们把东西给您送去？”

李处耘当然不答应：这样显得太见外了，不够亲热。

荆南的兵马副使李景威看得比较明白，跟高继冲说：“宋军表面上说假道收取湖湘，大概是个幌子，说不定会袭击我们。应该在荆门险隘之处伏兵三千，等他们夜间行军时，忽然直取其上将，这样他们就会退兵。然后我们再回师收拾张文表，将其献给朝廷，这样一来你的功劳不小，否则，就有摇尾乞怜的危险啊！”

高继冲脑袋摇得像拨浪鼓，说：“不可能，我们多年侍奉朝廷，肯定不会这样的。”

节度判官孙光宪大约猜到了高继冲的心思，试探着说：“自周世宗开始，已经有一统天下的志向了，现在宋军以泰山压顶之势讨伐张文表，打下湖湘之后，还能再借道回去？估计顺便要把我们收了！”

“不如趁早把疆土归还朝廷，撤除军备，封好府库，等人家来接管吧，这样您也不失富贵。”孙光宪最后这样劝告高继冲。

高继冲默默点头，不过还没有下定决心。随后，派自己的叔父高宝寅赶着肥牛、担着美酒主动迎上去犒劳宋军。

迎接心惊胆战的高宝寅一行的，是笑容可掬满面春风的李处耘，大家亲热而又不失礼节地欢聚一堂。

高宝寅这才宽心了。他派人快马通知周保权，形势很好，宋军相当热情有礼貌，李景威纯粹是在污蔑仁义之师。

当晚，由慕容延钊出面设宴款待众人，大家一醉方休好不热闹，有心人可能注意到了，缺少了一个主角，那就是李处耘。

他此刻在干什么呢？

夜色宛如淡墨，雪亮的兵刃发出幽幽暗光，挥鞭奋进，百里突袭，目标指向江陵！

这注定是一个是非之夜，除了李处耘辛苦奔袭，那边年轻的高继冲也不敢安歇，虽说前方报告一切都好，但他内心始终隐约感觉不妙。李景威虽已郁郁而终，但他的话，似乎一直从阴间隐约传来：“摇尾乞怜……”

忽然急报飞驰，宋军悄然而来！

事起仓促，高继冲来不及调兵遣将，当然他也没那个胆量，更没有理由。早就说好了借道，现在你集合军队是什么意思，收拾大宋的军队吗？

高继冲不敢，他所能做的就是尽快出城迎接，祈祷这帮虎狼之师说话算数，借道走人。

在江陵城外十五里处，高继冲和李处耘遭遇了！

李处耘应该也比较吃惊：难道是连夜偷袭的计划被人揭穿，早早在此等候？但是李处耘是见过世面的，脸皮也厚，不怕尴尬。他不慌不忙下马，上前给高继冲行礼后，告诉他："您在这里等候我们的主帅慕容将军，我先进去了啊。"

高继冲被这半真半假的话弄得不知所措，只好眼睁睁看着李处耘带领千余铁骑，呼啦啦涌入自己的城门。那一刻，他似乎还心存幻想，以为这是一种新的军事部署，兵分两路遥相呼应。

他苦苦等候许久，才看到慕容彦钊。等他们一起进城，高继冲脆弱的幻想好像肥皂泡沫一样，在正午的阳光下骤然破裂——李处耘并没有走，他将士兵分散在大街小巷，占据了各个要害部门，这是死死扼住了高继冲的喉咙。

乾德元年（963），荆南正式上表归顺大宋，带来了三州十七县的版图，十四万二千三百户的人口。

这件事告诉我们，幻想是靠不住的，特别是将幻想建立在和你完全不同的人身上，注定要遭到失败。

其实，赵匡胤那晚和赵普吃过饭后，就开始琢磨这件事了，正好周保权求救，又正好高宝勖去世。

赵匡胤派人借吊唁之机，趁机打探清楚了荆南的人情，"控弦之士不过三万，年谷虽登，民困于暴敛"，有了一定胜算，才给李处耘下了命令，实施这"假途灭虢"之计。

荆南的当权者一直蒙在鼓里，只有李景威看出了猫腻。

再看看湖南的形势，宋军刚出发不久，杨师璠就受命出发讨伐张文表，双方先是僵持一段时间，张文表做贼心虚，按捺不住出城作战，被杨师璠打得头破血流，不但城被破，而且被活捉。

虽然兵败如山倒，但是张文表还没有完全绝望，因为他还有个靠山。

这个靠山就是大宋朝，当时一听说自己造反惊动“友邦”，赵匡胤的威名他也听过，急忙修表呈给赵匡胤派来的使者赵璲，诉说自己的满腹委屈：“我带兵实际上是奔丧去的，不料廖简这小子不识抬举，屡次侮辱我，我和他之间纯属私人恩怨，哪里有造反的心啊？现在闹成这样，大宋把我收了吧。”

赵璲一看张文表服软归顺，自己的任务圆满完成，当然是喜不自胜，派人安慰一番，表示朝廷知道了。

宋朝是知道了，但是怒气冲冲、悲愤交加的杨师璠不知道，他攻破潭州之后，四处掠夺烧杀，以发泄内心的不满。

张文表这会还活着，他在焦急地等待着赵璲，这个人是政府的全权代表。张文表认为归顺了就是自家人，留一条命应该没问题。

不料，在次日的宴会上，杨师璠手下的指挥使高超，站起来说了几句话，将张文表彻底送入了黑暗的地狱。

高超说：“我看朝廷使者的意思，肯定要留张文表一条命，这个人对朝廷还有用。但是如果张文表到了朝廷，以他的人品，肯定会大肆诋毁我辈，我们无一能够逃脱！”

众人一听，立刻将张文表杀了。

等赵璲急急赶来，头一件事就是宣召张文表——那是他此次出行胜利的证明。高超却理直气壮地告诉他，张文表企图造反，已经被砍了！

张文表死了！

对方的内部矛盾已经解决，慕容延钊和李处耘应该考虑一下，他们接下来该怎么办？

李处耘心里有底，太祖早就叮嘱过了，这次行动一石二鸟[①]，现在打下来了一只，另一只距离如此之近，也就是顺便的事。

干掉张文表，周保权刚松一口气，又听说宋军并不停歇，还在一鼓作气往前跑，似乎来者不善。他急忙找来观察判官李观象商议。李观象人如其名，善于“观察现象”。审时度势之后告诉周保权，他们来势汹汹，肯定是要把湖、湘之地全都吃掉。现在，高氏已经束手听命，唇亡齿寒，我们的战略缓冲带已经消失，不如俯首帖耳，拜服朝廷，也不失富贵。

李观象这个分析从实际出发，合情合理，并非为自己贪图富贵。他一贯处事谨慎低调，当初是周保权的父亲周行逢的掌书记，而周行逢是个极为残暴的人。为了避祸，李观象已经练就了洁身自好的本事，生活极为清苦，甚至他的帐帏、寝衣都是用纸做成的，这才取得了周行逢的信任。

周保权一个小孩子，哪里有胆子去和赵匡胤对抗，只好表示同意李观象的建议。

但是世上就有人不信邪，指挥使张崇富大手一挥说：“绝对不能投降。”周保权没办法，又开始谋划怎么抵御即将到来的宋军。

赵匡胤最初希望湖南和荆南一样，兵不血刃解救百姓，所以派人告诉周保权，朝廷正规军既然解除了你的危难，为什么你现在反而做出抵抗的姿态，这不是自取灭亡吗？周保权不敢吱声，只是默默准备……

那就打吧！

李处耘收编了荆南一万余名士兵，立刻派部分人员前往岳州，在三江口小试身手，获得七百艘舰船，砍下四千多颗脑袋。

---

① 指湖南和荆南。

这年三月，张崇富出军澧州之南，本来想和宋军打一场结结实实的遭遇战，不料手下这帮人看见前途渺茫，还没有开打就溃不成军。李处耘乘胜追击到敖山寨，捉住一大批俘虏。

李处耘久经沙场，知道精神崩溃的具体含义，眼看对手站在精神失常的边缘，他索性剑走偏锋，选出十几个膘肥体壮的俘虏，洗干净炖熟，让手下人统统吃掉！然后，在那些没有被吃掉的人脸上刺字，放回武陵。

那个年月里，军阀吃人似乎不算什么大不了的事。据说有些流寇，出兵从来不带粮食，见牛吃牛，见人吃人，蝗虫也一样会吃。

正如曹操的诗句："白骨露于野，千里无鸡鸣"。

朗州虽是湖南的中心，但大部分居民哪见过这种阵仗！一听说李处耘的骇人行径，顿时魂飞魄散，整座城池陷入了癫狂，所有人惶惶不可终日。就这样，李处耘的阴谋得逞，达到"攻心为上"的战略目的。

朗州人惶恐逃离，一把大火点燃州城，向山谷里跑去。

破城之后，首先擒住张崇富，但是周保权呢？打听许久才知道，是被大将汪端劫走，藏在江南寨的佛寺里，李处耘令人去捉拿。汪端见来者不善，抛弃周保权自己跑了。

史载：湖南平，凡得州十四，监一，县六十六，户九万七千二百八十八。

这一次，枢密副使李处耘是以都监的身份出征的，这意味着他才是太祖的亲信。而慕容延钊能征善战，资格又老，所以两人难免有些地方不对付。

军队刚进襄州那会，街市上卖饼的人很开心，一看来了这么多食量惊人的"消费者"，商人奸诈的本性发作，统统减少分量，同时提高价格。

李处耘接到"消费者"投诉，怒不可遏，捉住其中两个性质最为恶劣的，交给慕容延钊去处理。慕容劳苦功高，连太祖都“以兄事之”，看李处耘给自己上眼药，讽刺自己的不作为，也很生气，所以发怒不接受，来回扯皮三四次。最后，李处耘在闹市斩了两人。

慕容延钊手下的小校思义住在荆州王氏家里，经常纵酒行凶，残害他人。王氏向李处耘告状，李处耘将思义责打一番，后者怀恨在心，回到慕容延钊把李处耘大肆污蔑了一番。

到达白湖之后，有一次，李处耘看到有军人进入老百姓家里。过了一会，房子里有人大声呼救，李处耘过去一看，原来是慕容延钊的马夫在欺辱老百姓。打狗还得看主人，李处耘用鞭子抽了马夫几下后，才悻悻作罢。不过后来慕容延钊听说了此事，盛怒之下将马夫斩了。

就这样，两人的仇怨越结越深，一个自恃是拥立太祖的功臣，独断专行；一个又是沙场老将，功勋卓著，闹得不可开交。

赵匡胤左右为难，思来想去，壮士断腕，将李处耘贬至淄州。李处耘吃了哑巴亏，不敢辩解。因为慕容延钊在军中极有威望，太祖也投鼠忌器，不敢轻易动他。

这件事上，太祖是有愧于李处耘的。大概是出于补偿的心理，开宝年间，赵匡胤为弟弟迎娶了李处耘的二女儿，也就是后来的明德皇后。

李处耘作为太祖心腹受命出兵，为了回报主上的知遇之恩，所以事事自己做主，看不惯慕容延钊手下的五代流寇习气，岂料出了事后，太祖先拿亲信开刀。这也是无奈之举，有了这一次的教训，之后赵匡胤会尽量使用那些资历较浅的将领，一来便于掌控，二来更加安全。

说起用人，确实是“以国为家”的封建帝王们最大的苦恼，手下大臣不团结，不管是出于公心还是私欲，都势必造成内耗，不干正事，朝堂上鸡飞狗跳，乌烟瘴气。但是反过来，大臣们如果太团结，皇帝又该坐不住了，你们关系这样好，莫非是想架空寡人？皇帝越想心里越不安，提拔几个亲信吧，大臣们却又因为受宠不一，再次开打。

因为这个矛盾，所以这次出征湖南和荆南，老帅中，只有慕容延钊。

那么，石守信、张永德这些宿将何在？

这时候，他们已经解甲归田，在乡下享受美好的田园生活，金戈铁马的往昔岁月，也只能在梦中出现……

花开两朵，各表一枝。回到建隆元年（960），消灭了二李后，赵匡胤微微松了口气，但也只是“微微”。五代十国朝生暮死的短命王朝他看得多了，所以揣着深深的忧愁，与赵普商量说：“唐末以来，天下战乱不息，老百姓流离失所，现在我想谋求长治久安，你看……”

赵普早就有所准备，回答道：“国家之所以不安宁，主要是藩镇的力量太过强大，君弱臣强，所以尾大不掉，现在要制住他们，我有三条妙计！”

“削夺其权，制其钱谷，收其精兵”，这就是赵普的安天下妙计。

按照唯物主义认识论，认识从实践中来。这三大纲领，并非凭空从赵普脑子里涌出来，乃是经过长久观察和思考，直接针对五代弊病所提出的，切合实际，疗效惊人。

赵匡胤揣着赵普的锦囊妙计，总算能睡个安稳觉了。首先要解决的当然就是兵权，有兵就是硬道理，特别是威力强大的禁军。

其实，政变刚成功时，赵匡胤就采取了一些措施，把禁军高级将领进行了调换，他觉得禁军掌握在自己心腹手中，才算安全。

赵普一手策划了赵匡胤上位，所以深知底层军士的想法。他提醒太祖要小心重蹈覆辙，步了后周后尘。太祖说：“我当皇帝之后，待他们不薄啊，难道他们还要造反？”

赵普回答道：“我不担心他们造反，但是你也知道，手下的兵士并非那么容易掌控，他们为了荣华富贵，什么都干得出来！”

太祖茅塞顿开，陈桥驿那天的喧闹又在耳边响起。若干年前，还有人因为拒绝了部下的拥立，被当场砍死。

事不宜迟！

建隆二年（961）七月，赵匡胤召集当年的好兄弟们一起饮酒，喝至酒酣耳热之际，示意内侍都退下，举起酒杯跟众人讲：“如果不是诸位的努力，我也没有今天，我一直记着你们的恩德。”

说到这里，太祖来了个大喘气，话锋一转：“但是……现在我这个皇帝当得太艰难太郁闷了，还不如当节度使的时候快乐。”

众人不喝酒了，大眼瞪小眼面面相觑，语气犹豫地试探着：“那为啥呢？”

太祖使劲拍拍自己坐的椅子，叹息道：“天子这个位子，谁人不想坐呢？”众人一看话锋不对劲，赶紧离席跪拜，抢着表忠心：“陛下您这是什么话，如今天命已定，谁还敢有别的想法？”

看这帮家伙不点不透，赵匡胤搬出赵普的理论：“不是我不信任兄弟们，如果有些利欲熏心的野心分子，非要把黄袍给你们披上，你们不照着做行不行？”

大家这才变了脸色。有些心眼较多的，立刻想起“良弓藏，走狗烹”这个典故，吓得大汗淋漓，不停叩头。

赵匡胤一看恐吓有效，就慢慢坐下端起酒杯，开始慢条斯理地给大家上课：“人生苦短啊，如白驹过隙。人们喜欢荣华富贵，不过就是想多积累一点钱财，让子孙也有好日子过。不如这样，你们交出兵权，每天饮酒作乐唱歌跳舞，岂不是很爽？另外，我们还可以成为儿女亲家，和谐而不猜疑，上下都平安。”

原来如此！大家这才松了口气。

第二天，石守信、王审琦、高怀德等人纷纷上表推说有病，要求解除军职，太祖重重赏赐，让他们出去当节度使，和禁军再也没有关系了。

这就是自古以来被人称道的“杯酒释兵权”，不过这只是个开始，先拿禁军开刀，下面就是要对付各地藩镇了。

宋人笔记里，对杯酒释兵权还有一个更夸张的描述。据说一开始，各地藩镇对太祖并不怎么顺从，古文里说的是“偃蹇”。

这一天，太祖召集大伙，每人一匹快马，一套弓箭，疾驰出城。到了树林，太祖下马斟酒，举起酒杯告诉众人：“现在这里没有外人，你们谁要想做官家①，就来杀我！”

这些地方大员吓得伏地战栗不止。赵匡胤不得不再三安慰，然后开始面色肃然地做思想工作：“你们既然让我做天下之主，就要尽到做臣子的本分，以后不许乖张，好好听话！”

大家叩头山呼万岁，尽兴而归。

下马单挑这种事，具有个人英雄主义色彩的周世宗柴荣肯定干得出来，赵匡胤为人谨慎，怎么会这样大意？显然是后人的夸张。

经过释兵权之后，侍卫亲军司和殿前司原来一共九个职位，被削成了四个，而且这四个人资质平平胸无大志。侍卫马军都指挥使刘光义②平庸无能，侍卫步军都指挥使崔彦进十分贪财，殿前都指挥使韩重赟只会奉命行事。这样的人掌权，在禁军中当然不能形成很大的影响力。

上面提到了三位，这里重点要说的是第四位，殿前都虞候张琼。他就是前面提到的寿州之战中，拼了命帮太祖挡了一箭的那个小兵，要知

① 指皇帝。

② 后来避赵光义讳，改名刘廷让。

道，那可不是普通的箭，史书记载“车弩遽发，矢大如椽”，那箭一下射进了张琼的髀骨，竟然拔不出来了！

小兵张琼死而复生，坐起来，满满倒了一杯酒饮下，咔嚓将自己的骨头打断，将箭取了出来，顷刻血流数升，他还是神态自若。

此人勇则勇矣，却有点头脑简单，史书称其“性暴无机”，性格暴躁却没有城府，构不成威胁，所以赵匡胤才让他担任殿前都虞候，也算报答救命之恩。

但“性暴无机”这一类人，仕途无疑是凶险异常的，不能因为是太祖的救命恩人，他张琼就可以例外。

当初史珪和石汉卿正得势，张琼十分看不起这二人，把他们斥为巫婆神汉之流。于是他们就污蔑说张琼擅乘官马，收留叛贼李筠的奴仆，而且养了数百人擅作威福，更重要的是，张琼经常对他的前任说三道四，横加污蔑。

他的前任是谁？皇帝的亲弟弟赵光义。

宋太祖勃然大怒：“我兄弟你也敢动？”于是召张琼前来对质。张琼血性汉子，当然不肯承认，当堂吵起来，太祖令石汉卿用铁楇击打张琼。石汉卿将张琼打得奄奄一息，气息将绝，才让御史调查。

张琼如此受辱，存了必死之心，走到明德门，把腰带解下来留给母亲，然后自杀于城西井亭。不久太祖听说张琼家无余财，而且只有三个仆人，这才懊悔起来，知道石汉卿是在诬告。问他说：“你说张琼养了数百人，在哪儿呢？”

石汉卿狡辩道：“他所养的仆人，那是以一敌百！”

但是赵匡胤还是没有处罚石汉卿，宁可冤枉张琼。他对手下武将的防范，已经达到“宁可错杀，决不放过”的地步。

大概是这几个禁军首领确实难如人愿，为了更好地打造亲信部队，到了乾德元年（963）二月，太祖想要任命符彦卿来掌管禁军。他不和宰相范质等人商议，直接去问赵普，赵普一听这计划大皱眉头，表示强烈反对。

赵普说，符彦卿名位已经达到了顶点，岂能再授以兵权。

赵匡胤哪里肯听，径自签了任命书。

赵普扣下任命书，再次返回去。赵匡胤说："你还是为了符彦卿的事吧？"赵普说不是，然后奏报其他的事。完了之后，从怀里将任命书掏了出来。

赵匡胤一看怒了："你为什么非要怀疑符彦卿呢？我待他很不错，难道你觉得他会对不起我？"

赵普也是被逼急了，张口来了一句："陛下您为何对不起周世宗了？"言下之意是说，柴荣对你也是荣恩有加，为什么他一撒手人寰，你就迫不及待反了？

这一句一下击中赵匡胤的软肋，沉默良久，把诏书收了回去。

赵普这一次之所以迫不及待地反对，除了"释兵权"的因素之外，还有一个重要原因，因为符彦卿是时任开封府尹赵光义的岳父。当然，这句话他没有说破，相信此时赵匡胤已经隐约感觉到了，赵普有另一套想法。

把这些位高权重之人赶出去当节度使，也只是第一步。唐末藩镇割据的弊端教训太深刻了，不能再让他们拥兵自重，形成自己独立的小王国。

赵普说过，"臣强君弱"是社会动荡的根源，那么就剪一剪各地藩镇的利爪吧，当然要慢慢来，太着急了恐怕适得其反。

太祖两手抓，两手都很硬，在释兵权的同时，削夺藩镇的动作就已经开始了。

建隆元年（960）十月，赵匡胤下令原来由将吏担任的两京军巡及诸州的马步判官，改由文人来担任，其任免由吏部决定。

赵匡胤对文人的态度是很复杂的，一方面他知道治国离不了文化；另一方面，又觉得文化再好，也不能打天下，所以他对文官是一边鄙视，一边大加重用。在一次谈话中他这样说："任命一百个读书人，即使他们都为非作歹，也不如一员武将的危害大。"

当初御驾亲征去讨伐李筠，赵普请求随行，赵匡胤嘿嘿一笑说："赵普也会打仗啊？"还有一次，赵匡胤指着朱雀门问赵普，为什么在"朱雀"后面还要加一个"之"字？赵普不知是计，恭恭敬敬回答说，那个"之"字是语助词。

赵匡胤轻蔑一笑说："之乎者也，助得甚事？"

到后来赵普登上相位，吴越王钱俶为了讨好这位高官，给他送了十瓶海鲜，赵普也没有在意，只把信看完，东西就放在廊下。这时太祖又出其不意来了，看到瓶子问这是什么，赵普说吴越送来的海鲜，太祖说："好啊，我看看。"

一打开瓶子，登时两人眼睛都睁不开了，金灿灿亮锃锃的十瓶瓜子金。赵普始料不及，大惊失色，急忙跪下请罪说："自己不知道是金子，否则早就拒绝了。"太祖随意摆摆手说："送来了就收下吧。"

末了又用不屑的口气加上一句："他还以为国家大事，都是你们这些书生做主的！"

设想一下，如果这十瓶金子不是送给赵普，而是禁军中的某个将领，会是什么结局？

毫无疑问，斩立决！

与对文人的放任和轻视不同，赵宋王朝对武将的猜忌与防范非常重。乾德五年（967）二月，有人上告说，殿前都指挥使韩重赟私取亲兵作为心腹。赵匡胤勃然大怒，立刻就要下令杀掉韩重赟。

赵普上前代为缓颊劝说：“如果因为别人说坏话就被杀掉，以后还有谁敢做陛下的将帅？”赵匡胤这才作罢。但韩重赟同样被赶出去当了节度使。

韩重赟是谁？他是当初赵匡胤的“义社十兄弟”之一，他的遭遇尚且如此，赵匡胤对其他武将的防范之严可想而知。

当然，在赵匡胤这一朝，问题不算很严重。因为赵匡胤本人便是卓越的军事家，在军中很有威望，所以他大力钳制的是禁军和节度使，对边将则十分宽容。

但是赵匡胤的继承者，包括他的弟弟赵光义，“一蟹不如一蟹”，带兵打仗一塌糊涂。所以对边将也是严加防备，带兵的将官在外处处受到牵制，导致军力衰微。

插一句题外话，这个“一蟹不如一蟹”的出处，便是前面提到的陶谷陶学士，赵匡胤一贯对此人不爽，所以从不重用。

陶谷感觉十分委屈，就委婉地提出来：“我长期为圣上您起草诏书，功劳也不小啊。”

赵匡胤笑了笑，回答：“据有些人反映，你起草诏书，就是把前人的诏书随便改一改，换点新鲜东西而已，在我看来就是‘依样画葫芦’。”

被诬蔑后，陶谷很生气，但也没办法，只好写了前面那首著名的葫芦诗！这首诗不光在大宋境内传播，不久连外地人也知道了，包括吴越王钱俶。

后来陶谷作为使者出使吴越，钱俶请他吃最大个的梭子蟹。陶谷吃得很开心，就问起来：“你们这里还有没有别的螃蟹？”大国使者有要求，哪敢不从？钱俶急忙命人展示很多别的品种的蟹，最后上来的是一种最小的蟛蜞。

陶谷看到蟛蜞忍不住呵呵笑了，嘲讽道："真所谓一蟹不如一蟹。"这句话是讽刺吴越国力日渐衰微，国主一任不如一任。钱俶不敢当面翻脸，眼珠子一转计上心来，吩咐厨子做了一道"葫芦汤"端上去。十分诚恳地告诉陶使者，我们先王在世之时，最喜欢这道羹，这些厨子也不会干别的，就只能有样学样，依样画葫芦做了一点，您尝尝？

陶谷气得直翻白眼，但却无可奈何。

继续说削藩之事。

天下之事，何者为大？对皇帝之外的人来说，最大者，当然莫过于法，所以一系列的政策都要以法令的形式颁行。

建隆三年（962）三月，朝廷收回了死刑审核权，节度使们不能再随便对属下实行大辟[①]。开宝三年（970）重申该命令，并且详细规定了死刑报告的格式必须用红笔书写。

开宝五年（972）七月，下令各州不许随便设置监狱，举报有奖，违犯重罚；同时将新及第的进士安排在司法机构，这样节度使的司法权就逐渐被剥夺殆尽。

仅仅是司法权被剥夺还不够，官场上的人事任免权也很关键。遵照赵普的建议，中央把握了两个原则：

第一，重要职权部门的人，由朝廷指派。比如，以前节度使都是派自己的亲随到县里当镇将，现在不行了，新科进士前来担当县尉，专门负责盗贼之事。镇将们干什么？他们只负责城内安全。城外广阔天地的安全，交给县尉去干。

第二，节度使不许自己私自招募幕僚，这些幕僚必须由中央授权。这还不够，中央还要派朝官去节度使的辖区担任知县。这个知县可不

① 即死刑。

是普通的“七品芝麻官”，他带有“钦差”的意味，敢于和节度使分庭抗礼。

右赞善大夫周渭到永济当县令，符彦卿亲自到郊外隆重欢迎。不料周渭派头不小，老将符彦卿站在马下拱手相迎，他却在马上微微点头，也拱手做礼，连马都不下。直到进了公馆这才下马，但还是以平等的礼节相待，不肯作为下属。

无论从资历、能力、职位甚至年龄来讲，周渭都该对符彦卿毕恭毕敬，那他为何如此嚣张呢？原因很简单。赵匡胤派周渭来就是压制这些节度使的，所以没必要把他们当回事。周渭放到现在，也是个“激进改革派”人物，十分有个性。以前当白马主簿的时候，县里有个地位不低的属吏犯了法，立马被周渭杀了。赵匡胤听说后，眼前不由一亮，现在需要的就是这种快刀手，于是立刻升周渭为右赞善大夫，然后派他到永济来对付符彦卿。

周渭到任后，作风还是一贯的硬朗。县里有人伤人后逃逸，周渭抓住后还是二话不说就杀了，根本没有报告符彦卿，也不送到节度使府上。

符彦卿毫无办法，他知道这是朝廷的意思。

就这样，那些曾经叱咤风云的老将，从禁军中被赶了出来，然后又被进一步剥夺了行政权、司法权，真正退居二线。

然而，这只是赵匡胤三大纲领中的第一步——削夺其权。接下来，还有第二条——制其钱谷。

这项策略的好处是明显的，首先老将们没钱养兵，没有兵就谈不上造反作乱；其次中央也需要钱，看看大好河山，那么多都还在别人手里，要收回来，也是耗资惊人的工程。

最初，从唐代天宝年间开始，各地的赋税就有了“留使”“留州”

的名目，给中央上缴的很少。到了五代，各地的藩镇干脆派自己的部将主管税收机关，征收重税为自己牟利养兵，除规定上缴中央的财物之外，全都中饱私囊。然后又以个人的身份献上财物，美其名曰“供奉”，来谋求额外的赏赐，搞得堂堂天子跟叫花子一样。

现在要进行经济改革了，拿谁开刀作为试点呢？还是倒霉的符彦卿，大概他脾气比较好，容易欺负一些吧。

建隆三年（962），中央派遣常参官到符彦卿的天雄军，主管租税；乾德二年（964），中央正式下令各州每年的租税和盐铁等专卖收入，除了州里必需的用度提留外，一律上缴朝廷；乾德三年三月，再次重申，除了度支经费外，所有金帛作为军费运往朝廷；五月，派遣常参官十八人到各地接收租税，本地州县官吏不许过问；九月，任命苏晓为淮南转运使，掌管淮南路财赋收入……

对节度使的约束非常严格，以至于当时有“灭蜡读家书”的说法，就是说节度使在办完公事之后，如果要想看看家书，就必须把公家的蜡烛灭掉，点上自己的油灯，否则就有可能被扣上“侵吞公物”的罪名。

这样看来，赵匡胤是个爱钱的人吗？

他的确爱钱，不过不是为了自己享受，他本身是个很节俭的人。初登基朝拜太庙，看到一些稀奇古怪的东西，他问边上的人，回答说是笾豆、簠簋，都是礼器。太祖挥挥手说：“我先人又不认识这些东西，撤掉吧。”

纵观太祖一生，不难发现他行事的风格很有意思。能用钱解决的问题，绝对不用别的方法，其实这也是其仁厚的表现，可以说是驾驭部下的一种艺术形式。

有一次和赵普商量事情，两人意见不合。太祖感叹说：“怎么就没有石敬塘手下大臣桑维翰那样的人和我商量事情呢？”赵普顶了一句说："即使桑维翰在，你肯定也不用，他太爱钱了。"太祖回答："用人当用其长处，护其短处。他爱钱，太没境界了，赐给十万贯，把房子给他撑破！"

在登基以后的用人策略上，太祖基本上坚持了"花钱办事"的基本原则。

派遣曹彬去讨伐江南，为了鼓舞士气，许诺曹彬，你只要拿下江南，我让你做使相[①]。曹彬大受鼓舞，很快完成任务回来，要求皇上实践诺言。太祖笑着说："你看四方没有平定的地方还多着呢，你要是位极人臣，就没有动力战斗了。这样吧，暂时等一等，你给我拿下太原再说。"

曹彬憋着一肚子闷气，悻悻地回到家里，却看到满屋子都是钱，原来太祖密赐五十万钱。曹彬摸着钱感叹说："好官也不过多弄点钱而已，何必做使相呢？"钱拿到手里，又慢慢高兴起来了。

再有就是李汉超做关南巡检时，因为此地位置特殊，所以赋税都由他自己做主，用来养兵抵抗契丹。李汉超没什么文化，时不时还有些不法行为，不久之后就有个老百姓来告御状，说李汉超借了老百姓的钱不还，而且强抢民女，造成了恶劣的社会影响。

于是太祖和原告进行了如下一番有意思的对话。

太祖："李汉超到关南后，还有多少契丹人来作乱？"

原告："没有了！"

太祖："以前契丹来侵略时，边将难以抵挡，老百姓总是遭到抢劫，那时候你还能不能保全你的家庭、钱财和亲人？现在李汉超拿你们的，比契丹抢夺的多还是少？"又问原告有几个女儿，都嫁给了什么人。

---

① 就是军事主官枢密使，和宰相并列，俗称使相。

原告一一回答。

太祖听完后笑着说：“你其他女儿嫁的无非都是村夫鄙汉，李汉超是我的贵臣，因为爱你女儿才娶她，嫁给个村夫，还是嫁给他好？”

经过皇帝这一番思想工作，原告觉得有点道理，何况女儿也不是去受苦，于是心悦诚服地撤诉了。

接着太祖捎话给被告李汉超：“你要是缺钱，尽管找我来拿，别再欺负老百姓了。”又赐给李汉上百两银子，李汉超当然感恩不尽，更加用心地去固守疆土。

第四章

两个政治家的失败史

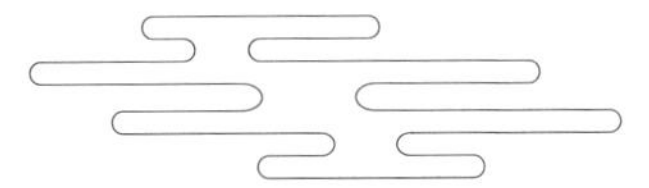

等到开宝元年七月，刘钧死了。赵匡胤的确说过放刘钧一条生路不假，但是既然刘钧遇到了不可抗拒的因素，合约自动作废。

总的来说，正是因为实施了赵普的三条妙计，赵匡胤才得以稳坐江山，开创了稳定繁荣的局面，老百姓安居乐业，军队建设也逐步走上了正轨。

伴随着内部改革的稳步推进，赵匡胤的底气越来越足。收复荆南和湖南让他尝到了甜头，目前还有几个地方要收复。后蜀、江南与南汉，还是老问题，先打谁，以什么样的理由去打？

一听说有人从蜀地回来，赵匡胤就找来问询：“那边现在情况如何？”

来人回答：“成都是个火炉，天气很热啊，满成都的人都在诵读朱长山的《苦热》：‘烦暑郁蒸无处避，凉风清冷几时来？’”

赵匡胤一听，表情严肃起来，忍不住说：“你看，老百姓希望我去征讨成都啊！”

然后，赵匡胤又向荆南的人打听了蜀地地理。那里人告诉他：“现在已经拿下荆南，水路和陆路都可以到达蜀地，很方便攻击。”

事实证明，机会就是被撞死的那只兔子，只要你守着木桩子，总会有所收获。

荆南被灭之后，后蜀的国君孟昶开始坐不住了，自己东、北两面都暴露在宋军面前，每天好像背着一只老虎在睡觉，坐立难安。

不过，有一个人比他还坐不住，这个人就是军事主官王昭远。他丰神俊朗英武不凡，小时候是一个禅师的侍者，被擅长以貌取人的孟知祥看上了，就带回来加以培养，最后留给三儿子孟昶，辅其左右。

王昭远平时总是随身带着一把铁如意，谈起兵法来意气风发，仿佛所向无敌，素以“小诸葛”自许。

眼看宋军打到了眼皮底下，王昭远也急了。他着急，是因为有人吹了耳边风。

山南节度判官张廷伟告诉王昭远：“你本来没有什么重大的功劳，现在位至枢密，恐怕有人不服气。为了堵住小人言论，不如联合北汉，让他们南下，我们在黄花、子午谷接应，一起发兵，这样令中原里外受敌，关右之地唾手可得。”

王昭远一听，抚着铁如意连连称善，马上去劝说孟昶。

本来孟昶的母亲早就提醒过，王昭远是个纸上谈兵的人，孟昶就是不听。孟昶对王昭远的建议很感兴趣，兵法上既然说“进攻就是最好的防守”，那还等什么？连忙派人去给北汉送了蜡书密信。

历史总是惊人的雷同，就像小说里特意虚构的那样，又有一个人深明大义，绕道跑到赵匡胤那里。

这位颇识时务的仁兄叫赵彦韬，他的密信及时送到，令赵匡胤欢欣鼓舞。

终于逮到机会向西发兵了。

一切都是天意。据说前一年除夕，孟昶写了中国历史上第一副对子[①]，写的是“新年纳余庆，佳节契长春”。巧的是，第二年蜀亡，派去知益州的参知政事就叫作“吕余庆”，而且那时候恰好是太祖的生

① 即桃符。

日——号称“长春节”。

乾德二年（964）十一月，赵匡胤派兵出讨后蜀，由王全斌、崔彦进和刘光义、曹彬分率一路大军，沿北、东两路分进合击。

临出发前，赵匡胤给全军训话说：“到了蜀地，你们不许打家劫舍、欺负老百姓，也不许挖人家祖坟毁坏庄稼，违者按军法处置！”然后又展示了他的豪爽，告诉王全斌：“打下城寨之后，把兵甲粮食收好，金钱就分给兄弟们，我要的只是土地。”

为了欢迎即将到来的新俘虏孟昶，赵匡胤还特地在汴水之畔，建了一栋豪华别墅。

听闻宋军出发，孟昶急忙封王昭远为西南行营都统，赵崇韬为都监出兵迎战，并派太子孟玄喆统兵数万驻守剑门。孟昶语重心长地告诉王昭远：“今天这些敌人，可都是你招惹来的，你一定要努力立功啊！”

王昭远自视甚高，这时候斗志更加昂扬，大好的功名在前方召唤，自己即刻就要成为“收复”中原的中流砥柱，名垂青史绝不在话下！

带兵从成都出发时，宰相李昊在郊外饯行，王昭远依然是铁如意不离手，把着李昊的手臂说：“我这次出去何止是打退他们，带着这两三万雕面恶少年，取中原简直是易如反掌！”

和王昭远的志得意满不一样，赵匡胤听说孟昶派了王昭远和太子玄喆带兵，不屑一顾地说：“玄喆是个乳臭未干的臭小子，王昭远不堪一击，孟昶连好一点的手下都没有几个，不灭亡还等什么？”

果然，十二月，王全斌拿下兴州，俘虏蜀兵七千人，获军粮四十余万斛。蜀将韩保正听说兴州被拿下，也急忙一路小跑退保西县，在这里依山背城，用数万人结阵自守。

王全斌的先锋史延德先期到达，大家都是立功心切，一看对方气势羸弱，毫不迟疑发动猛烈攻击。后蜀军事强人、招讨使韩保正没有正面一战，就被阎王爷给“招讨”了。

蜀军兵败如山倒。眼看情况危急，蜀军想了一个狠招，将入蜀的栈道给烧断了。蜀地自古以来就是易守难攻，李白为此写下了一首著名的《蜀道难》，感叹此地交通的不便。现在栈道已断，赵匡胤还能有什么办法呢?

另一路的刘光义，他的任务是沿着长江西上，和王全斌在成都会合。但是他被挡在了夔州，因为后蜀在这里布置了结实的浮桥，桥上重兵把守，栅栏重重。

刘光义不是什么经验丰富的沙场老将。本来现在正是他发挥创造性思维、因地制宜突破窠臼，制造一个经典战例的时刻，但他不敢。

因为临行前，赵匡胤拿出一张地图告诉他，溯江而上到了这里，不要坐船强攻，先用步兵和骑兵抢夺浮桥，等敌人稍微退却，再水陆并进夹攻，一举拿下。

刘光义是个遵规守纪的下属，完全按照领导部署，距浮桥还有三十里，就舍舟登陆，先火速派遣尖刀班夺取浮桥。破了重重栅栏，然后飞舟并进，屯兵白帝城。

宁江节度使高彦俦镇守夔州，看刘光义来势汹汹，就告诉副使赵崇济、监军武守谦：“北军历经艰险远道而来，所以肯定想一鼓作气吃掉我们，希望速速决战。我们不妨坚壁清野，慢慢消耗对方。”

监军武守谦却持相反意见，他是上面派来的，当然有权力不听节度使的话，或许觉得敌人远道而来，是疲惫之师，兵临城下而不出击，等什么呢?

于是武守谦带领麾下千余人匆忙出击，在猪头铺惨遭张廷翰的迎头痛击，武守谦仓皇逃窜，张廷翰借着兵势攻入夔州城。

高彦俦还来不及带兵抵抗，就眼睁睁看着潮水一样的宋军涌了过来，仓促迎敌，身中数十箭，左右四散逃窜。

手下人劝他单骑出逃，快马加鞭跑回成都去，高彦俦凄然摇头道："我以前没能够守住天水，现在又丢了夔州，有什么脸面去见蜀地的老百姓？"

"那不如投降吧？"手下人又劝说。

高彦俦说："我家老幼百口人都在成都，如果我投降了，他们会怎么样？我今天唯有一死！"

说完解下符印交给判官罗济，整理衣冠向西北拜了几拜，登楼纵火自焚。

进城之后，刘光义从灰烬中扒出高彦俦的残骨，顿起惺惺相惜之心，以礼收葬。当初孟昶的母亲告诉儿子，只有高彦俦是值得托付的。果然如此。

再看另一路的王全斌，见栈道被烧，顿时计划从罗川绕道入蜀。手下有人建议说，罗川一路艰险异常，不如分出一部分兵力修架栈道，然后合围出击。王全斌表示同意，于是在很短时间内把栈道修好，崔彦进沿栈道挺进，王全斌从罗川至深渡与之会合。

蜀人此刻已经吓破了胆，只好节节退后以求自保。

眼看宋军所向披靡无往不利，"小诸葛"王昭远坐不住了，和赵崇韬带兵出战，这时他的纸老虎本质暴露无遗，三战三败。最后只能烧掉浮桥退守剑门，稍微喘息一下。

赵匡胤在后方京师，始终关注着前方战况，时不时给大家送一点精神食粮。

那年冬天，京城大雪，赵匡胤坐在讲武殿的毡帐里处理公务，忽然觉得奇寒袭骨，想起前方征战的将士，忍不住跟左右说："我穿了这么多还觉得寒冷，前方的将士可想而知！"

他脱下身上的紫貂裘衣帽，快马加急送往前线。

可以想象，当王全斌捧着这件带着皇帝“体温”的衣帽，心里是何等激动。他暗自下定决心，不破后蜀誓不罢休。

很快就是新年了，孟昶这个年过得很郁闷，天天在宫里翘首企盼，却得到一个噩耗，“小诸葛”王昭远大败而逃。

怎么办？看看身边，太子玄喆似乎可以指望，那就让他披挂上阵吧。于是大元帅玄喆协同侍中李廷珪、同平章事张惠安，带领万余甲兵浩浩荡荡出发了。

孟昶本来就是个文人，带领自己的一帮小资开创了“花间派”词风。所以他儿子也属于无所事事的文艺青年，一切都要追求品质，旗帜是精美的刺绣，用丝绸包裹着旗杆。

老百姓乍一看见这支队伍，打破脑袋也不相信这是要去打仗。为了防止路上孤单，美人姬妾带了好几十位，还率领了一个戏班子，丝竹之声不绝于耳，欢歌笑语远远相闻，气焰香艳而嚣张。

对于玄喆来说，战争是非常陌生而遥远的，陌生的东西要么令人无端恐惧，反之则会让人极度漠视。显然，他属于后者。

王全斌还在追着王昭远跑，看蜀军龟缩在剑门天险，缩头缩脑不肯出来，就急着跨马出征。手下人劝他说别着急，剑门天险不可小觑，根据情报，有一条狭窄的小路，沿着它渡江直出剑门南二十里，就到了大路，从此畅通无阻，如果宋军从这里出兵，剑门之险也不足为虑。

于是史延德带兵从小径出发，夺取浮桥过江，直接上大路，和正面攻击的王全斌会合，不管是假诸葛还是真诸葛，现在都改变不了兵败如山倒的局面了，蜀兵已经“胆气夺矣”，基本上没怎么抵抗便土崩瓦解了。

王全斌乘胜追击，追着王昭远屁股使劲撵。跑到汉原后，赵崇韬依然有一战的勇气，排兵布阵，策马横冲直撞，奋力手刃好几个宋兵才被擒，也算虽败犹荣。王昭远则吓得浑身瘫痪，铁如意大概也挥舞不动了，靠在胡床[①]上战栗不已，半天起不来。

不过为了活命，他挣扎着脱掉甲胄，到老百姓家里藏起来，但还是被追骑揪了出来。

那边太子玄喆一行欢歌笑语，在青山绿水间悠哉游哉，终于走到绵州。听说天险剑门已经被攻破，二话不说，就后退到东川。想想还是不安全，第二天干脆抛下军队向西狂奔回去，不知道谁出的馊主意，一边跑还一边放火，把粮食和房屋全都点着，自己用不上，也绝不给宋军。

看到宝贝儿子丧家犬一样狼狈而归，孟昶这才彻底惊慌起来，问左右大臣："计将安出？"老将石奉頵出了一个方案：敌人远道而来，所以肯定不能支撑很久，集中优势兵力坚守一段时间，就可以缓解。

孟昶带着哭腔说："我们父子丰衣足食养兵四十年，现在遇到敌人，居然没人肯向东发一箭抵抗，现在你说举兵坚守，还有谁肯为我卖命？"

孟昶作为一国之君，这句话说得实在是缺乏水平，根本没有一点反省的意思。他应该反思一下，是谁重用了好高骛远的王昭远，又是谁的儿子张灯结彩迎敌，抱头鼠窜归来？

一个如此没有担当的人，不要说是一国之君，就是作为普通人，也很难成就一番事业。

据《邵氏闻见录》记载，孟昶治蜀有功，所以最后出降，还有很多老百姓哭着来送。当初派吕余庆出守成都时，太祖还特意叮嘱："蜀人对孟昶念念不忘，你到那里后，以前他征收的租税饮食之类，能免就免。"

吕余庆到任后依计行事，果然收买了人心，慢慢人们也不念叨孟昶

① 一种行军床。

的好了。

这个例子应该有一定的真实性。蜀地的税应该不轻，因为孟昶此人生活奢侈豪华，当然是“取之于民，用之于己”。最具代表性的，当属从他宫殿里搜出来的七宝溺器，一个尿盆子都用七宝装饰，其奢靡程度可想而知，就连见多识广的太祖也不由得深呼吸，这样的人不亡国，还有天理吗？

现在大势已去，后蜀的司空、平章事李昊就劝说孟昶：“不如咱们投降吧！”

孟昶默默无语半天，才叹口气说：“你是专业人士，来写降表吧。”

于是李昊立刻开工，轻车熟路地写就了一份华美凄婉的降表，为什么说他“轻车熟路”呢？因为当初前蜀王衍降唐庄宗的时候，降表就是李昊写的，若干年后他重操旧业，又为后蜀撰写降表，阅尽世事变迁，不知道心里还能涌起多少波澜……

亡国之恨，本来应该是悲哀惨痛的时候，但是老百姓的娱乐精神不减，听说又是李昊撰写降表，就连夜在他门上写了一行大字：世修降表李家。翻译成现代文就是说，李家祖传手艺，专业撰写降表。

李昊搁笔的那一刻，后蜀正式宣告灭亡。

从发兵到克取，共计六十六天，收获不可谓不大。王全斌牢牢记着出发前皇帝的叮嘱，一路上捞了不少，现在杀得兴起，就表示要借机南下往云南去逛一逛。赵匡胤思虑再三，考虑到唐天宝之乱起于南诏，而且不想把战线拉得太长，就拒绝了王全斌的要求。

太祖用玉斧[①]在大渡河画了一条线说：“此处以西之地，都不该是我的！”

---

①　一种文具，可镇纸，可把玩。

请记住这把著名的玉斧，是它打掉了大臣的门牙，也是若干年后它陪伴太祖走过了生命的最后时刻。

现在王全斌有理由志得意满了。大功告成，此地以前的主人不得不恭恭敬敬地在自己面前低头，他再一次重温了赵匡胤的嘱托，皇帝说了他只要土地，那么剩下的，就都是我的了。

王全斌开始了他的“幸福”生活，每天饮酒作乐，也不约束部下，这些士兵早就受到了钱财的刺激，现在终于如愿以偿，掳掠他人女子财物，无恶不作，百姓苦不堪言。

照这种情况发展，蜀人能不思念孟昶吗？

压迫始终和反抗并存，都是十贯钱惹的祸。

蜀军投降之后，就被宋朝收编。现在既然是“国军”，就不能再穿“伪军”的衣服了，朝廷每人发下十贯钱的置装费。王全斌对败军之将也毫不客气，照例雁过拔毛，而且屡次纵容部下欺负蜀军，导致他们怨气沸腾。

二月的时候，这些投降的士兵赴京路过绵州，不经意之间，他们发现在这里守城的，居然只有区区几百宋军，其余的全是自己人。顷刻之间群情骚动，长久被歧视被压迫的怨恨全都爆发了出来。大家抢夺本来封存入库的兵器，再一次站在朝廷的对立面。

这些人大都是普通的士兵，既缺乏威望又没有战略眼光，正感“群龙无首”之际，忽然看到原后蜀文州刺史全师雄，正携带着家眷远道而来，他只是进京路过此处，这帮士兵就逼他做了“山大王”。

王全斌听闻全师雄造反，一开始没往心里去：“天险都打过来了，还怕你几个毛贼造反不成？”于是只派遣手下的米光绪[①]带领七百人前去

① 一说朱光绪。

招抚。

这个米光绪做事没有轻重缓急。他先搜捕全师雄的家属，还霸占了全师雄的小女儿，其他人也不留作人质，而是全部杀掉，同时将其家产尽数收入囊中。

全师雄悲愤之下完全绝了回头的念想，即刻带兵攻击绵州，被宋军击败后，又转战彭州。彭州都监李德荣战死，刺史王继涛命大，身中八箭，居然还能单骑逃回成都。

后蜀反军的胜利迅速引起了连锁反应，周围十县的军民云集响应，号称十万之众，全师雄抓住机会自命“兴蜀大王”，为大家加官晋爵，派人分别镇守灌口、青城等地。

王全斌这才有点慌张，令二把手崔彦进带领高彦晖、田钦祚进攻导江县，不料遭遇全师雄的伏击，形势很不妙。

当时天色已晚，老将高彦晖经验丰富，跟田钦祚商量说：“贼兵现在士气正旺，而且马上就要天黑，不如先退兵，来日再战。”

田钦祚早就等着这句话了，但是此人一贯狡诈，深知黄昏之际仓皇退兵，最容易遭到敌人追击，所以故意激将说：“您老人家[①]享受着朝廷的厚禄，为什么一遇到敌人就畏缩不前？”

高彦晖是条汉子，二话不说跨马冲锋而去。既然有人断后掩护，田钦祚当然溜之大吉。老将高彦晖带领数十骑兵奋力厮杀，最终不敌而亡。

这令人不由想起一句话：“卑鄙是卑鄙者的通行证，高尚是高尚者的墓志铭。”

随着时间的推移，战火越烧越旺，王全斌派出去的人被一一击败。

① 当时高彦晖已经七十多岁。

蜀军切断了剑阁通道，导致宋军邮路中断，和朝廷失去了联系。

看到此情此景，亡国之君孟昶一定会挠着脑袋，十分不解地说：“一样的士兵，为啥战斗力差别就这么大呢？”

王全斌被困守在成都，恐惧第一次淹没了这个莽夫的心头。城外的敌人暂且不用考虑，朝廷迟早会派人前来解围。真正令他寝食难安的，是身边埋着的一个定时炸弹——后蜀的两万七千名降兵，这些人倘若里应外合，成都指日可破！

思前想后，王全斌决定将这两万多人杀掉。高层将领基本上都不同意：这可是两万多条人命啊！

康延泽建议，把其中老弱病残的七千人分出来，然后将那两万人沿水路押送，如果他们有反意，再屠杀也不为迟。

王全斌不同意，又去寻求曹彬的支持。曹彬不想干这种伤天害理的事，但他也没有勇气去和王全斌据理力争。作为东路军都监，杀降的公文到了他这里，他所能做的，也只有拒不接受。

就这样，两万七千人被引到城中，全部屠杀掉！

王全斌此举不但断送了自己的政治前途，更留下了千古骂名，后世谈及此事，无不为其野蛮残忍而义愤填膺。

此次平蜀归去，太祖对王全斌的恣意杀戮极度反感，于是将各路将领叫进去单独谈话。轮到王全斌和曹彬时，太祖单刀直入喝问道：“怎敢胡乱杀人？”接着语气缓和说：“曹彬退下，这件事和你无关。”曹彬却并不退，叩头说：“是我们一起商量杀害降兵的，该杀的是我。”

曹彬这样大包大揽，争着抢着承担责任，太祖也没办法，就让他们先退下。

处理结果是，王全斌、崔彦进由节度使降为节度使观察留后。这不仅仅是降一级的问题，兵权被完全剥夺，成了朝廷的闲散人员。与之相反，纪律严明的东路军统统获得高升，曹彬更由五品内客省使提拔为三品节度使。

后来太祖想要讨伐南唐，和赵普商量起这件事时，感叹说：“当年王全斌率军平蜀，杀的人太多了，现在我还耿耿于怀，这样的人不能再用了！”于是赵普建议曹彬、潘美前去。太祖将这二人召进宫中，叮嘱说：“可不要像在西蜀时候那样胡乱杀人。”

曹彬这才上前解释：“如果我今天不说，恐怕陛下不知道，当初杀降并非我的本意，那些文书我都没有签字。”太祖说：“那你拿来给我看看。”曹彬取来，果然没有签名。太祖就纳闷了：“既然你没有签字，那时候为什么又要认罪呢？”

曹彬说：“我们一同奉命出征，如果王全斌获罪，而我一人清白，实在是不妥。”太祖紧追不舍，问道：“既然你下定决心认罪，留这些文书又是什么意思？”

曹彬说：“我猜测圣上您的意思，回来我们几个都活不成了，之所以留下文书，就是要我母亲以后呈上，希望您能放我母亲一条生路。”

不仅对朝廷如此忠诚尽责，即便是对下属，曹彬也是仁厚淳朴，丝毫没有官架子。在他管理徐州期间，手下一位小官吏犯了过失，按律应该杖责，但是曹彬只是做了记录，并不实施，直到一年之后方才旧事重提，执行了处罚。

手下人殊为不解：“曹公您真是高深莫测，这么一件小事干吗拖这么久，其中有何玄机？”曹彬解释说：“当初此人犯法之时，刚刚新婚不久，如果此时获罪，他家里人一定会认为是刚过门的媳妇带来了晦气，之后就会不停地找她的麻烦，最终将她逐出家门了事，这不是我希望看到的，所以才将责罚推迟了一年。”

更进一步来说，曹彬不仅对人如此敦厚，对万物也一律悲悯。他经常跟别人说：“我自从军以来，杀人甚多，但是从未因为自己的喜怒而擅杀一人。”

他居住的地方有些破败，家中的子弟就建议他抓紧时间修缮一下。曹彬说：“不着急，现在正是冬天，墙壁和瓦石之间有很多蛰伏的虫子，不要伤害了它们。”

曹彬此人，可以说是将兵家之锋锐与儒家之敬爱完美融合的典范，上马勇猛杀伐，下马则为谦谦君子，不骄不躁，以仁御下。

王全斌杀降之后，又经过一系列局部战争，全师雄没有战死，却病死在蜀地金堂。之后不久，其余部就被完全平定，后蜀才算正式归属了大宋帝国。

此时，作为阶下囚的孟昶，日子也不好过。不久，他以男二号（男一号是总策划人赵匡胤）的身份，主演了隆重的受降献俘仪式。

虽然待遇不错，被封了中书令、秦国公，但他的亡国之痛，在此时变得更加深刻。此时他已经暗自后悔，为何没有风风光光地自寻短见，也免得承受这无尽的煎熬。

因为文人的敏感和脆弱，痛苦也就愈加被放大，所以没过几天，孟昶莫名其妙就离开了人世，获得了永久的解脱与安宁。

按照民间艳史的说法，是因为太祖看上了花蕊夫人，就强行抢入宫中，孟昶心中郁闷，最后抑郁而亡。

孟昶之死是太祖始料不及的，本来这是自己树起的一个典型。如果孟昶能够安分守已过上幸福的小日子，可以作为活生生的教材来说服南汉、南唐甚至北汉，都来归顺大宋。

现在典型死了，赵匡胤很伤心，所以五天没有上朝，对遗属极尽安慰赏赐，特别是孟昶的母亲李氏。太祖特批她：“如果想回家的话，随时可以送你回去。”

李氏说："你让我去哪里？"赵匡胤说："当然是回蜀地。"李氏摇头说："我家是太原的，如果能让我回太原是最好不过。"

此时赵匡胤心里一阵莫名的激动。他正盘算着要解放北汉，李氏的要求几乎就是一个明显的征兆，表示北汉很快就要归顺大宋了。

事实证明，任何事情都不是想当然的。不管头脑如何发热，赵匡胤至死都没有拿回北汉。

本来说好的回太原，李氏却忽然反悔，她举酒泼地祭奠了儿子，然后说："你不能为社稷而死，贪生活到今天。我之所以不死，是因为有你，现在你死了，我活着做什么？"然后，绝食数天而死。

这期间还发生了一件小事，不知道是不是花蕊夫人，总之有一个孟昶的妃子来到太祖宫中。太祖在她的梳妆匣里发现一面铜镜，制作精良，光亮可鉴，但是等翻过来看到背面，太祖脸色大变，流露出狐疑乃至恐惧的表情。

原来那面镜子背后有一行字：乾德四年铸！

要知道当时刚进入乾德四年，无缘无故冒出来一个乾德四年的旧东西，可不是什么吉利的兆头。一贯镇静深沉的赵匡胤都忍不住惊慌起来。

急忙问那个妃子，却说不上来，去问宰相赵普，也摇头说不知道，只好急招智囊团翰林学士。

等陶谷、窦仪来了，这才真相大白，原来前蜀王衍也曾经用过这个年号，所以这个镜子才流传下来。

得知不是什么邪恶图谶，太祖这才长舒一口气，说了一句流传千古的话："宰相须用读书人！"这句话后来被宋代文人们反复引用，目的是为了证明太祖是多么重视文化教育。

太祖这句话说出来，当时的宰相赵普估计老脸青一阵紫一阵，这分明是不点名的批评嘛。不久之后，太祖直接找赵普谈话："现在朝廷上人才济济，宰相作为百官之首，如果不读书恐怕难以服众，你的文化素质有待提高。"

从此之后赵普大兴学习之风，手不释卷，学问也大有长进。

所谓的"半部《论语》治天下"只不过是后世儒生的牵强附会，刻意拔高《论语》的地位。其实，宋初《论语》的地位并非很高。赵普在他的著作中，几乎没有引用过《论语》，可见说他只读半部《论语》，没有什么依据。

自从"儿皇帝"石敬瑭将幽云十六州献给契丹之后，中原的皇帝们，无论是郭威、柴荣还是赵匡胤，一直就感觉脑门凉飕飕的。

其实北汉并不可怕，军事和经济都不景气，堪称一穷二白，但是北汉背后有一条大狼，那就是契丹。

自从和赵普制定了"先南后北"的战略后，大宋对北方一直采取守势，所以北汉过了两年安生日子。等平定了荆南和湖南，赵匡胤就示意手下将领，隔三岔五去骚扰一下北汉，搞一点小规模冲突，但总体比较安定。

其实赵匡胤心潮澎湃，北方那片土地无数次在他梦中萦绕。

赵匡胤曾经派人去刺激刘钧："你们家和周室乃是世仇，郭威篡取了你们刘家天下，这可以理解，但是咱俩没仇恨，你为什么躲在那么一个偏僻狭窄的地方，如果有志于天下，就下太行山，咱们一决胜负！"

刘钧哪里敢，派人回话说："我们这里的土地和兵甲，加起来也不到您老人家的十分之一，再说我们也不是叛逃此处[①]，之所以守在这里，就是为了死后有人祭祀，不至于亡国灭种啊。"

---

① 他的祖先刘崇最初就是河东节度使。

这话说得真诚可怜。赵匡胤哈哈大笑说："回去告诉刘钧，我放他一条生路！"

等到开宝元年（968）七月，刘钧死了。赵匡胤之前的确说过放刘钧一条生路，但是既然刘钧遇到了不可抗拒的因素，合约就自动作废。

而且每当国主去世，皇权交接之时，是最容易出现动荡的，前面的荆、湘之所以轻易被收复，就是这个原因。

昭义节度使李继勋受命，率领党进、何继筠等进攻北汉，这一次曹彬依然是都监。

宋军一路凯歌高奏，很快就进入北汉境内。赵匡胤的政治敏锐性确实很高，他预料得不错，北汉出事了，而且是特大事件——新皇帝被人杀了。

这个人叫作刘继恩，乃是刘钧的养子。当时刘钧快咽气之前，握着平章事兼枢密使郭无为的手说："继恩这孩子是孝顺，但是才能平庸、性格懦弱，恐怕不能继承我的事业，怎么办？"

郭无为低头默默不语，算是默认了这种说法。

郭无为这个名字透着一股子轻灵飘逸的感觉，一听就不同凡响。确实如此，此人早年博学多才，词锋甚利。可能是为了走个"终南捷径"，就隐居在武当山当道士，这个名字应该就是那时候取的，追求"道法自然，无为而治"的意思。

他的功夫不及陈抟老祖，拿不出什么惊世骇俗的本领，所以等了很久也没有高层召见，于是耐不住寂寞，自己出来求职。他的第一个面试考官是当时尚未做皇帝的郭威，当时郭威出征河中，交谈之后立刻认定这是个人才，决定纳入麾下。

但是郭威的手下说了一段话，立刻断送了郭无为即将到手的工作。

那人告诉郭威："郭无为这种人是靠嘴皮子混饭吃的，就是所谓的纵横家，一般什么人需要这种人呢？”

郭威一想，苏秦、张仪之流，只有皇帝才用得起啊！试想，郭威如今手握重兵，再私自招聘几个纵横家，说他想造反不算诬蔑吧？

郭无为就这样怀才不遇了一次。

很快，郭无为在第二站就遇到了伯乐，也就是刘钧。

刘钧以前也看不起读书人。但是协助李筠对付赵匡胤失败之后，他觉得没有读书人干不成事，刚好郭无为前来，双方交谈“甚为愉悦”。郭无为很快便蹿到权力巅峰，这时刘继恩即位了。

刘钧果然了解自己的儿子。刘继恩确实性格上有缺陷，在政治上非常迟钝和幼稚。即位之后，经常穿着丧服参加工作，而且他的左右亲信都在太原。有人劝他把亲信调过来，最起码可以起到警卫的作用，被他拒绝了。

一方面他大大咧咧，另一方面却还搞了一些小动作，主要是针对郭无为的。当时郭无为权柄太重，几乎达到了一手遮天的地步。

刘继恩表面的礼遇与内心的疏远，令郭无为感到不安。不安的结果，就是联络一些人，做一些事情。

侯霸荣出场了！此人勇力善射，早年做过流氓强盗，后来从军，被刘钧任命为散指挥使，于乾德元年（963）率领手下一千八百人投降了宋军，后来觉得没意思，又跑回了北汉，刘钧也不嫌弃，再次任命其为供奉官。

侯霸荣跑回北汉之后，看到赵匡胤又派人来讨伐，北汉什么实力他最清楚，不想成为覆巢之卵，就只有再次南归。为了表示诚意，他决定带一件礼物，那就是新皇帝刘继恩的人头！

至于郭无为和侯霸荣是怎么勾搭在一起的，我们已经无从考证，不过从郭无为此后的一贯表现来看，整件事情极有可能是他策划的。现在，他还没有见识到大宋的军威，还没有将投降列入日程表，先除掉对自己不满的皇帝再说。

新皇帝即位，按照惯例百官加官晋爵。皇帝请大家吃饭，饭后皇帝需要休息，于是大家各自散了。

刘继恩刚进门不久，侯霸荣就率人快步赶来，首先把大门反锁，然后拔刀冲向刘继恩。刘继恩看来者不善，一边呼救，一边以屏风为依托，四处躲闪。侯霸荣征战多年，杀人是老本行，这情形犹如绵羊遇到灰狼，交手只是眨眼的事。只见侯霸荣快步上前，一刀深深刺进刘继恩胸口，令其当场毙命。

可怜即位六十余天，三十四岁的刘继恩就稀里糊涂被弑！

侯霸荣还来不及收获胜利果实，就听到外面噼里啪啦乱响，郭无为的“救兵”姗姗来迟，虽然没有救下皇帝，但是元凶逃不掉了。士兵们抬着梯子从房顶进入，将侯霸荣和他的余党全部诛杀。

郭无为的疑点太多了。第一，为何凑巧来迟？第二，为何没有生擒侯霸荣审讯？第三，侯霸荣只带领数十人，如果没有靠山，如何全身而退？所以此事最大的可能就是，郭无为承诺侯霸荣，杀掉刘继恩后，由他出面号召举国归顺大宋。当然还有人怀疑赵匡胤是幕后黑手，更有人断言，刘继恩的同母异父弟弟，同样身为刘钧养子的刘继元为了篡位，派人杀了新皇帝。在此一并存疑。

以侯霸荣的智力，很难认清自己在这个局中的位置，死得和刘继恩一样糊涂。

国不可一日无君，郭无为迅速扶持了一个新皇帝刘继元。刘继元甫一即位就遇到了大问题——宋军打上门来了！

郭无为慌忙派遣侍卫都虞候刘继业带人前去迎战。这些人仓促出兵，在洞涡河遭遇到士气正盛的先锋何继筠，被打得七零八落，扔下两千颗脑袋仓皇回城困守。

太原城被团团围住！

前方兵临城下，后方的宣传攻势也紧随其后。太祖派人揣着厚厚一摞法宝前去太原，交给郭无为。这厚厚一沓子不是符咒，也不是钞票，而是委任状。

这些委任状涉及北汉军政要员四十余人。带头的当然是新皇帝刘继元，太祖给他安排的位子是平卢节度使，次之就是郭无为，拟任安国节度使，其他的人按照等级依次安排到各个藩镇。

拿到法宝之后，郭无为开始运行自己的小算盘，飞速计算之后，他将刘继元的那道诏书递上去，按照他的猜测，刘继元是自己扶持起来的傀儡，没有理由不接受。

试想，大宋如果挥师北上，滚滚铁流顷刻就会将太原城淹没，那时候赵匡胤就算再宽厚，最多将他刘继元软禁在京城，哪里还有机会当节度使。

正是基于以上的判断，郭无为兴冲冲去地劝降刘继元，同时将其他三十多份委任状藏起来。这样投降之后，他大可以在众人面前卖个人情，告诉大家，是我在太祖面前为你们谋得职位。

出乎郭无为的意料，刘继元很坚定地摇摇头："平卢节度使哪有皇帝舒服，辽朝[①]的援军马上就来了。"

其实，郭无为和赵匡胤私底下联络已经不是头一次了。很早以前，大宋就派了个间谍，号称是大宋的指挥使，畏罪潜逃到北汉。郭无为知道此人底细，所以就任命他做了供奉官。等宋军大举进攻时，此人悄悄逃跑，被北汉给抓住了，郭无为又将其私下放掉。

---

① 此时契丹已改国号为"辽"，下同。

僵持到十一月，辽朝南院大王耶律挞烈带领重兵前来，意图很明显，迫使宋军南撤。李继勋看到形势不妙，经过请示，班师回朝，第一次讨伐北汉宣告结束。

既然有人撑腰，刘继元毫不客气反咬一口，进掠晋、绛二州。

宋军撤退之后，刘继元还干了一件事，那就是杀掉自己的母后郭氏。

刘继元的老婆段氏，因为一些事情被郭氏指责，然后又忽然得病，继而死掉。刘继元将这两件事联系起来，认为是母后郭氏害死了老婆段氏，所以带着手下范超去找郭氏报仇。彼时郭氏正在刘钧灵前哭诉自己的痛苦遭遇，被范超在背后用绳子活活勒死。

到了次年二月，考虑到征战太原意义重大，而且其城池坚固，契丹援军又随时可能赶来。赵匡胤又坐不住了，拍桌子说："我去会一会这个刘继元！"

这是平定二李之后，赵匡胤第一次御驾亲征，足见其重视程度。

赵匡胤之所以选择此时进攻，有一个很重要的原因就在于，辽朝刚刚结束了"睡王"耶律璟的时代，国内陷入了一片混乱。

"睡王"耶律璟即位之后轻信女巫妖言，经常生取活人胆汁做药，据说可以延年益寿。吃了一段人胆之后，耶律璟自学成才，开始感觉有点不妙，就采用"射鬼箭"的方法，将女巫赶到开阔地带，多人策马践踏，用响箭射杀之。耶律璟还发明了许多稀奇古怪的酷刑，如炮烙、铁梳等，害人无数。这年二月份又去打猎，因为射中一头黑熊，手下的人前去恭贺，于是大醉而归，当晚被侍者和厨子刺死，时年三十九岁。

宋军选在这个天赐良机出兵，是料定了辽军不敢大军深入。为了保险起见，太祖还专门召见了韩重赟，让他带兵去镇、定二州防守，以防辽军南下。

北汉方面再次如临大敌，刘继元派刘继业屯兵团柏谷，遭到李继勋的重击。刘继业自知寡不敌众，只好退守太原。

刘继元听说刘继业撤退，勃然大怒。要知道，这个刘继业不是一般人，江湖人称“杨无敌”，在刘继元看来，刘继业没有权力失败，于是下令解除刘继业的兵权。

刘继业生不逢时，以前名叫杨重贵，父亲是个土豪，在乱世中积攒力量，感觉差不多了，就自封“刺史”，先后臣服于后汉、后周和北汉。到了刘钧掌权，他很喜欢杨重贵，就赐国姓“刘”，而且把他当儿子一样看待，所以刘继元和刘继业的名字很像[①]。

现在刘继业退守太原，宋军立刻上去再次围困。

惴惴不安的刘继元还是等到了一些好消息，辽朝派来的使者在晚上悄悄进城，册封他为帝。不过第二天请辽使吃饭的时候发生了一些小意外。

一开始众人都很安静，只有郭无为不甘心，还惦记着节度使的位子。他拿定主意，打算投降。

于是借着酒劲，郭无为忽然爆发，号啕大哭，然后哗啦拔出宝剑，做出要自刎的样子。所以刘继元“遽”降阶，就是说像上了发条一般，“嗖”的一下蹿下台阶，挡住郭无为装腔作势的宝剑，温柔地拉着他走上座位。

郭无为唉声叹气说：“唉！怎么能以孤城来抵挡百万大军呢？”

要知道这是刚吃过饭，辽朝的使者都还在，郭无为这一番表演，一是为了动摇军心，让国内的人没有斗志；二来是为了让辽朝使者看看，我们现在就是一个烂摊子，您也别费心出兵帮忙了，让我们投降吧。

---

① 后来降宋之后，刘继业改回本姓杨，是为《杨家将》中杨业的原型。

郭无为看走了眼，刘继元是个狠人，内心其实很强大。

现在赵匡胤带着大军在城外观望，怎奈这城墙坚固，一时找不到下手的地方。于是，赵匡胤下令将太原周遭百姓都拉来，安营扎寨，建造基础设施，完全是打持久战的样子。同时，多数人建议继续增兵攻城。

某一天，就在围城观望之际，有一个人走到赵匡胤身边，低头耳语了几句，然后用马鞭一指激流汹涌的汾水。赵匡胤哈哈大笑，抚着此人肩膀，甚为满意。这人乃是左神武统军陈承昭，他刚才告诉赵匡胤："根本不用增兵，陛下您自有百万雄兵在左右，为何不用呢？"

他所谓的"百万雄兵"，乃是汾水！

于是，宋军迅速筑长堤蓄水，等水位达到一定高度，从晋祠决堤放水，汹涌的洪水犹如猛兽，咆哮着涌向城墙。同时布置李继勋驻扎城南，赵赞坚守城西，曹彬屯兵城北，党进严把城东，太原真变成了铁桶一般，史称"为四寨以逼之"！

城里的刘继业也是名将，深知此次守城的希望渺茫，时间拖得越久，城里的给养就越跟不上。唯有趁着现在还有士气，以精锐突刺敌方，挫其锐气抢夺供给，然后等待援军。

所以趁着黄昏，北汉骑兵从西门破门而出，围堵西门的赵赞急忙跨马迎战，连脚背都被射穿了，却还未能击退敌人。

正在危急之时，那边东寨都监李谦溥正带人在砍木头，听到鼓声急忙赶来，才将北汉军打回去。

刘继业还不死心，再一次带领数百人袭击东寨党进，估计他心里对曹彬和李继勋还是相当忌惮，所以只好来欺负党进。

史书上说"党进挺身逐继业"，他一口气将刘继业打到战壕里去，北汉兵急忙出城抵挡，刘继业这才有机会抓着绳子爬上去。

孤城太原中，倔强的刘继元，枕戈待旦的刘继业，一头雾水的辽朝使者，还有热锅上的蚂蚁郭无为，大家各怀心思默默等待。很明显，辽朝不会对北汉坐视不管的，一定会派重兵前来救援。

因为北汉的地理位置很关键，谁拿到了，谁就占据主动，有可能控制燕云十六州。

果然前方来报，辽军分兵自石岭关南下。

太祖对此十分重视，去年围城失败就是因为辽军赶来支援，这一次绝对不可重蹈覆辙，一定要将辽军遏制在石岭关外！于是快马召见石岭关部署何继筠。何继筠为人深沉有智略，守边多年，边人畏服，甚至家家画像祭拜，正是担当此任的上佳人选。

四月的天气已经开始热了，何继筠远道而来。太祖急忙令人给他的爱将调好麻浆粉[①]，君臣二人细细谋划了军事方略，同时给何继筠追加精兵数千。太祖拍着他的肩膀，语重心长地说："翌日正午，我们等着你的捷报！"殷切期望之情溢于言表。

何继筠领命匆匆别去，他知道自己肩头的责任。自己的表现，将会影响这场战役的全局。

短暂而漫长的等待……

太祖登上高高的北台遥望，终于看到一匹快马挟着黄尘飞驰而来，派人打听，原来是何继筠的儿子何承睿！太祖脸上露出了笑容。

胜利了！

如若战败，这父子二人决计死战，怎肯这么快就来求援？

何承睿带来的好消息说：战于阳曲县北，大败辽兵，擒其武州刺史王彦符，斩首千余级。

辽军已经被钉死在石岭关。

---

① 一种消暑食物。

这一次宋军又玩起了心理战，将一千多辽军的头颅一字铺开，在太原城外展览。很明显刘继元敢这么拖着，就是有恃无恐，依赖辽军，现在辽军被打得如此凄惨，还有谁可以依靠？

城里的人开始恐慌，投降的气息蔓延开来……

郭无为笑了。年轻的刘继元脸色更加阴郁，他咬紧牙关挤出几个字："不投降！"

五月，同样的一幕再次上演，辽军分兵从定州前来救援。太祖早有预料，出兵前就将韩重赟放在那里守株待兔。所以，辽军同样没有讨到便宜，又被斩掉几千人。

两股援军都被干掉，宋军这才安心攻城。太祖亲临城北，再次引水灌城，汹涌的汾水将陆战演变为水战，水军用小船载着重弩强行攻城，在刘继元强悍的精神压力下，太原守兵也相当亢奋。是役惨烈异常，宋军损失了数员大将。

眼看城外宋军疯狂攻击，郭无为感到自己喉咙上有一双无形的大手，正在慢慢收紧。他设想了一下自己的结局：在北汉像个小丑一样闹着投降，过后刘继元肯定要和他算账；拿着大宋的任命状却还负隅顽抗，赵匡胤也会给他颜色；如果城破，极有可能就被乱军砍杀。

不如，现在主动投降。

郭无为信誓旦旦为国捐躯的表演，还真骗过了刘继元。后者发给他一千精兵，趁着夜色出去偷袭宋军。同时派遣了两个得力助手刘继业和郭守斌协助他。

那一夜，风雨如晦，天色不祥，刘继元郑重其事地到延夏门亲自送别。郭无为带着众人悄悄走到北桥，跨过去，那边就是宋军的把守。他心潮澎湃，此时，只要大喊一声"我是郭无为，我来投降"，自己就彻底安全了。

郭无为怀着激动的心情召集诸将，却失望地发现两个副手都不见了：刘继业说自己的马受了伤，所以要回去，而郭守斌则迷路了。

郭无为顿时心凉了，自己单独出去投降？他还没有那个勇气独自面对如狼似虎的宋军。没有刘继业，心里总是没底。想了又想，又灰溜溜回去了，雄心壮志化作一身雨水，淅淅沥沥滴个不停，他的内心估计也是萧索无比，寒冷无比。

时间是世界上最锋利的刀片。

闰五月，在汾水连日浸泡下，太原南边延夏门的瓮城被泡塌了，水流穿破内外两重城墙灌注城内，鸡飞狗跳逃命的，手忙脚乱补缺口的，城里的恐慌可想而知。

太祖登上长堤观看胜利战果。此刻他的内心，大概以为太原城破也就是一两天的事了，但历史有时候比故事更富传奇，那被水流侵蚀慢慢裂开的太原城墙，还是没有被攻破。

一开始北汉人沿着城墙设置障碍，想要筑堤拦水，却成为宋军的活靶子。宋军眼见胜利在望，蓦地却见有一庞大怪物循水徐徐漂来，将缺口堵上。

草垛子！

不知道谁出了这么一个天才的主意，使得宋军的箭支泥牛入海，而北汉人可以躲在后面消停地修筑工事，城墙又合住了。

孤独寂寞的郭无为一个人再次跑到刘继元那里劝降。现在全北汉的人都知道郭无为要投降，他成了最大的不稳定因素。刘继元命人砍了他。这个举动无疑是坚守城池的宣言书。

接下来，刘继元又布置了一些任务，比如说连夜潜出城，去烧掉宋军的攻城器械，或者令人大喊：北汉主投降了！想要让赵匡胤亲自前来受降，然后精兵突围。可惜这两次行动都惨遭失败。

攻城器械没有烧掉，却被打死一万多人。诈降行动被太祖的手下识破，理由很明显，古来受降如受敌，需要谨慎从事严阵以待，哪有半夜咋咋呼呼喊着要投降的？

太原的坚固超乎想象。再次攻城，又损一员大将。东西班都指挥使李怀忠被流矢射中，奄奄一息。

宋军个个杀红了眼，和城里的北汉兵较上了劲。太祖的亲信，殿前指挥使都虞候赵廷翰率领手下众兄弟叩头请战，要求“先登急击，以尽死力”，就算不要命，也要把太原给破了！

太祖被手下的忠勇所感动，动情地说：“你们都是我亲手训练的，个个能以一当百，放在身边以防肘腋之变，大家同生共死。我宁愿不要太原了，也不想你们冒着箭雨锋刃，去必死之地啊。”

这时候太祖已经有意放弃太原城了，倒不是因为他意志薄弱，而是因为水土和气候的问题，大多数的士兵都有了腹病①，同时辽朝的北院大王也正赶来支援。考虑再三，赵匡胤和赵普商量之后，决定班师回朝。

这时太常博士李光赞还给太祖出了一个好主意：“我们屯兵上党，虎视眈眈盯着北汉，夏天就来抢夺他们的粮食，秋天就来抢夺他们的谷物，这样搞下去用不了几年，它岂能不灭？”太祖闻言大喜，忍不住再次赞叹说：“不错，这一招扼住了刘继元的咽喉。”

不光如此，太祖御驾亲征，回去总要带点什么。

那时候，人口是巨大的财富。太祖迁走了太原一万多户人家，这相当于把北汉一个巨大的枝杈给砍掉了。后来太平兴国四年（979），宋太宗收复北汉，一共也才得到三万户人家。

先迁走太原的人口，再屯兵上党，这两项政策彻底摧毁了北汉的经

① 拉肚子之类。

济体系。若干年后，平定北汉的胜利果实属于太宗赵光义，但是他的成功并非因为能力，而是因为他有一个好哥哥，把刘继元折腾得想死的心都有了，穷得皮包骨头，哪还有力气反抗。

此次北征并没有达到预期效果，根据目前情况，刘继元已经牢牢把持住了政权，北汉国内不会再有巨大的政治震荡，所以从战略角度来说，宋军的撤退是明智的。

就在太祖回驾京师之后不久，六月下旬，北汉人将积水排走，长期浸泡之后乍遇骄阳暴晒，城墙迅速开裂酥松，然后迅速坍塌。辽朝的使者韩知范此时仍在太原城内，看到这种情况，忍不住叹息说："如果宋军知道先用水淹然后干涸，此时太原城内恐怕没有活口了！"

据《续资治通鉴》记载，看到辽军屯兵城下，刘继业给刘继元出主意说："契丹人从来贪财好利，以后肯定要来破灭我国，不如趁现在他们防备松懈骄傲懈怠之际，突然出击，可以获取万匹骏马，然后归顺中原。百姓免于生灵涂炭，陛下也可以永享富贵。"

刘继元不同意。

第五章 那些叱咤的旧日英雄

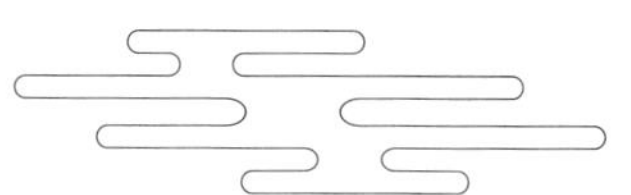

为了让朝中那些身居要职的老臣更加倚重信服自己，徐知诰不惜自我摧残，吞下催老的药物，令自己的胡须、鬓发在一夜之间变白，造成一种皓首老成、德高望重的形象，换取大家的信任。

剿灭北汉受挫，帝国统一的步伐又回到了“先南后北、先易后难”的路线上来。南唐多年以来占据着富庶之地，国力之强大，是其他小国所不可比拟的，所以太祖决定暂时搁置南唐，先去攻击实力没有那么强大的南汉。

理由是什么？

答曰：匡扶正义，救民于水火！

早在乾德年间，宋军攻克了郴州，抓住十几个宦官，但他们并不是普通的内官太监，而是正儿八经的朝廷命官，太祖问其中一个是做什么的，这人回答说他是南汉的扈驾弓箭手官。谁知拿出弓箭来，此人却死活拉不开，可见南汉武备之废弛。

太祖问起南汉的政治，此人历数其国君刘𬬮的罪恶，其奢华与残暴令赵匡胤瞠目结舌，连连叹息说：“我要救这一方百姓！”

赵匡胤是不是在刻意搜寻攻打南汉的理由呢？看一下此时南汉国的现状，一切就都清楚了。

此时执掌南汉政权的是刘𬬮。他认为一般人沉迷于儿女情长，如果有了后代，就想将荣华富贵世袭下去，从而产生私心，甚至会产生篡位的危险，只有宦官无牵无挂，可以一心为朝廷效力。于是下文件规定，如果想要进朝廷当官，第一道门槛就是“挥刀自宫”，不管你是状元还是进士，概莫能免。根据史家统计，当时南汉全国，每一百个人里面，就有两名太监，称得上“太监帝国”。

这些太监有没有鞠躬尽瘁，为国效力呢？当然没有，既然绝了后不能“纵向”发展，太监们便“横向”发展，巧取豪夺骄淫奢侈，搞得民不聊生。

作为一把手，刘鋹自己并不履行任何行政义务。他成天和一个波斯女子厮混在一起，这女子小字“媚猪”，居住之处必须用海底五百尺的珍珠来装饰，刘鋹为她建造了“媚川都”。并且专门置兵八千用于采珍珠，经常用石头绑在人腿上，放入海里数百尺去，溺死者不计其数。

刘鋹是如此喜欢宫殿装潢，甚至下了一条荒唐的命令，国内人可以以石赎罪，也就是说，犯了罪不要紧，只要你能找到奇形怪状的石头献给宫廷，就可以免罪。

至于国内的政务，则完全交给宦官去处理。这些宦官还引进一个女巫，名叫樊胡子。这女巫号称玉皇大帝附身，总是头戴远游冠，身着紫霞裙，坐在帐幕之中宣扬祸福。这些人沆瀣一气，为了长保富贵互相庇护。樊胡子告诉刘鋹，这些宦官都是上天派来辅佐你的，即使犯了错也不可惩罚。

就这样，南汉的库房里堆满了搜刮自民间的奇珍异宝，政府里都是一些小人奸臣，兵器铠甲都锈迹斑斑，整个国家处于一种癫狂的病态中。

为了搞清楚南汉的腐朽和变态是如何形成的，有必要回顾一下刘鋹祖先们的发家史，考证一下是怎样的先天遗传加上后天养成，才造就了刘鋹这样一株“奇花异草”。

应该说，在比较早的时候，岭南刘氏家族成员还是比较正常的，甚至称得上是人中豪杰。到了刘隐和刘岩兄弟这一辈，先是拥戴五代第一“变色龙”朱温。后来，眼看朱温的后梁逐渐式微，刘岩就上表，请求封自己为南越王并加都统，被后梁拒绝。

一个摇摇欲坠的朝廷，竟然也如此不明事理。刘岩愤愤不平说：“今中国纷纷，孰为天子！安能梯航万里，远事伪庭！”话说到这里，反意已经很明显了。三年后刘岩干脆在广州登基称帝，这就是南汉的由来。

刘岩对中国文化的贡献，就是自己生造了一个字——“䶮”，这个字的由来，是因为有一年传说白龙出现，所以就将年号改为“白龙”，同时自己改名刘龚，但是有方士建议说“龚”字不吉利，要亡国。刘岩一气之下干脆生造一个字出来，遂改名刘䶮，取《易经》“飞龙在天”的含义。

刘䶮这样骄傲自大是有原因的。据说，因为他是父亲刘谦的小妾段氏所生，所以就引起了正室韦氏的嫉恨。但是当韦氏拔剑准备杀掉小刘䶮时，忽然头晕目眩心口疼痛，宝剑落地，于是韦氏断言：“这个小孩不寻常。”

刘䶮没有辜负韦氏的“期望”，长大后身高七尺，双手垂过膝盖。他对杀人有一种特殊的嗜好，设置了刀锯、剖心剔骨等酷刑用具。每当看到杀人，刘䶮就会喜不自胜，浑身颤抖，口唇自然颤抖流下口水，老百姓都认为他是蛟蜃之类的妖物。

当时中原乱糟糟一片，唐王朝根本没有能力去收拾边垂之地。刘䶮派人到中原探听消息之后内心窃喜，觉得没有人可以威胁自己了，就关起门来做皇帝。

五十四岁的时候，刘䶮死掉了。他的儿子刘玢即位，却在二十四岁的时候，被自己的亲弟弟刘晟派了几个摔跤手给勒死了。

刘晟因为得位不正，害怕兄弟们学习他，所以干脆利落，又将剩下的十七个兄弟全部杀掉，从此稳坐金銮殿。其实刘晟是“宦官治国”理论的发明者，只不过没有形成条文，他宫内当时掌权的太监就有一千多人。

有一次刘晟喝醉了，将一个瓜放在乐师尚玉楼头上，要试一试宝剑是否锋利。刘晟失手了，宝剑很快将尚玉楼的脑袋给斩掉了。第二天醒后，刘晟又召尚玉楼来演奏，手下人说已经被您杀死了。刘晟淡淡地说：“哦，知道了！”

刘龑和刘晟的这些举动，其实为整个南汉国家的政治结局埋下了伏笔。南汉整个国家从蛮夷之地的极端自卑，走到了另一个极端的过分膨胀。他们把后唐的皇帝称作“洛州刺史”，到刘鋹这一代，完全继承了祖上的劣根性，重用宦官，诛杀兄弟，无恶不作。

刘鋹根本就不知道大宋的强悍程度，他时不时要骚扰一下中原。《宋史》载：开宝初，刘鋹举兵侵犯道州，刺史王继勋上奏请求讨伐之……

有一件小事，可以反映南汉坐井观天的程度。以前每有北方人去南汉，他们就要尽情夸大自己强大富裕。有一次周世宗派人过岭南，接待人员送茉莉花给使者，并且文绉绉地骄傲地宣称：“这个玩意儿，叫作小南强！”

后来刘鋹被大宋拿下，在洛阳看到牡丹，这只井底之蛙大吃一惊：“这是何物，如此巨大？”洛阳人就故意揶揄他说：“这叫作大北胜！”

现在太祖的命运之手已经伸到了刘鋹面前，不过他不是直接伸向南汉，而是先找南汉的邻居——南唐。太祖告诉李煜，给刘鋹写封劝降信。

这不是一个美差，但是李煜没有选择，只好施展浑身解数，写了一封情真意切的劝降信。此时的刘鋹还沉迷在自己虚幻的自大里，当即扣留了李煜的使者，并且很粗鲁不屑地回信：“我这么强大，难道还怕中原不成，要投降你怎么不去？”

李煜将书信交给太祖，太祖觉得此事没有回旋余地了，开宝三年（970）九月，发兵讨伐。

这次领命的主要是潘美，因为南汉楼船、战舰、兵器、铠甲都腐烂不堪，所以没费多大力气大宋军队就迅速攻破了贺州，然后扬言要顺流而下攻击广州。刘鋹阵脚大乱，起用老将潘崇彻率领三万人屯兵贺江，阻止宋军。

岂料潘美只是虚晃一枪，拿下昭州才是他的真实意图。到了十一月，宋军已经连拔昭、桂、连、贺四州，这时刘鋹松了一口气。按照他奇特的价值观，这四州本来属于湖南，现在北方人拿走就算了，宋军不会再南征了。

但是，思维正常的潘美没有停留，继续长驱直入韶州。

韶州都统李承渥手下有十万兵，没有马，他用大象。每个大象身上载着十几个士兵冲锋陷阵，场面十分壮观。

潘美头一次遇到这东西，不敢硬碰，只好远战。他将军中身强力壮者召集起来，发给强弓硬弩，瞄准了大象使劲射箭。大象的勇猛也不是没有限度的，所以吃痛之后，第一个选择就是——撤！

现场顿时乱成一团，南汉的士兵倒被自己的大象踩死不少。

刘鋹身边也是乱作一团，有人劝他投降，有人坚持抵抗，但是他环视四周无人可用。有一个老宫女说自己的义子郭崇岳是个人才，于是刘鋹封此人为招讨使。郭崇岳临危受命，却并非力挽狂澜的豪杰。他什么都不会，就知道天天烧香祈祷，希望凭空跳出来若干鬼神，将宋军一网打尽。

郭崇岳的鬼神总是姗姗来迟，熬到开宝四年初，老将潘崇彻投降。

刘铱急忙联系潘美，表示愿意议和，其实他是在拖延时间，早早准备了一艘大船，上面载满金银财宝后宫美女，预备到海上仙山避难去。不过刘铱还来不及上船，太监们就带着一千士兵“直挂云帆济沧海”，留下了他孤零零一个人。

刘铱很伤心，觉得被辜负了，于是打定主意投降，但是眼看送降表的人迟迟未归①，刘铱心里又打起了小鼓。恐惧之下，派自己的弟弟前去抵抗。

结果没有悬念。二月初五，刘铱身穿白衣骑着白马，出城投降。

史载刘铱体态丰硕，眉目俱竦，口才非常好。一见太祖，他就把自己的责任推得一干二净，说都是手下那些奸臣害了自己，特别是那个龚承枢把持朝政，他们才是国主，自己反倒是臣子，什么事都不能做主。太祖一笑作罢，也不怪罪于他。

在“能屈能伸”这一方面，刘铱做得非常出色。他的阶下囚生活过得也比较惬意，充分发挥聪明才智，用珠子编了一个马鞍形状的游龙戏水之物，献给太祖。他的才艺获得了太祖的“肯定”：“爱好手工技巧，习惯养成为天性，将这份精力用来治国，怎么会灭亡呢？”

为了保住性命，刘铱在太祖手下可谓战战兢兢，每次集合开会都提前到达。有一次他提前来到，太祖就倒了一杯酒赐给他，刘铱脸色大变。因为他以前总用这种方法毒害手下。于是他手捧酒杯哭哭啼啼：“我继承祖业，违抗朝廷，有劳您老人家的讨伐，实在是罪该万死，陛下既然已经让我不死，我就希望成为平头百姓，欣赏这太平盛世。这杯酒我确实不敢喝呀！”

太祖看这情形知道是怎么回事了，哈哈大笑说：“你把我当成你了，

① 被潘美押解回京了。

我待人光明正大！”说完，便取过刘𬬮的酒杯一饮而尽。

刘𬬮急忙叩头谢罪。

为了讨得皇帝的欢心，刘𬬮可谓费尽心机。太平兴国初年，太宗预备完成哥哥未竟的事业，讨伐北汉。当时吴越和漳泉都来归顺，刘𬬮厚颜无耻地道：“朝廷恩威远慑，很快平定北汉之后，刘继元也要来。因为我最先来朝，所以我愿意当这个降王之首。”太宗觉得这个说法很吉利，就对他大加赏赐。

从刘𬬮身上，我们可以看出人性的巨大弹性。为了生存下去，能残暴昏庸到什么程度，就可以恭顺谨慎到什么地步。

眼看身边的邻居渐次被大宋收入囊中，彼时的南唐国主李煜心中作何想法，我们不难揣测。给刘𬬮写信劝降容易，但是轮到自己头上，无论如何也下不了决心去归顺赵匡胤。李煜还存着一丝幻想，希望赵匡胤能够和当年周世宗对待自己父亲一样，只要割地、进贡，就能够安守自己的温柔富贵之乡。

于是在开宝四年（971）十一月，李煜派自己的弟弟李从善入朝进贡，同时正式表示废除“南唐”国号，玉玺也改为“江南国主印”，而且请求太祖以后下诏书的时候，不用顾及什么礼节，直呼自己的名字李煜即可。

赵匡胤表示同意，但他并没有因此罢手，而是扣押了李从善，美其名曰“准备重用”。这令李煜更加惊慌。次年二月，他再次给太祖上表，将自己政府里的所有机构统统降低一级，令改称为教，而中书省、门下省分别改称左、右内史府，就连宫殿屋脊两端用来象征皇帝身份的鸱吻也被拆除。

李煜又何尝不伤心呢？算起来从祖宗建国到今天，短短三十多年，却已经两次自降身份。

公元937年，李煜的祖父李昪[①]接受“禅让”建立南唐。公元956年，父亲李璟上表给周世宗柴荣，表示“以兄视荣，岁输财货”，柴荣拒绝。李璟无奈，再次派人上表称臣，柴荣依旧不允许，就在那次，丢了扬州。

随后李璟只好自请去掉帝号，自称南唐国主，献江北十四州土地，才得一时安宁。

从皇帝到国主，从南唐到江南，一步一步要退到何时为止?

为了完整介绍李煜这个人，我们有必要稍微往回追溯至五代末期，那时候南唐的创始人李昪还只是濠州开元寺里的一个小沙弥，因为相貌英俊神态机灵，被后来的吴王杨行密看中，准备将这个沙弥收为义子。

但是此举遭到了杨行密亲儿子们的激烈反对，当时杨家上升势头很猛，他们觉得收了这个孤儿有辱门风。所以杨行密就将小沙弥交给部将徐温，从此，这个乱世孤儿就有了新名字——徐知诰。

可能是为了报答徐温的收养之恩，徐知诰孝敬徐温夫妻如亲生父母，朝夕起居，承颜侍膳，事事都考虑得十分周全，非常温顺恭谦。一个流传很广的故事说，徐知诰九岁那年，去屋里取火掌灯，短短几步之内，当着徐温的面吟出四句诗来：

一点分明值万金，开时惟怕冷风侵。
主人若也勤挑拨，敢向尊前不尽心。

徐温虽然是个草莽出身的私盐贩子，但毕竟老于世故，一听这话就意识到，这个孩子是在抱怨没有得到好好栽培。同时，对他的才华也有

① 那时候还叫徐知诰。

了充分认识。

往后，随着徐知诰年龄的增长，徐温不断给他制造机会，先是让他掌管全家的财务，在这个过程中，徐知诰的管理和沟通能力得到极大提高，迅速成熟起来。古人说“齐家治国”，管理一个大家族和管理国家的道理是相同的。徐温也没料到，他的这一安排，对徐知诰的人生有多大影响。

随后又发生了一件事，再次巩固了徐知诰在徐温心中的地位。

有一次徐温得了重病，他有六个亲生儿子，但是这些儿子互相推诿，谁也不肯在病榻前伺候，只有徐知诰夫妇通宵达旦煎汤喂药，整夜不肯休息。有时候徐温从昏迷中醒来，看到帷帐外面人影绰绰，就虚弱地问道是谁。

回答总是：“小儿知诰，儿媳王氏。”

可想而知，此时徐温的心情是何等的复杂激动。他也就是在此时暗暗下定决心，一定要对义子做出有效的补偿，如果说前一段时间他对徐知诰的培养仅限于理财和人际，那么接下来，他就有意让徐知诰接触军事，培养他独当一面的能力，甚至想过，让他成为徐家事业的继承人。

公元909年，吴王杨行密派徐知诰到升州整修城池，监督舰船制造。公元912年，又让他作为副手镇压作乱的宣州观察使李遇，随后因为战功，提升他为升州刺史。

在升州任上，徐知诰休养生息选贤任能，吸引了大批人才来到自己身边，逐渐培养起了自己的幕僚和班底。

对于徐知诰的进步，徐温喜忧参半。一方面，看着义子成长起来，自己的心血结出了成果。另一方面，羽翼渐丰的徐知诰，会不会占据城池拥兵自重，站到自己的对立面？为了权力，骨肉相残父子反目，这样的例子举不胜举。徐温的忧愁也不是没有道理。

于是徐温采取行动，借口说徐知诰镇守升州有功，调虎离山，将他调到润州，提升为团练使。同时自己亲自出马镇守升州，而让长子徐知训留守与润州一江之隔的扬州。

对于这个安排，徐知诰一目了然。义兄徐知训守在扬州，一方面是为了控制傀儡吴王杨渭，更重要的是监视自己，以免对徐家构成威胁。远处的徐温在升州坐镇遥控，一旦时机成熟——他就要登基做皇帝啦！

徐知诰对徐温的安排十分不满，所以干脆请求到山城宣州去任职，以求韬光养晦，伺机而动。徐温不同意，徐知诰就更加愤懑。他的谋士宋齐丘就给他做思想工作说："当初项羽让刘邦守汉中，很多人鼓动他不要去，只有萧何力排众议让刘邦去，这才成就了霸业。如果你心怀天下，就应该老老实实到润州赴任，不可错失良机。"

这个例子其实没什么可比性，项羽一介莽夫，怎么斗得过刘邦。现在徐知诰的对手徐温可没那么简单，私盐贩子在封建社会都是黑社会头目，能生存下来的，都是各方面素质都非常强的人。

宋齐丘的高明之处在于，他一针见血点出了要害："河对岸，扬州驻扎着你的哥哥徐知训，早已经失道寡助，他迟早要出事。等他屁股着火了，润、扬二州近在咫尺，你一苇渡江，即可坐收渔人之利。"

事实证明，宋齐丘的预言完全正确。没过多久，扬州就出事了。

往前推，公元 905 年，杨行密病逝。和所有五代的短命王朝一样，他的第二代继承人迅速腐化堕落，长子杨渥即位之后根本不理朝政，夜以继日地酗酒作乐，于是朝政逐渐旁落到了杨行密的老部下张颢和徐温手中。到公元 908 年，张颢杀死吴王杨渥，企图投靠徐温寻求庇护，被徐温以弑君之罪诛杀。然后徐温独揽朝政，扶持傀儡杨渭为吴王。

事情就坏在徐温的长子徐知训身上。

以前在宣州的时候，徐知训就喜欢聚敛钱财，苛政暴虐。民间唱戏的人为了讽刺他，特地做了一个大脸绿面的面具，边上一人问你是谁？就回答说我是宣州的土地神啊，我们的长官入觐侍宴，连地皮把我一并给刮来了。

现在，徐知训奉徐温的命令盯着杨渭。他知道现在天下其实是姓徐的，根本没什么顾忌。不光对老百姓残暴，对杨渭也不怎么友善，一有机会就肆意狎辱。某次杨渭宴请群臣，在席间徐知训趁着酒兴，建议大家表演“参军戏”。

“参军戏”是一种滑稽艺术形式，有点类似于现在的相声，演参军的人戴着幞头、穿着绿衣，形象还算比较正面。“参军”的仆人称苍鹘，这个角色必须形容猥琐，言语龌龊。

在这出戏里，徐知训就扮演了“参军”，颐指气使；而杨渭则出演另一角——苍鹘，穿着破旧的衣服捧着帽子跟着他，君臣二人的地位完全颠倒了过来。

如果说这仅仅是游戏，不能作为铁证的话，再来看另外的几件事情。

某次泛舟渡河，因为杨渭早于自己收桨靠岸，徐知训勃然大怒，不停用弹丸击打杨渭，被侍卫用盾牌挡住。某次到禅智寺赏花，徐知训又借故耍酒疯，满座之人吓得腿像筛糠一样，杨渭更是悲泣不已，不得已登舟回宫。徐知训没有追上，为了出气，就用铁杵活活打死了杨渭的贴身侍卫。

难道徐温不知道自己儿子的所作所为吗？他知道，但那是自己的亲儿子，有血缘关系。

徐知训的倒行逆施引起了杨行密老部下的极度不满，其中朱瑾最为激烈。朱瑾乃是江南一员猛将，一直和徐知训貌合神离。所以徐知训就假借杨渭之名下令，放朱瑾出任静淮军节度使，为自己扫清障碍。

出发前，朱瑾搞了一个小型的家庭宴会，与各位同仁把酒话别，徐知训也在被邀请之列。听说宴会结束后还有歌伎骏马做赠品，他就兴致勃勃起来了。朱瑾特意在一个马槽里拴了两匹雄性烈马。俗话说“二马不同槽”，这两匹马互相撕咬踢鸣，掩盖了屋里所有的声音。

酒过三巡，徐知训醉意蒙眬，朱瑾叫老婆出来拜谒。徐知训吃了人家的口软，也很有礼貌地起来拱手答礼。这时朱瑾掏出上朝用的笏板，在徐知训后脑上重重猛击，然后击掌三声，刀斧手上来，摘了徐知训满是糨糊的大脑袋。

朱瑾即刻提着脑袋去找杨渭汇报工作。杨渭一看徐知训的脑袋，吓得魂飞魄散。但他意识到了问题的严重性——徐知训死了不要紧，但是他的父亲徐温还在。

杨渭急忙用袖子遮住脸说：“老舅，这件事是你自己干的，外甥我可不知道，和我没有关系啊！”因为朱瑾和杨渭母亲同辈又同姓，所以杨渭才叫他“舅”。

朱瑾一看这情形傻了眼，只好愤然将徐知训的脑袋抛向宫殿圆柱，同时厉声呵斥道：“你真是一个扶不起的阿斗，如此软弱，我怎能和你共图大事！”说话之间，徐知训的亲兵蜂拥而至。朱瑾仰天长叹道：“我为万人除害，一身担当罪祸，现在死而无憾了。”说完自刎而死。

这就是宋齐丘所说的“出事”。

润州的徐知诰一得到急报，立刻星夜发兵入城，控制了局面，开始掌管朝政。

亲生儿子死于非命，非亲生的又迅速发兵，不得不令徐温心存疑惑。他有理由相信是徐知诰策划了这一事件，因为徐知训也经常对徐知诰辱骂戏弄，当面叫他“乞子”，而且好几次设计要干掉徐知诰。

不过，视察完儿子的居所，徐温打消了这一疑虑。在徐知训家的一面墙上，他看到了一幅画。画面上老态龙钟的徐温戴着枷锁，站在一边等待候审，他身边跪着的，是除了徐知训之外的几个儿子，一个个被打得血肉模糊。

徐知训则衣冠楚楚地坐在他们面前，一脸得意忘形，歪着嘴狞笑。

很明显，这幅画是徐知训内心愿望的一种表达。他急切希望干掉几个弟弟，然后威逼父亲交出权力，自己好早登大宝。

这幅画令徐温看清了亲儿子的嘴脸，转身对徐知诰说："这个逆子恶贯满盈，死有余辜，多亏你当机立断出兵控制局面，否则老夫一生辛苦经营的家业，就要毁在他手上了。"

面对徐知诰已经坐大的既成事实，徐温也无可奈何，只好顺水推舟，奏请杨渭，让徐知诰在扬州辅佐。直到此时，父子两个貌合神离的政治斗争才正式拉开了帷幕。

为了提高自己的地位，同时名正言顺地"摄政"，公元919年，徐温做主让杨渭宣布独立建国。

徐温此举，并不是为了杨氏考虑，而是包藏自己的祸心。他对杨渭说："现在大王和诸将都是节度使，虽然有都统之名，但是不足以相临制。"一旦建国，吴国就成了一个上下级关系明确的政权机构，这一切都有利于徐温展开篡权工作。

建国之后，徐温被封为大丞相，掌管所有军事。徐知诰为左仆射，参知政事。

徐温想当皇帝，徐知诰又何尝不想呢？但是父亲徐温横在他面前，徐知诰的危机感与日俱增。试想，如果让徐温捷足先登当了皇帝，自己的处境就会大大不妙，永远没有机会翻身了。

所以徐知诰拉起"尊王"这面大旗，想尽一切办法"保护"杨渭的地位不受威胁，阻止徐温抢在自己前面篡位。

徐温喜欢穿白袍，每年过生日，徐知诰都要给他进献一袭白袍。有一次，恰好有个善于阿谀奉承的幕僚在一旁，一语双关说：“白袍不如黄袍好！”潜台词就是，当丞相不如当皇帝好。

徐温默默不语，他也想借机试探一下徐知诰的态度。徐知诰反应甚为敏捷，当即呵斥那个幕僚：“天下人都知道丞相忠于杨氏，你这样信口胡说，传出去对丞相的名声大大有损！”徐温看出了徐知诰的态度，也只好讪讪道：“我儿子说的有道理，你以后不要这样了。”

没过多久杨渭重病，因为历朝历代不乏武人持刀逼宫夺权的例子，所以徐知诰趁机向杨渭进言，要求武人觐见时，不得携带任何兵器。这样，徐知诰又巧妙地断绝了徐温宫闱兵变的可能。

杨渭的病越来越重，在他弥留之际召徐温觐见，这时又有人动员徐温废嗣自立。徐温再次去试探徐知诰，又被徐知诰用一番大道理顶了回去，而且徐知诰还软硬兼施地说：“丞相不要忘了张颢的前车之鉴！”

徐温一听这话，脊背不由发寒，当初张颢杀死杨渥，自己以“弑君”之罪把他除掉，现在如果自己谋国篡位，徐知诰很有可能扮演讨伐者的角色！于是言不由衷说：“我要是想自立，哪需要等到今天，当时张颢被干掉时，机会多好！我怎么可能冒天下之大不韪，违背吴王的嘱托？”

现在面临皇权交替，父子两个实力差不多，都有所顾忌，那么只好便宜了“第三方”——杨渭死后，他的幼弟杨溥继承皇位。

同时，为了让朝中那些身居要职的老臣更加倚重信服自己，徐知诰不惜自我摧残，吞服催老的药物，令自己的胡须、鬓发在一夜之间变白，造成一种皓首老成、德高望重的形象，换取大家的信任。

他的心血没有白费，徐温至死都没有登上皇位，机会当然留给了徐知诰。

扫除了最大的障碍之后，徐知诰求贤若渴、礼贤下士，经常利用宴会召集各方豪杰之士，一旦有什么好的建议，立刻采纳。所以，各方面具有一技之长的人纷纷前来投奔，团结了大批才智之士。

这批人中间，最有名的当属宋齐丘和韩熙载。宋齐丘长期追随他，在关键时刻拿出很多好的建议，颇得徐知诰的器重。但此人性格古怪，尤其恃才傲物，言谈之间一言不合，即刻拂袖而去，就算对徐知诰也毫不客气。

但是徐知诰毫不介怀，每次都谦恭有礼地请他回来。为此宋齐丘感激涕零，横下一条心来为徐知诰出谋划策。两人经常在后院四面环水的孤亭里密谈，为了防止泄密，他们进去后就将吊桥升起，以防隔墙有耳。冬天的时候，两人于炉火边上用铁筷子在灰上写字，密谈国事，写完后即刻抹掉。

很多重要的决策和计划，都是这样形成的。

第六章 江南臣子的个案分析

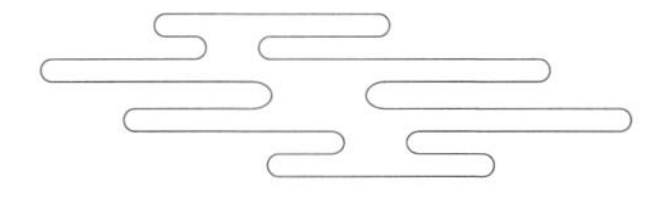

在这里，我们必须对顾闳中的严肃写实画技表示适当的敬佩，因为他的作品确实刻画了韩熙载精神上的苦闷。他对南唐感情深厚，但是缺乏勇气力挽狂澜，听到同僚议论说李煜想让自己出任宰相，就急忙开始“堕落”。他害怕了。

除了宋齐丘之外，第二个著名的人，就是韩熙载。之所以要重点说说他，是因为此人可以作为南唐臣子的典型个案。他人生轨迹的嬗变过程，可以看作南唐国祚的人格投影。

韩熙载这个人之所以留名于世，并非因为某个重大事件或者他有过人的才智，而是顾闳中的那幅名画——《韩熙载夜宴图》。

之所以要画这幅长卷作品，是因为李煜曾想任命韩熙载为宰相，但是听说他帷薄不修——生活作风比较混乱。那时候没有照相机，就派了两个写实的绘画高手到韩府，要他们记录下韩熙载的生活情形。

这一次政治偷窥，却造就了一幅千古名画，也使得本该籍籍无名的韩熙载名满天下。

长卷共分为五部分，第一部分是“听琵琶”，韩熙载头戴轻纱高帽，趺坐床榻，面前弹琵琶的女子梳高髻，头戴簪花，长裙彩帔，抱着琵琶专注地弹奏。客人们要么在专注倾听，要么神情投入，似乎在回味着什么，只有韩熙载表情淡然漫不经心，似乎有心事解不开。

接下来是“赏舞”，身材纤巧的舞姬王屋山正在娴熟地起舞。韩熙载站了起来，双眉紧锁亲自击鼓伴奏，身边的客人和着拍子拊掌。这部分匪夷所思地出现了一个低头沉思的和尚，他和韩熙载的表情，彻底冲淡了喜庆轻松的氛围。

接下来的“小憩”后，是“清吹”。韩熙载身穿白色单衣，袒胸露乳盘坐在椅子上，手摇纨扇，面色肃穆，似乎想起了以前的事情。

最后一幕，曲终人散，客人或者作别离开，或者留下来和侍女大胆调笑。与众人的放荡轻佻形成鲜明对比的，是韩熙载独立当庭，怅然所失地遥望着远方。

在这幅长卷里，南唐官员奢靡安逸的生活被表现得淋漓尽致。不过画面里的主人公，似乎和整个气氛格格不入，表情始终“烟笼寒水”，散发出一种淡淡的忧愁。晚年的韩熙载，正如南唐后期，壮志湮灭无影，纵有金戈铁马万卷韬略，也唯有沉醉于夜夜笙歌。

在奢侈的纸醉金迷之下，有一个敏感迷茫，乃至沧桑沮丧的灵魂。

年轻时候的韩熙载不是这样的。他和所有自以为身怀利器的年轻人一样，以天下为己任，“怀抱奇志，行有异操”。因为父亲涉嫌造反，他只好流窜江南。出发之前，与好朋友李谷比赛自吹自擂。韩熙载说：“如果江东用我做宰相，我一定可以长驱直入，直取中原！”李谷毫不示弱：“如果中原用我做宰相，取江南易如反掌！”

两个年轻人夸下海口，就匆匆作别。不料到了江南，韩熙载并没有得到想象中的礼遇。当时还是杨溥当政，韩熙载就给杨溥写了一封求职信，写得气势磅礴锋芒毕露，完全没有求职者应该具备的谦逊。简单来说，重点是讲述了人才的重要，然后表示自己就是个人才——“某爰思幼稚，便异诸童。竹马蒿弓，固罔亲于好弄；杏坛槐里，宁不倦于修身。但励志以为文，每栖身而学武。得麟经于泗水，宁怪异图；授豹略于邳垠，方酣勇战。”

实权人物徐知诰为人谨慎隐忍，很不看好这个来自北方的年轻人，认为他除了夸夸其谈之外，没什么真才实学。再加上韩熙载颇为自负，为人狂放不羁，不能团结大多数人，所以一直很不得志。

而在此之前的吴乾贞元年（927），徐温终于还是死了。徐温的次子徐知询奔赴金陵，承袭了父亲的职位。次年徐知诰设计诱捕，将徐知询软禁起来，然后令自己的儿子李景通[①]留在扬州辅佐，自己则学习徐温，到金陵遥控指挥。

从此，徐知诰开始了他翻云覆雨的权臣生涯，当他达到一个臣子荣誉权力的顶峰之后，有一天对着镜子，手抚白须叹息道："真乃时不我待，此物无情，功业成而吾老矣！"手下那帮人收到信号后，马上行动起来，开始制造舆论。

自古以来说服老百姓，最好的方法就是散布一些神神鬼鬼的小道消息，而且你还要遮遮掩掩，这样他们的兴趣就更大，还会义务担当宣传员。于是"江北杨花作雪飞，江南李树玉团枝；李花结子可怜在，不似杨花无了期"，成了"十大金曲榜首"，被满街传唱。这首歌预示了朝气蓬勃的"李"，将要替代没有结果的"杨"。

显然，此处的"杨"指的是吴王杨溥，"李"是哪一位呢？

这就是徐知诰的如意算盘，他看着金灿灿的皇位确实眼红，但是为了维护皇权的纯正"血统"，他必须拿出令人信服的证据，说明自己是"龙种"。于是他瞄上了刚刚灭亡的大唐，认定自己是唐室吴王李恪的后代。所以后来，他扔掉"徐"姓，改名"李昪"。

此"李"就是"江南李树玉团枝"的那个"李"。

与此同时，街上出现了一个头戴皇冠、束发蓄须的疯癫道人，手举一根钓竿，钓着一只肥大的木头鲤鱼，反复唱着："……盟津鲤鱼死欲尽，濠梁鲤鱼始惊人……为甚钓竿挑着走？世间难寻识鱼人。"

李昪当初就是濠州开元寺里的一个小沙弥，所以，他就是"始惊

① 就是后来的中主李璟。

人”的那条“濠梁鲤鱼”。凡事有一有二,一般就会有三。一天夜里，一个和尚不知何故忽然疯狂撞钟，导致全城人民集体失眠。

把和尚找来一问，和尚说：“晚上没事干，忽然灵机一动，得到一首好诗。《毛诗序》里说：心里有想法就会形成语言，语言如果说不清楚，就要叹息感慨，如果感慨还不能表达，就唱歌，唱歌不得劲，就只能跳舞了。我这首诗实在是太好了，所以我就跳舞来表达，于是就撞钟了。”和尚一板一眼，很严肃地回答。

徐知诰看老人家一把年纪了，也不是刻意恶搞，就问：“是什么诗，说来听听。”

和尚吟道：

徐徐东海出，渐渐入天衢。
此夕一轮满，何处清光无?

徐知诰一听，皱了眉头，批评和尚说：“如此平常一首顺口溜，你至于如此得意吗？”

和尚摆手说你别急，然后将诗里深刻的意思讲解了一下。徐知诰一听这和流行歌曲《东海鲤鱼飞上天》主题思想很相似，所以非常高兴，也不埋怨和尚扰民了，重重赏赐后送了回去。

后来，就连徐知诰做梦自己摔倒在地，都被谋士解释为：“可喜可贺之兆，梦中摔倒，日中必然有人拥立。”说完，这个谋士就撩袍下拜。

舆论兴起之后，徐知诰觉得再推辞就有点过了，甚至会弄巧成拙。于是在公元 937 年，杨溥下诏“禅让”皇位给徐知诰，南唐就此建立。过了一年，徐知诰按照计划，改名为李昪，同时将儿子改名为李璟。

这时候的年轻人韩熙载，还是一副吊儿郎当的样子，天马行空，我行我素。李昪安排他做秘书郎，辅佐太子李璟，当时和他一起来南方的人，大部分得到了重用，唯有他郁郁不得志。

对此，韩熙载有自己的看法。他后来告诉李璟，先帝知道我却不重用，乃是因为我是幕府后人，韩熙载的父亲曾经担任过观察支使，所以他才有此一说。其实李昪之所以不重用他，大部分是因为他的性格所致，这一点他却很难自知。

直到李昪驾崩，李璟即位，才慢慢开始重视韩熙载。韩熙载数次上章进谏，都得到了李璟的采纳。他改进了南唐很多不规范的礼仪，在朝中的地位日渐显赫。同时，也引起了宋齐丘、冯延巳的嫉恨。

后来李璟自觉强大，就想要欺负一下邻居。

其实，在李昪的时代，确实想过要养精蓄锐，趁着群龙无首之际经略中原，但是他壮志未酬，就猝然死了。知子莫如父，李昪知道儿子善文而不习武，所以弥留之际，握着李璟的手说，一定要固守成业，和兄弟国家搞好关系，千万不要无故寻衅滋事。

然后李昪使劲一咬牙，将儿子的指头咬破，狠声喘息道：“勿忘吾言！”

为了表明自己的立场，李璟随后改元“保大”，也就是说，保守父辈的伟大基业。最初的一段时间，他确实闭口不谈兵戈，从善如流，但是人的记忆力毕竟有限，架不住周围一些别有用心的臣子煽动。

公元 944 年，趁着闽国王氏兄弟为了皇权大打出手之际，李璟发兵讨伐闽国。

闽国的老百姓早已经被压迫得受不了了，一看“大唐”来人，迫不及待地去接应，主动伐木开道，筹措粮草，担任向导。所谓“人心向背定成败”，南唐很快便轻取了除福州之外的全闽版图。

只有闽国的大将李仁达，还苦苦守着福州没有投降，不过他也佯称要投降南唐。

南唐的枢密使陈觉立功心切，向李璟请求去舌战李仁达，靠自己杰出的口才将他劝服，随行的还有监军使冯延鲁。谁料，陈觉见了李仁达之后，摆出一副大国使者的派头，居高临下，盛气凌人，李仁达也针锋相对，绝不示弱。

陈觉很生气，就假传圣旨兴兵讨伐，李仁达急忙向吴越求救。这一次，南唐一败涂地。

朝廷官员包括韩熙载在内，纷纷上表弹劾陈、冯二人。但是要知道，冯延鲁是冯延巳的亲弟弟，而冯延巳和李璟的关系不是一般的硬，所以最终二人得以免死。韩熙载却被排挤为和州司马，不久又调任宣州节度推官。

李璟喜欢写词，冯延巳也喜欢，共同的爱好使他们走到了一起。当年还是太子的时候，李璟在匡庐鹤鸣峰下读书，冯延巳就和他朝夕相处，结下了深厚的感情。冯延巳曾经有一首《长命女》的词，用夫妻之情来比喻君臣之情：

> 春日宴，绿酒一杯歌一遍。再拜陈三愿：一愿郎君千岁，二愿妾身常健，三愿如同梁上燕，岁岁长相见。

冯延巳的词确实不错，堪称大家，但是其为人浮华轻佻，眼高手低，没有真才实学。试想一个皇帝身边如果都是这样的臣子，国家将情何以堪？以冯延巳和冯延鲁为首的五个人，被大家称作“五鬼”，他们整天以文章娱乐，丝毫不管国计民生。

冯延巳曾经嘲笑开国老臣孙晟说：“你有何能，竟然可以官居丞郎？”

孙晟愤慨地反击：“我乃是山东一个安分守己的书生，论起辞藻华丽，不及你的十分之一；论起诙谐歌酒，不及你的百分之一；论起奸佞狡诈，一辈子也赶不上你啊。但是我于国于民都没有害处，你却足以祸国殃民！”

现在我们读着冯延巳那美丽温婉的词句，恐怕很难将他和“祸国殃民”“奸佞狡诈”这样的语句联系起来。可见，历史的真相，确实不能只看表面。

绕在李璟周围的，是“五鬼”这一类人物。韩熙载没有勇气去正面对抗，他选择了逃避，鸵鸟一样沉醉在诗酒歌舞中，成为放浪形骸的逍遥人士。可以说，正是他这一类明哲保身的人，加剧了南唐政权的垮台。

在外州上任了很多年后，韩熙载才再一次回到皇帝身边。毕竟是幕府旧僚，当时韩熙载是五品官，但李璟破例允许他穿三品的紫袍，貌似前途大好。

但是政治这东西，非常讲究配对，也就是君臣的搭配。魏徵那样的臣子，也只有在唐太宗手下才可以发挥作用。所以即便李璟念旧，对韩熙载很有感情，但是毕竟观念相去甚远，他们之间有很深的隔阂。

更何况，韩熙载大部分时候只顾自己痛快，慷慨激烈大发议论，根本不考虑皇帝的感受，又不会写“撩乱春愁如柳絮，悠悠梦里无寻处”之类的诗句，主动和皇帝交流感情。所以在这一段历史中，我们几乎很少看到韩熙载的身影。他选择了沉默。

麻醉一个国家，只需要短短十余年。

这十余年间，中原发生了很多事情。先是郭威的后周建立，然后柴荣即位。李璟这才开始了他一生中最为尴尬的时光，柴荣咄咄逼人，李璟唯有步步退让。

“以兄事柴，岁输财货”，不行！

“称臣纳贡”，不行！

“去帝号，割淮北六州，岁输金帛百万”，还是不行！

柴荣胃口大，志向也大。他要拿下整个南唐江北之地，如此富庶的一片土地，完全可以支撑他回身干掉北汉，乃至契丹……

后周显德四年（957）十一月，柴荣屡败南唐兵，连克泗、濠、扬、泰四州；次年，李璟上表称唐国主，献江北十四州土地，柴荣这才答应退兵。因为江南没有盐田，所以李璟请求柴荣，可否将产盐地海陵保留下来，这个小小要求也被柴荣拒绝了。

这一年发生了一件小小的趣事。时任后周使者的陶谷，因为是文化人，所以柴荣派他前来“观摩六朝碑碣”，美其名曰“交流书法艺术”，其实另有目的，就是探一探南唐的虚实，为今后的征讨获取信息。

陶谷没什么深沉气量，看到南唐人民夹道欢迎宛如见到救星一般，就忍不住膨胀了，摆出不苟言笑的威严，骄横无礼，出言极其不逊。

如果政治上稍微成熟一点的人，就应该认识到，别人对你尊敬，是因为你背后有一个强大的国家，和你本人是没有什么关系的。

在这一点上，赵匡胤就很明白。

开宝年间，内外马步军都头周广出使吴越，为吴越王钱俶送生日礼物。以前使者来，钱俶都会南面而坐，边上为使者设一个位子，以表示自己在吴越还是老大。周广到那之后，就对钱俶说，咱们“比肩事王”，都是赵家天子的臣子，所以你不能这样对我！

言下之意，你这样对我不敬，就是对赵家天子的不敬。

钱俶是个老政治家了，政策水平很高，二话不说急忙挪开位子向西，以宾主之礼来接待周广。

周广也膨胀了，回去找赵匡胤要封赏，觉得自己扬眉吐气，为国争了光。

赵匡胤嘿嘿一乐，说：“你只不过依仗着朝廷威势罢了。要不然，钱俶也是条汉子，会怕你不成？”

可是陶谷不是周广，所以就犯错误了。

在陶谷到来之前，韩熙载的老熟人李谷，捎信给韩熙载说：“这个使者性格骄横喜欢别人逢迎，你们好好对他。”即便有了思想准备，陶谷的表现还是令李煜和韩熙载郁闷不已，不知道如何应对。

韩熙载是老江湖，阅人无数，观察一段时间后告诉手下：“我看这个陶学士不是什么品行方正之人，绝对有隙可乘，你们看我如何收拾他。”过了一段时间，陶谷研究完了六朝书，在南唐馆待半年。

韩熙载出手了。

他先找了一个歌女秦弱兰，假扮驿卒的女儿，青衣素面，布鞋竹钗，每天在驿站拿着扫帚撮箕洒扫清洁，完全是一副邻家小姐姐的模样。因为过于装腔作势，没有和东道主搞好关系，陶谷的留学时光也过得颇为无聊，每天看着秦弱兰在眼前晃动，一来二去就花了眼，之后就忘了君子的“慎独”，主动搭讪询问秦弱兰的来历。秦弱兰红着眼圈说：“夫君早早就死掉了，现在无依无靠，只好依靠父母。”

看着美人楚楚可怜的样子，陶谷心里泛起了阵阵涟漪。

没过几天，这一对才子佳人就走到了一起，陶学士不再寂寞忧愁。

快乐的时光总是短暂的。不久之后，陶谷将要回国，临行前和秦弱兰依依惜别，写了一首《风光好》送给她：

好姻缘，恶姻缘，只得邮亭一夜眠，别神仙。琵琶拨尽相思调，知音少。待得鸾胶续断弦，是何年？

秦弱兰得到证据后，立即呈上给李璟。李璟令教坊排演熟练，同时通知陶谷，回国日子越来越近，为了给你饯行，我们将在数日之后设宴款待，希望一定赏脸。

随后李璟在澄心堂隆重设宴，邀请陶谷参加。席间李璟用大杯盛满美酒，殷勤相劝，陶谷却丝毫不给面子，依然面目冷峻，表情苦大仇深，和南唐诸人的热情形成鲜明对比。热脸贴了冷屁股，李璟和韩熙载不觉难堪。

于是下令歌伎进来劝酒。

但见一个盛装美人手持琵琶，婀娜多姿，卷帘进来坐下，弹唱起来：好姻缘，恶姻缘……

这首词是陶谷写的，当然十分熟悉。他定睛一看，不由浑身乱颤，那女子竟然是“驿卒之女”秦弱兰！

如果别的枭雄遇到这个场面，比如说曹操、刘邦，肯定会装作若无其事，一边剔牙一边自顾慢慢咂酒，不信你南唐人敢点破。可惜陶谷只是一个轻浮文人，顿时面红耳赤如坐针毡。

李璟和韩熙载看在眼里喜在心头，知道武器发挥作用了，于是暗示内侍们再次上前劝酒。心乱如麻的陶谷早已精神崩溃，手忙脚乱，很快就被攻破，有了第一杯就有第二杯，最后甚至是被强行灌下去的。

回去后大醉而眠，睡醒后觉得没有脸面再待下去了，就差人告诉韩熙载说，自己要启程北归。韩熙载倒也爽快，指派两名小吏到十里长亭从简送行，场面极为寒酸萧瑟，和陶谷当初到来时的喧嚣热闹形成了鲜明对比。

这种小打小闹折服使者的胜利，自然无法挽救南唐的颓势。

就是这几年，强势的后周政权彻底打掉了李璟的虚荣、傲慢和自信，南唐的外交策略正式转向软弱。没过多久，赵匡胤陈桥兵变建立了宋朝，李璟不敢怠慢，急忙派人携带绢两万匹、银钱万两前往朝贺，几个月后，再次进献金器五百两，银器三千两，罗缎数千匹。这年十一月，赵匡胤亲征李重进，李璟又进献了大量金玉鞍勒等物品。

赵匡胤掌国之后锋芒很盛，李璟见势不妙，就跟臣子商量说："金陵和宋朝仅一江之隔，且处于下游，如果赵家天子发兵强攻，京城难保。而那些节度使即便可以起兵勤王，谁又能保证他们不会趁机窃国？所以，我认为要保住国家安全，不如迁都上游。"

迁都并非小事，所以群臣纷纷表示反对，但是李璟一意孤行，留下太子李煜监国，自己前往新的都城南昌。到了南昌稍事安顿，就开始大兴土木，仿照金陵的格式来建造宫殿。饶是如此，仍然感觉地方狭窄，栋宇简陋，每每临床遥望，李璟都忍不住发出思念家乡的感慨。

在这些百感交集的情绪浸染下，李璟的身体每况愈下，不久之后就病故了。

北宋建隆二年（961），二十五岁的李煜即位。这些年韩熙载没做什么事情，依然是放浪诗酒，养了一大堆姬妾。每个月发了工资或者得到皇帝的额外赏赐，自己一分不留，全都分给她们。自己需要花钱的时候，就穿得破破烂烂，手提一柄独弦破琴，背着竹筐，假装是沿街乞讨的盲人，到各个姬妾的门前去讨钱，被朝廷传为笑谈。李煜也只能摇头叹息而已。这件事是如此出名，以至于很久之后一个才子苏东坡，也在诗里引用了此例："欲教乞食歌姬院，故与云山旧衲衣。"

还记得《韩熙载夜宴图》中宾客和侍女的肆意调笑吧？因为韩熙载"不防闲婢妾"，所以家里的女子很多都和门客有染，他也毫不在乎，甚至有客人赋诗道："最是五更留不住，向人枕畔着衣裳。"

这些放浪不羁的表现，不由引起了人们的怀疑，韩熙载目的何在，他真的就是一个单纯的政治混混？

这正是他“聪明”的地方。他知道南唐这驾马车在李煜的驾驭下，正处于“盲人骑瞎马”的危险境地，随时有可能车毁人亡。目前看起来似乎一切太平，只不过是因为高速行驶的惯性而已，一旦有外力介入，比如说赵匡胤挥师南下，后果不堪设想。

在这里，我们必须对顾闳中的严肃写实画技表示适当的敬佩，因为他的作品确实刻画了韩熙载精神上的苦闷。他对南唐感情深厚，但是缺乏勇气力挽狂澜，听到同僚议论说李煜想让自己出任宰相时，就急忙开始“堕落”。他害怕了。

古代的中国人重视名节和道德，远远甚于对才华的追寻，所以李煜没办法任命这样声名狼藉的家伙出任百官之首的宰相。韩熙载死后，李煜叹息道：“我终究无法用他做宰相啊！”

韩熙载的恐惧是有原因的，血淋淋的事实就摆在眼前。

还记得当初李煜给“小南强”刘鋹的劝降书吧？这封信的初稿出自南唐的知制诰潘佑的手笔，李煜在这个基础上进行了适当润色。潘佑当时可谓是南唐数得上的笔杆子，人品刚正不阿，词采富丽堂皇，李煜对他也是颇为器重，爱称其为“潘卿”。

李煜当太子的时候，某天在楼上读书，忽闻暗香袭来，推窗一看，庭中梅花开得正闹，花团锦簇绚烂可喜，李煜就立马召见手下的文人，要大家即兴赋诗咏叹。那时候李璟刚刚割让了江北十四州给柴荣，潘佑便毫不客气地在词中讽刺道：“楼上春寒山四面，桃李不须夸烂漫，已输了春风一半。”

李煜明知他的意思，也唯有装聋作哑。

和韩熙载一样，潘佑是南唐这辆车上为数不多的清醒者，不同的选择带来不同的人生，前者沉默，后者激烈。

李煜登基之后，潘佑忍不住心中的愤懑，连上七道奏折，痛斥朝中大臣不理政务，个个尸位素餐空享俸禄。接着笔锋一转，指责李煜对这种局面负有不可推卸的责任，说他不能知人善任，导致无能之辈占据要职。

看到这些激烈的指责，李煜再次祭出他的法宝，表面嗯嗯啊啊表示同意，甚至会摆出“闻过则喜”的明君架势，事后却依然如故。

潘佑奈何不了李煜，只好以告老还乡相威胁，李煜顺水推舟解除了他所有的职务，让潘佑留在京城编修国史。愤懑的潘佑情急之下第八次上书，这一次怒火更盛：“陛下你现在任用奸邪，败乱国家，甚至还不如以前的桀、纣、孙皓，我不能和这帮奸臣一起，侍奉你这个亡国之君了，你最好把我赐死杀掉，以谢天下。”

桀、纣这两位在历史上臭名昭著，几乎到了家喻户晓的地步。那么孙皓何许人也，为何和这两位昏君并列？

孙皓生在金陵，地理位置上和李煜一样，也是个亡国之君，就被潘佑拿来讽刺李煜。那是在西晋咸宁五年，司马王朝派益州刺史王濬督造战舰，计划顺流而下攻取吴国。时任吴国建平[①]太守的吴彦，看到上游不断漂下来新鲜的木头残片，警觉到可能有问题，就奏请吴王孙皓整治军队做好防范，孙皓那时候正忙着剥人皮、剜人眼、娶妃子、建宫殿，根本没把这件事放在心上。

果然没过多久，王濬率领七万水师，驾驶空前巨大的战舰前来，迅速攻克了金陵沿线。孙皓无奈之下只好投降称臣，素衣白马，反捆住自己的双臂，后面还载着一具白木棺材，出城投降。

现在潘佑公然用亡国之君来比喻李煜，是可忍孰不可忍！李煜身边的臣子们坐不住了，殷崇义、张洎等人污蔑说潘佑怀有异心，企图侍奉

---

① 巫山。

新主，单纯的李煜也被激怒了！

李煜不仅要收拾潘佑，还有潘佑的好友李平，因为他怀疑是李平煽动潘佑上了这么一道“恶毒”的奏折，这是李平获罪的直接原因。至于深层原因之一，则是他平时喜好谈神论鬼，好结交江湖术士，这一点令笃信佛教的李煜极为不满。

还有一个原因就是李平管理农业时，得罪了一些权贵人物，所以他们在李煜面前没有说什么好话。

随后潘佑也锒铛入狱。他本来就是老庄哲学的忠实信徒，入狱之后，更觉政治的荒诞与虚无，翻手为云覆手为雨，谈笑间从朝廷重臣变成阶下囚徒。再加上对李煜的极端失望，潘佑彻底放弃了自己的政治、精神和肉体生命，在狱中自缢身亡。

噩耗传来，李平万念俱灰，也自缢身亡。

就这样，李煜还是没意识到什么，直到最后被大宋俘虏，旧臣徐铉奉命去探望他，他才黯然失神，带着悔意低声说：“后悔当初，不该杀了潘佑和李平……”

近人王国维先生对李煜的评价是：“不失赤子之心。”这个评价有一点文人的唯美在里面，实际上从整个历史进程来看，李煜的宽厚和仁慈，其实是对国家和人民极端的不负责任，看起来似乎温柔，却造成了巨大的恶果。

潘佑和李平的下场如此，韩熙载都看在眼里，唯恐李煜把宰相这个位子交给自己，既不能和宵小之辈打成一片舞弄朝堂，又不敢像潘佑那样仗义执言血谏昏君。韩熙载选择了第三条路——醉生梦死！

前面说过，韩熙载年轻时是爱憎分明气质超然的。有个人喜欢作诗，但是水平很差，经常拿来让韩熙载品评，韩熙载推辞说：“这几天眼神不太好，你放桌子上我回头慢慢看。”来人却也很执着，回答说：

“不要紧，我当场念给你听吧。”

韩熙载更绝：“这两天耳聋加剧，不敢多听！”

就这样一个特立独行之人，在南唐这个温柔的大染缸里，被磨炼成了政治老滑头。不过韩熙载是幸运的，在赵匡胤出兵之前，他去世了，历史没有将他推到“贰臣”这样一个尴尬的地位。

临死之前，他大概再一次回忆起，当年出使大宋被羁留，自己所作的那首诗：

仆本江北人，今作江南客。
再去江北游，举目无相识。
金风吹我寒，秋月为谁白？
不如归去来，江南有人忆。

是啊，江南有人忆恋，可是自己这一生，为江南做过什么呢？

第七章 春花秋月之七宗罪

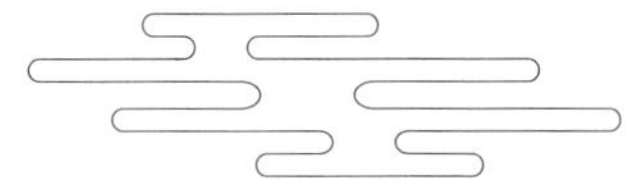

李煜同时写了一封《乞缓师表》。这篇文章写得情真意切，一个苦苦哀求的文弱书生的形象呼之欲出。千年之后，我们再读起这篇文章，依然感到一股按捺不住的心酸。

后世的人提到李煜，大部分会用“悲情”来描述。就他自己来说，大约也会觉得颇为冤屈，自己诚心礼佛爱护臣子，闲来填词作曲，又未曾骚扰邻国，为何下场如此凄惨。所以在文学史上，“南唐后主”几乎就是天才词人和悲情君主的代名词，博得了不少同情和眼泪。

据野史记载，因为朝廷的权力争斗，大宋宰相卢多逊被老上级赵普排挤，贬到朱崖去。卢多逊在穷乡僻壤颇觉冤枉，神情恍惚之间，就看到了李后主的魂魄，衣冠如平时模样。后主问他说：“相公何以至此？”

卢多逊叹息道：“冤枉！”李后主语气飘忽不定道：“你觉得冤屈，那我冤不冤？”

后世文人对李后主的态度，在此可见一斑。

如果非要给李煜定罪的话，就是个“不作为”。历来和他并列的，还有前朝陈后主陈叔宝，和后世宋徽宗，这些文艺青年倒没干多少坏事，却把国家误了。

公元937年七月初七“乞巧节”，江南李家出生一个男孩。这个小孩的到来令全家欢欣鼓舞，倒不是因为缺乏男丁。原因在于，这孩子长得很奇怪，史载“阔额、丰颊、重瞳、骈齿”。

这个长相可了不得，都是古时候圣人的特征，大禹、项羽等大人物，都具有此类相貌，是天生的领袖。看到这个孩子，最高兴的人是他的祖父李昪。李昪当时还没有登基，看到这样一个祥瑞的孙子，分明就是得天下的征兆。

李璟[①]给儿子起名叫“从嘉”。因为他是在“乞巧节”这个特殊的日子出生的，从嘉节而生，所以才有了这个名字。其实我们知道“乞巧节”的由来，是关于某个幸运的放牛娃的桃花运。这大概也预示了李煜绯色的人生之路吧。

李煜长到七岁的时候，他的爷爷李昪驾崩，父亲李璟即位。这样一来，李璟的那些儿子也都水涨船高，升级成了王子。这就带来一个问题，也就是所谓的“国本”——谁来当太子？

李璟的大儿子李弘冀，是个沉默寡言的年轻人，话不多，却很有城府，因为战功卓著，被李璟封为太子。李璟对这个儿子的期望是很高的，从他的名字就能看出来——弘冀！

这个名字有什么奇怪的？

还要从那首《东海鲤鱼飞上天》说起，当时和这首歌并列的，还有一首名曲唱道：“有一真人在冀州，开口张弓向左边。”说的就是这个“弘”字，李璟希望这个预言能在长子身上应验。

人算不如天算，众所周知，后来这个“真人”应验在了赵匡胤的父亲——赵弘殷身上。

李弘冀办事果敢干练，自有一套主意，有时候就引起了李璟的不满。李璟写词之余，发起怒来，也会抡着棍子教训儿子，一边打他，还一边吓唬说：“你要是再不听话，我就把王位传给你叔叔晋王李景遂。”

其实李璟也就是说说而已，他爱惜自己的儿子远胜于弟弟。有人考证说李璟是想遵从父亲李昪的遗愿，将帝位传给弟弟景达和景遂，其实

① 当时还叫李景通。

这只是李璟的虚晃一枪而已。因为他的几个弟弟当时都已经形成了势力，而李璟自己一介文人，除了是长子之外，没有别的优势。

所以李璟不得不先做出姿态，这也是为了保住自己的皇位和儿子们的性命。他之所以责打李弘冀，大概也有恨铁不成钢的意思在里面。本意上，李璟还是希望传位给儿子，否则也不会专门给他起这样一个名字。

李弘冀一听父亲的威胁，心想：好啊，死人是没有资格继承王位的。

于是李弘冀买通了李景遂身边的侍从，在水里下了剧毒。李景遂莫名其妙就被侄子毒死了，而且毒药分量不轻，他的尸体甚至还没有入殓就腐烂了。

对于弟弟的暴毙，李璟也心知肚明，并没有去深究。

李弘冀铲除掉一个障碍之后，目光就瞄准了下一个，这就是长相古怪的李煜。都说这个长相的人会当皇帝，李弘冀深感不安。

李煜又何尝不知道自己引起了哥哥的嫉恨，为了保命，他只好寄情于佛学和文字，一心一意躲避到自己精心营造的艺术殿堂之内。他大概从来没有想过要当皇帝，所以自号钟隐，别号钟峰隐士、莲峰隐士等。

他在这个时期的代表作，最典型的就是《渔夫》。其中所描绘的生活，不但远离了宫室内刀光剑影的权力争斗，甚至也远离了人间烟火，浑似天上神仙。他写道："一壶酒，一竿身，快活如侬有几人。"又在另一首诗里反问道："谁能役役尘中累，贪合鱼龙构强名？"

这一段时期对于李煜来说，是他人格形成的重要时期。残酷的权位之争，将这样一个多愁善感的青年推向了五光十色的文艺世界。他生命中遗传父亲李璟的天分，在老师冯延巳的培养下，迅速成长成熟。

一个真正的帝王——词中之帝，就要登上历史舞台了。

李煜的才能是多方面的，虽然他是以词闻名，但是在书法、绘画、音乐方面，也是不可多得的天才。他的书法初学柳公权，次习虞世南、欧阳询、褚遂良，将各家技法融会贯通，标新立异自创“金错刀”字法，这种笔法“落笔瘦硬而风神溢出”，被后人誉为“倔强丈夫”。最出彩的地方在于，有时候兴味所致，抛笔而起，卷起衣服下摆濡墨挥写，写出来的字如游龙惊鸿，被后人誉为“撮襟书”。

李煜身上遗传了李璟的文艺细胞，李弘冀则隔代遗传了祖父李昪的果决智慧。如果李弘冀登上皇位，那么对南唐来说，未尝不是一件好事，可是李弘冀机关算尽太聪明，反误了卿卿性命，早早去世了。

同时，李煜惊奇地发现，他的几个哥哥也都早死了。也就是说，李璟驾崩之后，他将以最年长的皇子身份登基，成为九五之尊，时来运转。

一个人的幸运，却是一个国家的灾难。李煜身上没有李昪的隐忍与智慧，这就带来了身份上的错位——文艺青年来治理国家，身边又缺乏前朝留下的名将能吏，导致国家一盘散沙。

李煜另一个致命的地方是他娶了两个老婆，被后人分别称作大周后、小周后的姐妹俩。

大、小周后的父亲周宗是南唐的功臣。他的大女儿娥皇嫁给李煜，也是正常的政治联姻。令李煜喜出望外的是，婚后才发现，在诗词书画乃至音律方面，两人称得上棋逢对手。文艺青年都知道，很多东西只可意会不可言传，两人“心有灵犀一点通”，四目相交，破颜一笑。

这个时期，李煜写下了大量的文字来记载这种小资生活，二人的感情由男女异性相吸，升华到了精神层次的“同志”关系。李煜的才华固然令大周后敬佩，大周后的天资也令李煜惊叹不已。她曾经一夜之间编成两支曲子《邀醉舞破》和《恨来迟破》，也曾经借助残谱恢复了风流天子李隆基的最爱——《霓裳羽衣曲》。

只可惜天妒红颜，公元964年，大周后身染重病，李煜想尽办法也未能治愈。卧在病榻上的大周后当然不可能和李煜一起研究诗词歌赋了，李煜的精神世界逐渐荒芜。正好此时，大周后的妹妹，也就是李煜的小姨子进宫来了。

小周后和姐姐长相相似，青春年少的活力又比之胜出几分，所以颇得李煜的喜爱。她看到李煜的所谓“重瞳”，就忍不住说：“今天方才见到真正的重瞳啊！”李煜一语双关地回答说：“所以我一直就很崇拜大禹，他娶了姐妹两个做皇后和妃子，他的皇后和你姐姐名字一样，都叫作‘娥皇’。”

话说到这里，智力超人的小周后当然明白什么意思。不久之后，两人就偷偷往来起来。有一次大周后看到妹妹，就问她何时进宫来的。小周后全无心机，回答说：“早就进来了，是姐夫接我过来的。”

大周后深深叹息一声，知道了怎么回事，闭眼流下伤心的泪水，病情也加重了几分。再后来，李煜的儿子因为受惊得病，很小年纪便夭折了。这两件事对大周后的打击巨大，令她一蹶不振，不久就去世了。

小周后的奢靡并不比他姐姐逊色。李煜再次沉迷在温柔富贵乡中，国家大事放到一边不予理会。李煜的种种荒唐行径，激怒了朝中一些忠心耿耿的大臣，除了前面提到的潘佑、李平之外，还有大理寺卿萧俨。此人乃是三朝老臣，一贯疾恶如仇，敢想敢说，是令李煜和他父亲李璟都十分头疼的人物。

不过李家父子有一个法宝，说得文化一点就是“耐谏”，你说你的，我听听就算了，过后依然如故。

想当年李璟在位的时候，为了宴饮歌舞，专门建造了一座百尺楼。群臣们拼命赞美歌颂，只有萧俨黑着脸站在一边良久不说话，最后硬邦邦甩出一句：“只可惜楼下少了一口井！”听闻此言，李璟被戳到了痛处，勃然大怒，将萧俨贬为舒州判官。

为何李璟对一口井如此介怀呢？这个典故说的是陈朝后主陈叔宝，此公“生于深宫之中，长于妇人之手”，从小就浸淫于六朝金粉和秦淮风月的旖旎，文笔也不错，代表作就是人人皆知的《玉树后庭花》。

公元589年，隋文帝杨坚派江湖人称“江神”的杨素督造战舰，五路大军沿江而下准备灭掉陈朝，带头的就是名将韩擒虎。

陈叔宝不怕，他断言道：“王气在金陵，他们又能怎么样呢？”

现实是残酷的，不久之后隋军兵临建康城下，前方一日之内数次急报。陈叔宝充分发挥了“掩耳盗铃”的精神胜利法，拿到奏报看也不看，急忙塞到床下，继续歌舞宴饮。

隋军如入无人之境……

韩擒虎的士兵破城之后，却找不到罪魁祸首陈叔宝了。细细搜索一遍，发现了一口井，对着井口喊话，也没有回答，于是士兵就说，再不出来就要往下扔石头了！井底的陈叔宝一看精神胜利法失效，只好呼告求饶。

隋军抛下绳子，往上拉的时候觉得特别沉重，上来后才发现是三个人，陈叔宝和他的宠妃张丽华、孔贵妃。

这一口井见证了陈朝的亡国，也见证了陈叔宝的人格沦丧。所以萧俨说“差一口井”，就是暗讽。

现在看到李煜比他父亲更加荒唐，萧俨坐不住了。有一次他进去找李煜奏事，李煜一边和嫔妃下棋，一边漫不经心有一搭没一搭地听着，萧俨忍了很久，终于爆发出来了，上前一把掀翻了棋盘，瞪着血红的眼睛怒目而视。

对弈的嫔妃吓得大气不敢出，默默退到一边。李煜也颇觉尴尬，缓缓站起来，短暂沉默之后，干着嗓子虚张声势指责萧俨：“大胆萧卿，莫非你要做今日魏徵不成？”

萧俨老头今天反正是豁出去了，昂首大声答道：“老臣岂敢以魏徵自比，不过陛下，您也并非唐太宗转世！”这时李煜的所有才华都不好使了，张口结舌良久，也奈何不了萧俨，只好悻悻退了。

从这些事情可以看出，李煜的失败，还有一个重要因素就是性格。他生长于深宫，也没有经过军事历练，登基之前的政治经历更是空白，所以连自己手下稍微强悍的臣子都无法驾驭，管理能力一塌糊涂。

李煜的懦弱，终于结出了恶果，南唐现在是“黑云压城城欲摧”。

南唐是一块肥肉，早在柴荣时代，赵匡胤就曾经为此流血流汗。灭掉北汉前后几年内，赵匡胤都没有闲着，时时不忘南唐这块土地。

赵匡胤首先派遣了一个少年僧人到南唐去。这少年是位佛学天才，不光基础知识扎实，而且口才特别好，用佛家话语就是“辩才无碍”，几乎达到了口吐莲花的地步。

少年渡江到达金陵拜谒李煜，两人交谈之后，李煜当即惊为天人，推崇其为“一佛出世”，尊称“小长老”。

小长老带着政治任务前来，确立地位后立刻展开工作。首先是向李煜灌输“六根四谛”“轮回转世”“因果报应”等基本概念，告诉李煜，只要勤于礼佛，铸造佛像、修建庙宇，自然会得到好报。

在这方面，李煜极富行动力。次年，他立刻命令国内崇修佛寺，宫内广署僧尼精舍，大量召集徒众。他和小周后还有一个特殊的共同爱好——礼佛，非常虔诚地磕头，以至于脑门上都结了硬痂。

小长老的目的有两个，一是迷惑李煜，让他陷入空无的世界观中，荒废朝政。二是通过佛事大量消耗南唐财力，使国库空虚，难以抵抗大宋的军队。所以小长老自己的生活也很有情调，极为讲究。

有一次李煜看到小长老穿着极其昂贵的红罗绡金法衣，忍不住发问：

“佛家讲究的是苦行，古来罗汉修行时都刻意粗茶淡饭磨炼心智，以去除尘世的分别心，法师你现在穿得如此富贵奢侈，是不是和戒律抵触呢？”

小长老微微一笑答道：“陛下没有读过《华严经》吧，不知道佛也爱富贵！”

李煜无言以对。

这大概也是李煜一生中最难解开的谜团了，自己一生如此虔诚礼佛，甚至对于那些毁坏戒律的僧尼也不加罪责，只让他们礼佛百次，自然会被佛性感化。这一切，却换来一个阶下囚的下场。国家危难之际，为什么佛、菩萨不出现，施以援手？

他对佛祖虔诚到何种程度呢？有一次和小周后一起巡视僧舍，看到一群小沙弥正在削制“厕简”，古时候人上完厕所没有手纸可用，就用竹木削成薄片刮一下即可。李煜一想厕简虽然小，但是关系到法师的身体安全，不可怠慢。就拿起一支，摸了摸是否光滑，生怕毛刺伤了法师的臀部，这还不够，他又在自己脸上刮了刮，觉得足够光滑方可。

觉得可笑？其实不然。在李煜心里，他这一下发心关怀出家人，功德是神圣不可思议的。他浑身笼罩着圣洁的光芒，用刮屁股的竹片在自己的脸上刮了几下，内心颇觉自豪。

再来看看河对岸的赵匡胤吧，不光作诗水平差，对佛祖还不尊重。有一次赵匡胤到寺庙里去，看着佛祖笑眯眯的金身犯了难，问老和尚说：“我还拜不拜？”意思是，普天之下莫非王土，要皇帝俯下身子去拜佛，他觉得有点别扭。

老和尚煞是机敏，当即上前说：“现在佛不拜过去佛。”意思是，您现在是皇帝，对百姓来说就是佛，不用拜了。赵匡胤龙颜大悦，呵呵一笑扬长而去。

在李煜眼里，这太荒唐了，一个凡夫俗子，居然胆敢自称“现在佛”。

可正是这个人，灭掉了李煜的王国。

小长老入南唐不久，有一个人逃到大宋去了。他对大宋的天子说，觉得在南唐干下去也没什么前途，大宋蒸蒸日上，英雄有用武之地。其实是南唐没有给他机会，因为这个人——樊若水①，是个落榜生。

樊若水在南唐考了好多次进士，都没有中，就觉得自己明珠暗投怀才不遇，生出了怨恨的心，为了让国家后悔，他决定干点大事。

为了获取一点政治资本，樊若水审时度势，对大宋的军事需求进行了分析。结论显示，大宋下一步肯定要渡江而来讨伐金陵，那么渡江的水文资料就是不可或缺的。樊若水这个人，说他叛国投敌也好，说他卖国求荣也好，不可否认，他的眼光很好，先一步站在买家的立场考虑问题。

打定主意之后，樊若水就隐居到金陵西南的采石矶，开始了“笑傲江湖”的悠然生涯，每天驾着小船前去垂钓，晚上就住宿在山间佛寺中。当然这一切都是表面现象，事实上他怀里揣着大团丝线，晨昏交替之际，一端系在江边，一端放在船舱，测量江面宽窄。同时在丝线上绑上石块，穿梭两岸，反复测量不同时段的江水深度。

得到第一手精确数据之后，自学成才的地理学家樊若水立刻偷渡到大宋，将科研成果献上。不出所料，赵匡胤如获珍宝，特批参加进士考试。为国立功是有加分的，樊若水顺利中举，授职舒州军事推官，专门从事间谍活动。

安定下来之后不久，樊若水有点思念家人了。但是作为叛国贼，他当然不敢明目张胆回去，所以就奏请太祖帮忙。太祖一听这个好办，立

① 一说“樊若冰”。

刻诏示李煜，将樊氏婆媳护送到大宋境内，但这两人此时已经被李煜软禁了。

一得到这个消息，南唐群臣气得哇哇乱叫，叛国间谍家属居然还要大摇大摆送出去，国家尊严何在？但是李煜心里有另一套想法。他反而觉得庆幸，还好当初只是软禁了婆媳二人，没有杀掉，否则赵家天子雷霆大发，以此为借口兴兵讨伐，岂不是因小失大。

于是叛国贼家属被奉为上宾，派特使携带礼物专程护送到大宋。

和他的父亲一样，李煜对赵匡胤的示弱早已不是第一次了，在赵匡胤的鼻息下战战兢兢，对方的一个大喘气，就能把他吓得好几天睡不着。

李煜登基之初，根据惯例要举行典礼，封王晋爵大赦天下。礼仪官根据礼书，在宫门前竖起七丈的高杆，上面站立着四只四尺多高、雄赳赳气昂昂黄金饰顶的木鸡，鸡嘴里衔着七尺绛幡，下面是华美的彩盘，用绛绳系着。这就是所谓的“金鸡消息”，是大赦和招安必不可少的道具。

远在千里之外的赵匡胤却不高兴了，立刻召见南唐进奏使陆昭符，怒气冲冲责问说：“李煜为何敢用‘金鸡消息’这种天子专属的仪式，你们把我放到什么位置了？”陆昭符立刻赔笑解释：“我们南唐本来就是中原属国，国主嗣位，哪里敢越级使用道具，我们那个不是‘金鸡消息’，充其量，也就是个‘怪鸟消息’而已。”

赵匡胤被陆昭符的诙谐逗乐了，呵呵一笑，此事作罢。

与此同时，李煜感到一阵莫名其妙的寒意蹿遍全身。他知道是赵匡胤发怒了，急忙派遣使者带着礼物前去解释此事，同时写了一封诚惶诚恐的《即位上宋太祖表》，在里面把自己描绘成一个不谙世事的书呆子，来衬托赵匡胤的伟岸英明。

公元971年，宋朝灭掉南汉，李煜害怕自己成为下一个猎物，立刻派自己的弟弟从善入宋，去掉南唐国号，改称江南，次年再次降诏为教，把弟弟们的封号从王降为公。

赵匡胤却不满意，反而将从善留在大宋，美其名曰要重用。同时传下话去，说宅子我都为你准备好了，你投降过来，我不会亏待你的。

第二年，赵匡胤迈出了进攻南唐实质性的一步——派遣翰林学士卢多逊出使南唐。此人可不是一般人物，智力超群。

赵匡胤一介武夫，当国之后深感知识的重要，每天手不释卷刻苦读书。卢多逊那时候参与史馆修撰，借着职务之便，知道赵匡胤每次都调阅什么书，回去后就把调阅的书连夜苦读熟记。每当赵匡胤随口说起自己所读的东西，卢多逊总能即时应答，而且答案十分得体。

赵匡胤一看自己随口所讲，卢多逊都能回答上来，可见学问不小，所以对他很是倚重。卢多逊到南唐待了一段时间，回去的时候都走到船上了，忽然想起了什么事，转身回来对李煜说："想起了一件小事，大宋想要修编天下的地理图册，就差你们南唐这一部分了，不知道方不方便给我抄录一份？"

其实索要南唐的舆图，正是卢多逊此行的真正目的，他却要装作是一件很小的事来办，以免引起对方的警觉。

不管李煜有没有意识到此中的玄机，他没得选择，只好将舆图抄录一份双手奉上，其中南唐的山川关隘、屯戍布防标记得一清二楚。

李煜不是不知道"国之利器不可以示人"，但他还是抱有幻想，以为凭借自己的顺从和恭敬，可以引发赵匡胤的怜悯。

可惜，政治家是没有怜悯的。这一次，赵匡胤又使出了毫无新意的一招，这个计策在历史上屡试不爽。

赵匡胤努力的目标，是用尽量小的代价，获得最大的利益，先尽量剪除李煜的党羽，然后好言相劝、威逼、利诱，就是要李煜投降。

首当其冲的就是林仁肇。

林仁肇，南唐名将，身材魁梧，膂力过人，骁勇善战，胸前刺有猛虎，故号“林虎子”，在军中很有威望，所以赵匡胤先瞄上了他。赵匡胤深知林仁肇是个难缠的角色，因为他曾经给李煜出过一个“坏主意”。当初灭掉南汉之后，大宋还没有班师回朝，林仁肇当时镇守长江中游咽喉之地武昌，即刻上疏李煜，要求“独对”，也就是单独献策，所奏当然都是极为机密之事。林仁肇分析了当时的形势，告诉李煜说：“我们应该趁着大宋连年出征，防务空虚之际，出其不意发兵追击，大败宋军，令其有去无回，否则他日我们和南汉的下场是一样的！”

话说到这里，李煜的脸都白了，吓得嘴唇哆嗦着说不出话。

林仁肇看皇帝急了，摆手说：“您别着急，我自有安排。等我在前线一发兵，您就立刻下令将我全家老少收押入监，对赵匡胤说我已经窃兵叛乱，此事和您没有关系，他就无法怪罪于您了。如果我在前方军事取得胜利就不用说了，一旦我兵败身亡，你大可将我全家灭族，南唐尚可保得平安。”

对林仁肇来说，这不啻是一场豪赌，赌赢了，李煜可以长久做他的太平天子；赌输了，林仁肇全家就要搭上性命，李煜倒也没什么损失。

李煜并没有被林仁肇感动，他立刻拒绝了这个提议，为了防止林仁肇莽撞行事，惹恼了赵匡胤，立刻将其调往别处。

但林仁肇的坏运气并没有到此为止。

从善羁留大宋期间，赵匡胤经常召见他谈心，某次“偶然”走到一处殿堂，赵匡胤指着墙上的一幅画像问从善：“你可知道此人是谁？”从善盯着画像看了一会，迟疑道：“似曾相识，却说不出具体的名号来。”

赵匡胤呵呵笑道：“此乃你们江南名将林仁肇，早就归附我朝了，以此画为凭，约定了归服日期，我也给他安排了一处美宅，你觉得如何？”从善听闻此言大吃一惊，国之良将居然暗通敌国，这还了得，不知哥哥知道与否？

回去后立刻给李煜写了封密信。

李煜不傻。他意识到这是个阴谋，但是他这个人性格懦弱，办事没有原则，容易听信谗言。一旁的张洎煽风点火：“错杀一个林仁肇不要紧，但如果让他漏网了，风险系数太大，国家顷刻之间就会覆灭。”

李煜点头，赐了一壶毒酒，“鸩杀林仁肇”。

千里之外的赵匡胤露出了得意的笑容，遥控杀人成功。其实所谓的计策无所谓好坏，就看它的适用对象，只要用得适当，就可以化腐朽为神奇。

资料有了，障碍也除掉了，赵匡胤正式操刀，拉开了进攻南唐的序幕。还是老问题，要攻打人家，理由必不可少。

赵匡胤接连两次派遣使者，以礼相请，头一次说要李煜来“助祭”，摆明了就是要他以降王的身份出席祭天大典，李煜推托说身体不好，下次吧。第二次，赵匡胤依然派人邀请他“同阅”祭天仪式，李煜以同样的理由拒绝了，令大宋使者十分不舒服，张牙舞爪发了一通脾气，然后又赤裸裸威胁：“……天子发怒，就会挥师渡江……”

李煜觉得不妙了，就和臣下一起发誓说：“如果宋军讨伐，我将穿上战甲，亲自督促将士，背城一战匡扶社稷。万一失守，就将珍宝聚集起来焚烧毁掉，就算死了，也不作他国之鬼！”

赵匡胤听了这个誓词，哈哈一笑说：“他也是说说而已，徒有其言，必无其志，他要是这样厉害，陈叔宝和孙皓怎么成俘虏了？”可见在太祖心里，李煜和这两位没有任何分别。

没有把李煜召来，但是出兵理由找到了，什么理由呢？“倔强不朝！”

开宝七年（974），实在没招的赵匡胤只好出兵，考虑到王全斌在四川的错误，这一次赵普建议他可以派在四川表现优异的曹彬统领，曹彬仁爱厚德，绝对不会滥杀无辜，从而避免引起无谓的麻烦。

赵匡胤表示同意，出发之前宴请众将，叮嘱之后，他神色凝重地取下一柄宝剑，亲自授予曹彬，告诫他说："副帅以下，如有违抗命令者，你可将其就地斩首，无须奏报朝廷！”这个命令让众将不寒而栗，也定下了江南之战的基调。

宋军派出了三支力量，曹翰打先锋，首先重创了沿江的南唐守军。另由曹彬和潘美各率一路大军，池州会师再攻采石，进逼金陵。同时动员了吴越王钱俶，从太湖出发夹击金陵。南唐那边，一开始根本没有什么准备，宋军到达池州时，南唐军队还没有意识到战争就要开始，以为是宋军的例行巡逻，拿出酒肉招待一番。

但这一次有些不一样，宋军吃饱喝足之后亮出兵刃，南唐军惊慌失措，守将弃城而逃，就这样兵不血刃地攻占了池州。熟知水战的樊若水被任命为池州知州，协助大军在长江上搭建浮桥。因为前期工作准备充分，只用了两三天就搭建成功，堪称战争史上的奇迹。

前方战事正酣，李煜却在后方自作聪明，接连两次派出两路人马，携带真金白银去大宋纳贡，希望赵匡胤可以高抬贵手，就像当年柴荣放过他父亲一样。

宋军在长江上搭建浮桥的消息传到南唐，李煜很纳闷，长江风急浪险，不坐船过来，宋军葫芦里卖的什么药？他急忙召见足智多谋的张洎，此人读书多，有学问。张洎思考片刻后，断言说："我自幼熟读古书，书上没有记载过造浮桥渡江之法，宋军纯属胡闹。”

李煜心里踏实了。

是不是儿戏，很快就见分晓了，宋军踏着浮桥源源不断迎上来，李煜这才害怕了，急忙调遣手下用得上的大臣，火速领兵赶赴前线。但因为平时缺乏训练，将领不能准确把握战场态势，导致贻误战机，落得惨败的下场。

李煜知道自己已被逼上了绝路，无论如何示弱哀求，赵匡胤都不会撤军的，索性下诏和大宋决裂，放弃“开宝”年号，使用干支纪年。甚至偷空给吴越王钱俶写了封信说：“以前咱们是有点不愉快，但是唇亡齿寒的道理你懂吧，今天没有了我，以后赵家天子要是反过来对付你，你也不过是汴梁城里的普通群众而已。”

钱俶哪里敢回信，在这方面他是高度机敏，也因此获得了赵匡胤的无上宠信，甚至在赵匡胤当朝的时间内，都没有强行将他的吴越纳入版图。

李煜继续安置自己的人手，一个政坛新贵走进了他的视野。皇甫继勋，此人根正苗红，出身名将世家，其父皇甫晖当年厮杀战场，受伤后被赵匡胤的军队俘获，为表明对南唐的忠心，拒不接受治疗，慨然殉国。

为了表彰皇甫家的忠烈，南唐朝廷重重赏赐了他的后人，皇甫继勋陡然富贵起来，成为金陵的三大富豪之一。现在李煜死马当作活马医，认为名将之后天生就会打仗，于是授以兵权，让他来担当守城大任。

皇甫继勋领命之后，即刻行动起来。召集赛龙舟的选手组成“凌波军”；让有钱人雇佣市井亡命之徒组成“自在军”；召集种田的农户，穿着白纸做成的战甲，以锄头镰刀为兵器，号称“白甲军”；将全城的老弱病残召集起来，组成“排门军”。

这几支大军的战斗力可想而知，不过皇甫继勋也就是做个样子。他心里有自己的小算盘，宁愿做俘虏享受富贵，也不想困守孤城战死疆场。在他心里，无时无刻不在盼望着大宋的军队势如破竹地打进来，好结束这郁闷的战局。

每当听说前方宋军节节进逼，他就忍不住面露喜色，如释重负地说：“你看，我早就说了我们打不过的，让我说对了吧？”手下的人实在看不惯这种缩头乌龟似的守城之法，准备溜出去偷袭宋军营地，被他知道之后，他就赶紧把这群破坏和平的“害群之马”关押起来，狠狠鞭挞杖责。

为了不让皇帝分心，他还扣押了所有的战报，静静地等待着投降。

李煜也没有闲着，在后宫加紧备战，现在他已经忘记了当初“身披战甲，督促将士”的誓言，开始发挥自己的特长，专门开辟净室宴请高僧，以小长老为首，召开法会讲解佛经，希望可以挽救国运。

除了佛教界人士，还有道家人士专门入宫，讲解《易经》六十四卦，宣讲天道循环、否极泰来的道理。

这样运作了一段时间后，李煜想要看看效果如何，就让宰相陪伴，“登上城楼观山景”。登楼举目四望，李煜倒吸一口冷气，吓得几乎昏厥——远处战舰林立，旌旗密布，当然，上面绣的全是大宋的标志，或者是“曹”“潘”二字。

被人欺骗的感觉是很不好的。李煜脸色铁青地回去，召见皇甫继勋，质问他为何对前方的战况没有及时通报。皇甫继勋倒也镇定，危急时刻不忘给李煜做思想工作。

他告诉李煜：“北军实在是凶猛，我们肯定挡不住，就算我天天把战报送上来，只不过让陛下您干着急而已！”

李煜盛怒之下，也顾不得佛门不杀生的戒律了，斥责皇甫继勋贻误军机欺君罔上，推出去砍了！皇甫继勋早就激起了众怒，被内侍拖着出去，还没有到行刑地点，就被人拳打脚踢棍打刀砍，几乎被肢解一空。

别人靠不住，李煜只好亲自出马部署军事。他派卫尉卿陈大雅乔装打扮出城搬救兵，让镇南军节度使朱令赟到金陵来勤王救驾。

做完这一切，李煜文人爱幻想的毛病又发作了，觉得再努力一把，没准能结成城下之盟，赵匡胤捞一点好处就回去了。于是派遣文臣徐铉和讲解六十四卦的道家人士周惟简，带着礼物去大宋，希望凭借徐铉的口才，可以打动赵家天子。

李煜同时写了一封《乞缓师表》，这篇文章情真意切，一个苦苦哀求的文弱书生的形象呼之欲出。千年之后，我们再读起这篇文章，依然感到一股按捺不住的心酸：……鸟兽，只不过是微小的生灵，依附人类还可以得到哀怜；君臣之间是大义之情，全心全意尽忠，难道就得不到怜悯吗？如果令臣进退之迹不至于过分丑恶，国家宗庙不从我这里灭亡，实在是我的生死之愿啊……

李煜对徐铉寄予厚望是可以理解的。因为徐铉在南唐，乃至在大宋，都算得上是个人物。江左有“三徐”，其中徐铉是最负盛名的，此人文采好，人品也不错，口才更是名满天下，在大宋有一定的影响力。

徐铉属于南唐最典型的“优秀”臣子，学问通达，辞藻华丽，为人风雅有格调，但是缺乏实干精神。此人不信佛教，却酷爱谈神论鬼，宋元笔记收录有他的《稽神录》，记载了很多稀奇古怪的东西。

有个布衣蒯亮，九十多岁。徐铉的《稽神录》里很多东西，都是这人吹出来的。有一次因为某个事情，蒯亮得罪了徐铉，徐铉好多天不理他，在路上遇见也不打招呼。蒯亮瞅准机会，趁着徐铉路过，就上前说：“刚才啊，我看到一位异人，背上长着一双肉翅，从大厅飞出去，升堂而去了。”徐铉一听大喜，赶紧掏出笔墨记下来，迅速忘记了和蒯亮的矛盾，待之如故。

一个有点天真的文人。

大宋的士人一听徐铉要来，忍不住集体惶恐，传说此人上知天文下知地理，口舌如剑锐不可当。照惯例，东道主需派一名官员陪伴，称为押伴官，但是慑于徐铉的威力，满朝读书人竟然不敢担当此任，只好去请示当朝天子宋太祖。

太祖说：“好了，你们别管了，朕来处理此事！”

过了一会，大内宦官出来宣布，让殿前担任警戒工作的士兵进来，把他们的名字递上去，赵匡胤御笔随意一点，就是这小子了，让他去担任押伴官。满朝官员被这个决定搞得目瞪口呆，这小子大字不识几个，更兼笨嘴拙舌，他有能力对付徐铉？

只有太祖胸有成竹，在他眼里，天下读书人都差不多，不足为惧。他这一招看似鲁莽，实则精妙，可谓大巧若拙。果然，徐铉见到这个接待自己的押伴官，就铆足了劲，机关枪一样说个不停，史载“词锋如云”，场面相当激烈，徐铉知识渊博、用词精妙、逻辑严密，让满朝读书人根本不知道如何应答。

这位押伴官当然也听不懂，所以整个过程中他只做两件事，就是微笑加点头：“对，徐骑省说得对，我没有意见。”

第一天徐铉还斗志旺盛，再而衰，三而竭，后来累得快吐血了，这位仁兄依然微笑点头。此刻徐铉才回过神来：首战失败，情形不妙。

到汴梁之后见到太祖，徐铉按照提前草拟好的腹稿，开门见山地指出大宋天子师出无名。接着开始论证自己的观点：李煜才华横溢天生奇才，精通佛理仁厚爱物，以礼仪教化臣民，而且爱好和平，再加上多才多艺，简直是完美的人。

赵匡胤早听说李煜有才，就说：“那你把李煜的得意诗句给我念两句。”徐铉吟出两句：“月寒秋竹冷，风切夜窗声。”赵匡胤呵呵一笑说：“没什么嘛，穷酸读书人的风格。”徐铉此来，早就将生死置之度外，也略带挑衅地说：“愿闻陛下好诗。”

赵匡胤随即吟出自己早年的一首诗来：

欲出未出光辣达，千山万山如火发。
须臾走向天上来，逐却流星赶却月。

这首诗虽然粗糙，但是意境雄浑，颇有天子之气，徐铉不由暗自佩服。

但是此行的任务还没有完成，话题又回到了战事上。徐铉神态激昂指责太祖说："李煜以小事大，从来没有不恭敬之处。李煜如地，陛下如天。李煜如子，陛下如父。天可以盖地，父可以庇子，为何要兵戎相见？"

赵匡胤读书不多，但是江湖经验丰富，立刻以子之矛攻子之盾，反驳说："你讲得很好，很到位，我和李煜之间确实是父子关系。既然是父子，大家就应该在一家，为何还要在两处吃饭？"

徐铉一时语塞，不知如何应对。

不过他的勇气还在。临出发前，李煜说："你要是到宋朝出使，我就暂时让朱令赟不要发兵，免得大宋说咱们没有诚意，一边谈判一边出兵，危及你的安全。"徐铉大义凛然说："没关系，正常准备打仗，我此行并没有打算活着回来！"

所以，徐铉不依不饶，继续缠着赵匡胤说："李煜身体欠安所以不能觐见，可这不足以作为出兵的理由。"

赵匡胤觉得，跟这个倔强的读书人辩论也没用，有点生气了，遂沉下脸色按剑而起，呵斥说："别说了！江南国主什么罪？他没有罪！只不过一姓天下，我的卧榻之侧，岂容他人安睡？"

看到这个大老粗说出了实话，徐铉知道此行必然无果，和周惟简草草归去。

谈判破裂后，李煜手里还有三个人可以用，卢绛、刘澄和朱令赟。前者正在坚守秦淮水栅，脱不开身，只好让刘澄带兵去润州防守吴越钱俶。出发前照例赐宴，李煜动之以情晓之以理，饱含感情地将最后希望寄托在刘澄身上。

刘澄当时也很感动，流着泪说："一定不辜负陛下的信任，以死效忠，坚守润州！"

感动归感动，可感动没有意义。刘澄回去后，立刻收拾家里的金银财宝，一车一车运往润州，他打定主意带着财宝投降了，对外则宣称，他要把皇帝赏赐的财宝运到前线，赏赐给将士们。

到了润州之后，他拖延时间拒不作战。没办法，李煜只好急召卢绛率八千兵马增援润州。刘澄看卢绛来了，准备了大量财宝贿赂他，想要他一起投降宋军。卢绛看到润州无望，索性将贿赂赏赐给将士，带兵赶往金陵。

刘澄随后投降。李煜闻讯，诛杀其全家眷属。卢绛赶到金陵城外时，看到漫山遍野的宋军，顿感回天乏力，只好转战山林，打起了游击战。

最后只剩朱令赟了。他的运气也不好，辛苦策划的火攻，在风向改变之后反噬己身，最后一支有战斗力的部队，刹那间灰飞烟灭没了踪影。朱令赟投江自尽，李煜最后的希望破灭，破城已成定局！

曹彬派人通知李煜："我们将在本月二十七日攻城，你何去何从自己选择。"李煜回话说："我准备派长子仲寓到汴梁去请降，不要着急。"曹彬在城外等了好几天，也不见仲寓出行，再次传话："令郎也不要千里迢迢到汴梁去，只要屈尊出城到本帅帐中来，我们就停止攻城。"

李煜又以仲寓行装没有准备好为借口，说："二十七日才可以成行。"

这样婆婆妈妈拖延时间，把曹彬惹怒了，发出最后通牒：“不要说二十七日，就是二十六日也都晚了，如果你真的爱惜一城生灵，就抓紧时间投降！”

剑拔弩张，总攻就要开始了！

就在这关键时刻，统帅曹彬却莫名其妙“病”了。

众将一听曹帅染病，急忙前去看望。曹彬等人都到齐了，这才语重心长地说：“我这病不是药可以治疗的，如果要痊愈，尚需各位的解药治疗啊。”大家听这话说得莫名其妙，不由面面相觑。曹彬这才一语道破：“大家对天发誓，城破之后绝不滥杀无辜，我的心病也就好了！”

其实曹彬尚方宝剑在手，完全可以立下法令，滥杀无辜、荼毒生灵者死，但他没有这样做，反而以“请求”的姿态来实现，体现了一代名将的领导艺术。

没有任何悬念，二十四日开始攻城，二十七日城破。李煜留下一首尚未写完的《临江仙》，匆忙召集臣子，商议以何种形式出城投降。又有人说，城破之后在桌上看到一张纸，上面写着李煜对上天神佛的许愿，承诺如果能安然度过此劫，自当如何如何。

本该顺利的受降变成了攻城，即便曹彬有令在先，宋军士兵们难免心怀怨恨，城破之后，还是有相当多的平民死于乱兵。既然已经亡国，又缺乏自杀的勇气，李煜只好按照既定的礼仪，带领百官手捧玉玺，“肉袒”出降，严格来说，真正的“肉袒”应该去掉衣服袒露肉体，不过逐渐简化之后，只需要穿着短衣即可。

献上玉玺之后，曹彬宽慰李煜：“圣主早就在汴梁为你建好了府邸，等你入住。只不过到汴梁后，单凭俸禄恐怕难以满足你维持目前的生活水平，你现在可以回去收拾一些金银细软，否则等我的大军进去登记造册，那就是公共财产了，你分文都不能动。”

李煜想不到曹彬如此通情达理，急忙拜谢之后，收拾东西去了，不久后，又被曹彬请到船上喝了一次茶。这次茶会，是曹彬特意安排来观察李煜心理状态的。

饮茶完毕，李煜回去，诸将有的向曹彬建言说："李煜好容易出城来，现在又纵虎归山，万一他一个想不开自杀了，不好向皇上复命。"曹彬颇为自信地笑笑说："他如果想自杀，早就死了，何况刚才上船时候过独木桥，我看他神色紧张不安，唯恐掉下去，如此一个爱惜自己生命的人，岂会轻生？"

两天后，李煜带着眷属登船，赶往汴梁。他那首《破阵子·四十年来家国》是这样写的：

> 四十年来家国，三千里地山河。凤阁龙楼连宵汉，玉树琼枝作烟萝，几曾识干戈？
>
> 一旦归为臣虏，沈腰潘鬓消磨。最是仓皇辞庙日，教坊犹奏别离歌，垂泪对宫娥。

开宝九年（976）正月初二，这一群神态沮丧的君臣，被送到了喜气洋洋欢度佳节的汴口，秦王赵廷美在此地迎接部队。此处附近有一座普光寺，李煜就向曹彬请示说，能不能带着小周后去礼佛。

跟随他的臣子们实在是看不下去了。以前在南唐时候，礼佛可谓是无与伦比的虔诚，结果还不是亡了国？现在身为亡国之君，居然还要提这种要求。所以大部分臣子极力反对这个请求。

这一次李煜却生气了，训斥群臣说："自幼就被尔等挟制，谨小慎微循规蹈矩，什么也不能做，结果亡了国，现在我要礼佛，难道还需要你们再来做主？"从这番话不难看出，李煜最终还是没有悟出亡国的根本原因。他以为，自己的雄才伟略都被臣子所压制，如果可以放开手脚无人约束，国家也不至于灭亡。

缺乏责任感，是所有亡国之君的通病，不独李煜如此。崇祯皇帝在煤山吊死，临死前还在怨恨臣子们误国。项羽在乌江自刎，索性把黑锅扔到天上让上天去背——“非战之罪，是上天看我不顺眼，要令我灭亡！”

接下来就是到汴梁参加献俘仪式，繁文缛节的种种仪式，把李煜痛苦的心灵折磨得有些麻木了，他行尸走肉一样任人摆布。忽然一个名词掠过耳际，令他不由一颤：“违命侯！”自己被封为“违命侯”？

这说明了赵匡胤对他“倔强不朝”和拥兵对抗，依然心存不满。

随后赵匡胤又特意召见了徐铉和张洎，训斥这两个人，一个巧舌如簧不走正道，非但不劝李煜投降，还企图说服大宋退兵；一个不仅鼓励昏君负隅顽抗，城破之际，居然还制作蜡丸帛书，企图请契丹出兵救援。

这两人知道已无退路，索性保全一些气节。当然，不排除兵行险招，故意为太祖制造一个“忠臣”的假象。徐铉慷慨激昂地回答说：“作为臣子，自当为国家尽忠，哪有劝降献土的道理，我之所以没有殉国，是担忧国君无人陪驾。”

张洎的回答更绝。他说：“如果不是自己的主人，狗肯定会对其狂吠，何况人呢？我确实制作了蜡丸，而且还不止一个，如果因此获罪，我死而无憾。”

两人的回答令太祖十分满意，于是当即宣布赐官，留为己用。

赵匡胤志得意满，从目前的形势判断，天下一统，指日可待！在可以预测的将来，他将成为五代十国混乱之后，第一个实现统一的君王，千秋伟业，大约可以同隋文帝比肩，想起来就会热血沸腾。

只不过他忽略了一点，将来是可以预测的吗？

不能！

开宝九年十月，一代雄主赵匡胤神秘地死去了。他所留下的遗憾，甚至比柴荣还要多。

第八章 敏感的中年人

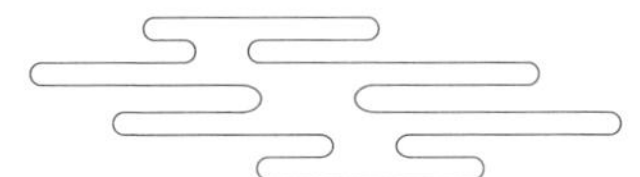

是什么样的动力，驱使这位敏感的中年人，一步步变成一个性格复杂、城府极深的阴谋家？答案都来自“烛影斧声”。开宝九年是赵氏兄弟人生最大的转折点。对于他本人而言，希望这一年的所有事情，都从史册里彻底删掉。

赵匡胤的去世十分突然，衍生出了江湖上流传千年的一则公案——烛影斧声。

在这个案子里，伦理学家关注的是，赵光义到底会不会丧心病狂，杀掉他的亲哥哥。法学家思考的是，赵光义如果杀了他哥哥，用的是什么兵器。小报记者在意的是，赵光义到底有没有调戏花蕊夫人，以至于被他哥哥发现后痛下杀手。神秘文化爱好者研究的重点在于，那一天的汴梁城里，有没有飘起鹅毛大雪。医学家也一直在讨论，以赵匡胤的体格，是死于心脏病还是脑出血？如果是毒药，难道没有七窍流血？

历史就是这样，像一个任人打扮的小姑娘。没人有能力回到现场，大家尽可以发挥聪明才智乱猜一气，反正不用担心赵氏兄弟找上门来。

就目前所掌握的资料来看，基本上可以判断，对赵匡胤的死，他弟弟赵光义是负有责任的，至于用什么兵器、什么毒药，这种细节我们不再追究。纵观赵光义的一生，都在为了掩盖这件事而奔忙。

有一个词叫“盖棺定论”，就是说这个人死了后，我们才能给他的一生下定论。

赵光义已去世一千多年，当然可以盖棺定论了。

事实上，在当上皇帝之前，赵光义在政治和军事上，似乎没有什么大的作为。他即位后修改历史，让自己提前进入历史进程，参与了“陈桥兵变”。实际上，根据相关资料记载，年轻的赵光义只是在寺庙里陪着母亲。

仔细梳理一下赵光义的人生轨迹，我们不难发现他的所作所为，全都是围绕着一个核心进行。大力开科取士，广纳俊杰之士，为子孙留下名臣贤士；杀害自己的侄子，逼死自己的亲弟弟；频频对辽用兵，落得军事羸弱转向内在的守势。

是什么样的动力，驱使这位敏感的中年人，一步步变成一个性格复杂、城府极深的阴谋家？答案都来自“烛影斧声”。开宝九年是赵氏兄弟人生最大的转折点。对于他本人而言，希望这一年的所有事情，都从史册里彻底删掉。

后来有个文莹和尚，写了一本书叫《湘山野录》。他用“科学”方法记述了那一晚赵家兄弟之间的故事，在一定程度上为赵光义解了围，用迷信手段减轻了尴尬。

文莹记载说，赵匡胤发迹之前，和一个混沌道人很熟。有一次大家喝醉了，道士手舞足蹈并口吐真言，载歌载舞唱道：“金猴虎头四，真龙得其位。”这暗示了赵匡胤后来的登基。等赵匡胤回过神来，却找不到这位高人了。

十几年后，赵匡胤在洛阳偶然遇到了这位道人，不禁喜出望外，又开始喝酒，没有例外，道士再次喝醉。赵匡胤趁机问他：“不知道我还有多少寿命？”

道士沉思片刻，回答说：“今年十月二十，倘若那一天天朗气清、惠风和畅，陛下您就还可以再活一纪十二年[①]，如果那一天天气阴霾风雪

① 这是中国古代延寿的单位，在无数善书中出现。

交加，陛下您就危险了！”

这句话赵匡胤一直记着，好不容易挨到十月二十，前一天晚间他亲临太清阁观天象，看到了晴空万里满天星斗，不由得龙颜大悦，产生了“向天再借五百年”的豪情。

不料，顷刻之间乌云密布，星月无光，冰雹噼里啪啦砸了下来。赵匡胤暗道不好，出于对混沌道人的信任，急忙夜召开封府尹、弟弟赵光义进殿议事，他们屏退所有的宫女和太监，密谋如何将帝国的大权顺利交接。

五更时分，一代雄主赵匡胤悄无声息辞世，他的弟弟赵光义即位，是为宋太宗。

这就是迷信版的“烛影斧声”。当然它还有一个充足的理论依据，就是在赵氏兄弟的母亲杜太后去世之前所留下的遗训——国赖长君。赵匡胤百年之后，将皇位传给弟弟赵光义，光义再传给弟弟光美[①]，再由光美传给赵匡胤的儿子德昭。这里面的漏洞在于，杜太后怎么能预见到赵匡胤驾崩时，德昭还年幼呢？更何况开宝九年，德昭已经二十几岁了，完全有能力掌国。

到了史学家司马光那里，这个事情就有了另一种味道。司马光是个很严肃的学者，他不大可能随意臆测，也不会将责任推给上天鬼神，他只是按照自己所掌握的史料，忠实地记录了当时的情况。

不过，从司马光《涑水纪闻》里，我们还是可以看出一点“春秋笔法”的痕迹。

司马光前半部分的描述，几乎和文莹说的差不多。天气突变，兄弟二人在大内把酒言欢，喝得酒酣耳热，屏退左右，室内摇曳的烛光将二

① 就是后来的廷美。

人的影子映在窗上，忽然看到弟弟连连后退，不断摆手推辞，似乎有些惊恐。

同时又看到太祖用玉斧不断戳地，口里连说：“好做！好做！”随后弟弟告辞回去，太祖酣然入睡，鼾声如雷，在外面能听得清清楚楚。

四更时分，太祖晏驾，得到消息的宋皇后惊恐万状，急忙召唤内侍都知王继恩，让他速速去找秦王赵德芳来。王继恩久在大内，深知自己现在所肩负的使命的重要性。他思忖片刻，做出了自己的抉择——一溜烟跑到晋王府，去找赵光义。

作为一名内侍，王继恩做出这样的决定，还是需要一定魄力的。毕竟皇后钦点要秦王来，以后万一秦王即位，他满门抄斩的概率相当高。不过这也从一个侧面反映出，当时晋王赵光义在朝野的地位和影响力。这个时候的赵光义，已经成功扳倒了开国元勋赵普，也为自己培植了大量党羽。也就是说，早已经具备了政变的基础。

王继恩一路小跑，窜到晋王府门口时，看到门前黑乎乎蹲着一个什么东西，招呼之下，才知道是医官程玄德。王继恩很奇怪，天寒地冻，这人蹲在这里干什么。程玄德的理由是：“二鼓时分，我正在家里休息呢，听到外面有人拍门，说晋王找我，出去一看连个鬼影子都没有。这样翻来覆去搞了三次，我怀疑晋王是不是病了，就来看看。”

很自然他也反问了王继恩来做什么，王继恩急忙将来意讲明，二人一同叩门，进去见晋王。赵光义没有睡觉，据说正在家里拿着书本学习，这显然不太正常。听二人讲了宫里刚刚发生的事，赵光义开始犹豫了。试想如果遇到一个阴险的哥哥，设计这样一个圈套，你不去找皇子而自己径直入宫，触犯了大忌讳，必死无疑。

现在三个人在同一条船上了，王继恩和程玄德也担着风险，所以听赵光义说想要和家人商量一下，他们顿时急了。王继恩喊道：“时间久了，恐怕就被别人[1]抢了！”三人随即火速赶往宫内。到宫门口时，因为王继恩在大内工作，所以职业习惯使他提醒赵光义，要不要在外面等一等？

程玄德迫不及待说：“必须赶紧去了，还等什么等？”于是径直进入寝殿，宋皇后骤遭大变，在慌乱和惊恐中看到王继恩进来，急忙问道：“德芳来了没有？”王继恩说：“是晋王来了！”宋皇后随即就看到了小叔子，那一刻她知道一切都完了，只好哭泣着说：“我们母子的性命，就都托付给官家了！”

“官家”这个称呼可不是随便叫的，这是皇帝的专用。宋皇后这句话，就相当于承认了赵光义的继承者地位。赵光义心领神会，也投桃报李说：“共保富贵，请不要担忧。”当然因为哥哥的尸体还躺在里面，他的表情是悲伤沉重的。

这是目前我们所知道最详细的描述，赵匡胤时代就这样不明不白地结束了，宋太宗赵光义登上了历史的舞台。

在这件事上，赵匡胤是负有责任的，他对自己弟弟的一味宽容和过分信任，已经超越了皇权的禁忌。重重迹象表明，在皇权交接的问题上，赵匡胤似乎一直在弟弟和儿子之间举棋不定，听任赵光义的势力不断滋生发展，从而引起了朝野人心分化。有人认为皇权应该传给儿子；也有人认为，为了保持政局稳定，应该由晋王出面主持朝政。

古人把立太子叫作“国本”，这不是没有道理的，人心分化最危险，也最容易引发震荡。

赵光义即位之后，为了配合舆论，很多说法纷纷出笼。有人说，以前太祖在世时经常说：“晋王龙行虎步，他日一定会成为太平天子，他

① 德芳或者德昭。

的福德不是我能赶得上的。”还有一个例子似乎也可以作为证明，来印证太祖铁了心要传位子给弟弟。

某次太祖到西京洛阳去，在路上有人拦驾，当然不是喊冤。这个人以平民百姓的身份要给皇帝献上十条治国之策，太祖耐心地听完他的陈述，并且对其中的四条表示了认同，其他六条觉得没什么用处。

太祖这个表态其实也是可以理解的，因为古代读书人不管做什么，很多时候都喜欢凑出“十”这个数字来。在后面我们就会看到，大臣动辄就上书“陈十事”，或者来个“美芹十献”。所以说此人的十条策略，肯定也有若干条是硬凑出来的。

太祖比较实在，好就是好，不好就是不好。但是这个人不愿意了，非得缠着太祖理论清楚。他说：“我那六条绝对也是妙计良策，您再考虑考虑。”太祖还是摇头说：“不行，这六条不适合国情，你不在其位，不了解实际情况。”

岂料此人甚至比太祖还要倔，当场指手画脚，滔滔不绝要和太祖争辩。赵匡胤盛怒之下，命令左右侍卫将此人拖出去，拖得越远越好。

不过这个人的名字，却留在了赵匡胤的心里——张齐贤。

回去后太祖告诉赵光义，我这次到西京洛阳，没什么别的收获，就是给你发现了一个张齐贤，以后可以做你的宰相。

后来这个张齐贤参加科举考试。为了印证自己完全贯彻了哥哥的遗志，太宗想要张齐贤位居甲科，可是张齐贤发挥失常，被定在了后面。太宗很郁闷，但是科考既成事实是具有法律效力的，他只好动用皇帝的特权来补救——托张齐贤的福，这一榜二等以上的所有进士都被授予京官。

赵光义这个皇位得来也不轻松，还要顾及朝野的呼声。因为民间有一种说法，说他“得位不正”，太祖生前并没有直接将皇位传给他。所以在后来的岁月里，赵光义的所作所为，基本上都是沿着为自己“正名”的主线来进行的。

他做了这样几件事情，首先是改元年号。按照惯例，老皇帝去世之后，新皇帝要等到下一年才可以改元，以示对先帝的尊重。但是赵匡胤十月去世，赵光义安置完毕就到了十二月，到年底仅剩几十天时间。赵光义等不及了，他迫不及待地改元“太平兴国”，就是要造成既成事实，让众人意识到，新的时代即刻开始了。

所以历史上的976年，就有了两个年号，开宝九年和太平兴国元年。而且“太平兴国”这四个字并不是随便来的，令人想起太祖的话：“他日定为‘太平天子’……”赵光义可谓煞费苦心。

第二年正月，他还将禁军的名号进行了改编。“铁骑”改称“日骑”，“控鹤”改为“天武”，“龙骑”更名“龙卫”，“虎捷”变成了“神卫”。改名风刮起之后，赵光义一时兴起，索性连自己的名字都改了，叫作“赵炅”。

俗话说“欲盖弥彰”，大家嘴上不说，心里却是疑问重重，整个朝堂陷入了一种古怪的气氛中。为了稳定局面，赵光义只好宣布，一切都要按照太祖在世时候的规矩办事，不能有任何逾越。同时封自己的三弟廷美为开封府尹兼中书令，并封齐王；封侄子德昭为武功郡王，委以重任。

更加耐人寻味的是，此二人的身份都是位列宰相之上的。

开封府尹可不是一般的职务，在五代时期，通常这个位子就是“准皇储”的代名词。所以赵光义这是用实际行动昭告天下，我继承哥哥的皇位名正言顺，将来，我的位子要传给弟弟廷美，廷美会传给德昭，这个顺序是我母亲杜太后定下来的，是合理合法的。

同时朝廷开始大规模开科取士，意图很明显，就是要对朝廷的文官力量进行一次大换血。读书人一辈子寒窗苦读，为的就是金榜题名这一刻，只要皇帝将他录取，一辈子都会对朝廷忠心耿耿。

太平兴国二年（977），朝廷举办了科举考试，这一次录取下来，金榜题名者达到了五百多人，其中榜首的一名考生叫作吕蒙正。

在太祖一朝，最多录取人数也就三十一人，这次太宗录取不但人数大大增加，而且待遇好，民间读书人对新皇帝也充满了期望。

皇帝没有让大家失望，进士第一、二等和《九经》科的考生，都被授职作为监丞、大理评事或者诸州通判。那些被赐同进士出身的，一律免选，优先注册以待任用。

在吕蒙正等优等生领受任命出发前，太宗设宴款待大家，告诉他们："上任之后，如果有什么困难解决不了，可以直接向我汇报。"这些年轻人无不为太宗的爱民治国之心所感动，纷纷表示效忠，场面热烈而感人。

太宗要的就是这个效果，自己的亲信安插到州县，去掌握地方大权，自己的位子才能坐得更稳当。

为了提高自己的威信，赵光义专门设了一个局。

这一天朝阳初升，晨雾尚未散尽，汴梁人民开始了一天忙碌的生活，带刀的捕快、骑马的军人、卖东西的小摊贩……一切如常，忙碌而有序。

突然，一个破锣嗓子引得众人侧目："慈悲掌柜的，赏口饭吃。"听闻这话，周遭数人忍不住皱起眉头，原来此人是汴梁街头一名乞丐，这家伙阴险狡诈无恶不作，常常欺行霸市，你若不遂他意，他便纠缠不休恶言相加，非把客人全都骂走，直到门可罗雀生意惨淡为止。

正说话间，饭店掌柜亲自下楼，满面堆笑，拱手作揖，想要送走这位瘟神。然而乞丐不依不饶，定要勒索高额钱币。

围观的人越来越多，乞丐变本加厉，索性在饭店门口撒泼打滚。周围的人群眼见一场争执在所难免，刹那间退后几步，大街上除了恶丐的叫嚷声，竟无人再出一言。

忽然平地一声炸雷："光天化日，何人作乱，竟敢白日勒索！"只见一条大汉身穿锦缎，脚蹬官靴，呼一下跳进当场，冲到乞丐面前举手便打。那大汉还不解恨，掏出腰间雪亮匕首，照着乞丐当胸一插。众人齐声"呀"了一句。旋风吹过风沙顿起，回神看大汉没了身影，只留下那位乞丐的尸体……

京城大街发生命案，很快就传到了大内。太宗听说之后勃然大怒，训斥负责治安的官员说："大街上公然杀人，现在竟然像五代时候一样目无法纪，肆意妄为，一定要严查到底！"

过了几天，闹市凶杀案有了结果。递上来的报告显示，凶手正是那名掌柜。因为他长期受到乞丐骚扰，实在忍无可忍，于是拔刀而起，将其扎死在街上，当时有若干目击证人在周围看得真切。

这个办事效率不错，太宗很高兴，不过又叮嘱官员说："就算是查清了，也要再反复核查，不要冤枉了好人，下次把凶器也一起带来。"

次日官差便押着掌柜前来核查。太宗嘿嘿一笑，叫官员把匕首递上来，然后拿出自己的刀鞘，匕首插进去严丝合缝。众人顿时惊呆了，原来那条大汉竟然就是当朝皇帝！太宗拂袖而起，边走边说："如此一来，看谁敢草菅人命！"

负责办案的官员也如梦初醒，对太宗佩服得五体投地。

随后，又发生了两件大事，都有助于太宗地位的巩固和威望的建立。

此时大宋的版图，在南方就只剩下漳、泉二州和吴越之地没有正式归降纳入。这两个地方的当权者分别是陈洪进和钱俶。钱俶对大宋朝相当忠诚，鞍前马后不遗余力，帮忙消灭了南唐，希望以这个功劳可以保全自己的统治。

至于陈洪进，此君能够在乱世谋得自己的方寸之地，也实属英雄豪杰。他最初只是清源军节度使留从效手下的一名牙将。留从效死后他的儿子即位，某次在晚间宴请吴越使者，心怀不轨的陈洪进就将留从校的儿子关押起来，污蔑他沟通吴越，绑起来交给了南唐政府。

随后陈洪进推举节度副使张汉思为留后，自己任节度副使。

张汉思这个人很老实，年老醇谨，也没有什么决断力，所以事事都由陈洪进做主。但是张汉思的几个儿子都在军中，看着父亲被当作傀儡一样指使，心里很是不舒服，就决议趁着吃饭的时候伺机干掉陈洪进。

某年四月，张汉思大宴宾客，在府内埋伏兵甲，准备暗害陈洪进。大家喝了一会酒之后，将要行动之前，忽然之间地动山摇，人在座位上都坐不稳，房屋摇晃不定，几乎都要坍塌。古时候的人比较迷信，知识不多，又喜欢多想，所以提前和张汉思密谋的人就犯了嘀咕。

“这个陈洪进，是不是传说中的真命天子呢？伤害他或许会遭天谴。”

于是有人趁乱过去告诉陈洪进这个计划，陈洪进不敢逗留，急忙撤退。张汉思这一次没有得手，内心也很惶恐，时刻严加防范，害怕遭了暗算。陈洪进的两个儿子都是指挥使，一直闹着要给父亲报仇，带兵去找张汉思算账。

陈洪进胸有成竹缓缓摇头说：“我自有办法。”

某一天，他身穿便装，袖子里藏着一把大锁，脚步轻快地走进张汉思的办公地点，对守卫说：“我和张大人有些事情要商议，你们暂时退下。”张汉思正在内宅工作，陈洪进在外面咔嚓一下把门锁上，然后叫人上去喊话：“郡中的军吏商量了一下，由陈副使来掌管军务，你还是把节度使大印交出来吧。”张汉思哪知道外面的情况，以为兵变早已发生，惶恐间不辨真假，将大印从门下面递了出去。

然后陈洪进召集大家宣布，张汉思把大印给我了，让我来主持事务。众人信以为真，以为是尧舜禅让的高尚行为再次重演，纷纷上前庆贺。最后，陈洪进给上级李煜上了一封奏折，李煜正式任命他为清源军节度使、泉南等州观察使。

太祖平定江南之后，陈洪进焦虑不安，唯恐祸及自己，接到太祖要他进京的诏令也不敢违抗，只好磨磨蹭蹭地出发，刚走到南剑州，听说太祖驾崩了，心里顿时放松下来，暂时逃过了一劫。

太宗即位之后，对陈洪进照例也有赏赐。太平兴国三年，陈洪进和钱俶在京城相逢，两人顿起惺惺相惜之感，自己的政权，恐怕这一次真的走到了尽头。

考虑再三之后，陈洪进接受了谋士的劝谏，将漳、泉二州十四个县的土地献上，这一举动很给太宗面子，因为这看起来似乎是太宗比太祖更有威慑力。不战而屈人之兵，赵光义非常高兴，很欣慰地接受了这份大礼。

陈洪进的举动给钱俶造成了巨大的压力，他进京时携带了大量的财物，希望太宗可以像太祖那样高抬贵手，这时他唯有将兵器和财宝献上，抱着最后一丝幻想，恳求太宗罢免他吴越国王的封号，解除天下兵马大元帅的职务。

赵光义的反应令钱俶更加不安——他不同意。

钱俶不知道这意味着什么。钱俶清楚地记着，一年前携带家眷来朝见太祖时，太祖特意指示他，以后可以佩剑上殿，写诏书时可以不署名字，而且不顾群臣反对，要封他夫人为王妃，甚至还要让他与时任晋王的太宗以兄弟相称。那是他一生荣誉与权力的顶峰，他也暗自下定决心，要为大宋王朝效忠终生。

两个月后，太祖指示他说，南北的风物不同，马上就到盛夏了，你应该早些出发回去。钱俶激动地表示要三年一次来朝见，太祖表示没有必要，路途太遥远，你还是等待诏令再来吧。临行之前，太祖将一个黄绸包袱交给他，嘱咐说到了路上再看。

半路上钱俶打开包袱，吓得几乎魂不附体，原来里面全都是群臣所上奏折，建议太祖将钱俶扣留，然后将吴越收复。

从此之后，钱俶对太祖更是感恩不尽，每次进贡物品之前，都要在庭院里烧一炷香以示虔诚，然后方才上路。

但问题是，赵光义和他哥哥不是一类人，钱俶根本摸不着他的路数。

吴越国的丞相崔仁冀知道赵光义的心思，建议钱俶说："封号、职务之类的东西都是虚的，朝廷并不缺少，他们需要的是实实在在的土地和统治权。其实我们早就是人家的盘中餐了，只不过暂时没有被吃掉，现在如果不献出土地，恐怕性命难保！"

其臣子一听强烈反对，这不是一般的决定，简直就是亡国。

崔仁冀厉声呵斥了众人："现在我们距离国土千里之遥，已经在别人的控制之下，除非长出翅膀才可以飞回去。"

众人冷静下来仔细思忖，实情确实如此。

纳土，才是唯一的选择。

次日上朝，钱俶上表纳土，吴越的一军十三州，全数纳入大宋版图。赵光义喜上眉梢，即位如此短的时间，已经完成了先帝"先南后北"战略的第一步，将南方的所有分裂政权统统收入囊中，他忍不住有些飘飘然了。

值得一提的是，这一年的七夕，风流天子李煜在庆祝生日的聚会上，回想起故国旧事，颇多感怀，万种情思涌上心头，忍不住写下了千古名词《虞美人》，其中一句：雕栏玉砌应犹在，只是朱颜改。

赵光义听说后勃然大怒，一个亡国文人公然怀念故土，既是对自己的公然蔑视，也是一个隐藏的祸患。于是光义灵机一动，招来自己的弟弟廷美，让他代表自己给李煜送点礼品，其中一味号称“牵机妙药”。

皇帝的赏赐谁敢拒绝？送走廷美后，李煜当即服下，立时手足抽搐五内俱焚，脑袋弯下来凑到脚上，身子弯成了织布机上牵机杆的形状，哀号而死。

伟大词人，落魄君主，就这样走完了自己整整四十二岁的人生。

赵光义这件事办得很没有风度，而且暴露了他的一贯杀人手段——用毒。在他当政期间，很多人都死得不明不白，疑似中毒。所以赵光义的真正身份，应该是一个熟练的化学家，擅长配置各类毒药。

用太祖对李煜的态度来做个对比，兄弟俩的境界高低立见分晓。

李煜入朝之后，有一次太祖宴客，问李煜说：“据说卿在江南设宴，都要吟诗填词，可否举出一令朕满意的作品？”李煜沉思片刻，吟出自己《咏扇》中的一联：“揖让月在手，动摇风满怀。”

太祖听后哈哈大笑，开玩笑说：“满怀之风，又能有多少呢？”笑话这个江南书生的小家子气。太祖之风格，应该是金戈铁马、秋风瀚海的气度，这样说实属正常。不过他对李煜的才情是真心钦佩的，曾经真诚地赞叹李煜说：“好一位翰林学士！”言语间确有爱才之心。

与此相反，心胸狭窄、过于敏感的赵光义，居然容不下一个千古词人，实在可笑。

第九章 领导不等于天才

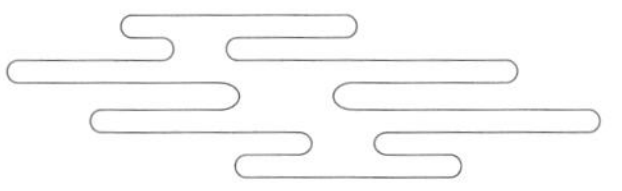

这是隐藏在黑暗中，永远不会被他人所知的秘密，忽然猛一下被揭开了黑幕。刺眼的光线令赵光义头昏眼花，他强忍住颤抖的声调，装作毫不在意地挥挥手说：“当时情况紧急，国不可一日无君，也怪不得他们。”

赵光义膨胀了。环顾四周，需要再找一个靶子来进一步提升威望。

北方，只有北方了。那是柴荣和赵匡胤的梦想，应该有一位雄才大略的继承者，来圆这个梦。所以下一个目标，唯有北汉！

这个念头一冒出来，刚从大宋朝回到辽朝的耶律呼图，顿时感觉全身发凉，敏锐地感觉到要出事了。他向辽主进言说："大宋必取河东，我们应该早些做准备。"不过辽主没有听从，觉得他是杞人忧天。

大宋迅速行动起来。制定策略之前，太宗特意召见曹彬，问起太原的事情说："周世宗和我哥哥当时都曾御驾亲征，却始终没有攻下，莫非太原真的是铜墙铁壁、固若金汤？"

曹彬知道太宗现在的想法，就逐一解释说："周世宗那时候，是因为史超在石岭关大败，所以才震惊退兵；太祖时候是因为气候的缘故，士兵都患了腹病，才中途退兵，并不能说明太原有多坚固。"

曹彬这段话说得很有艺术性，乍一听很实事求是，但是仔细分析一下，为什么他没有提到攻克北汉最大的敌人——辽朝呢？显然，政治上高度成熟的曹彬，是在顺着太宗的话往下说。

随后，太宗自然而然就说："我现在准备动一下太原，你意下如何？"

曹彬装作思索片刻，随即回答说："没问题，现在物资充足武器精良，陛下您也是英明宽厚，天下欢欣拥戴，没什么干不成的事，攻伐北汉简直是摧枯拉朽、一气呵成。”

边上的薛居正却不合时宜，说了一些反对的意见，意思是说：“世宗那时候之所以没有拿下，是因为辽朝的援助。我朝太祖把北汉已经搞得很惨了，穷得吃糠咽菜，这么一个破地方得到它不多，失去它也没有什么损失，陛下您还是应该深思熟虑后再做决定。”

薛居正这已经是第二次发飙了。上一次太宗录取五百举子，他就站出来说这次录取名额有点多了，现在又反对征讨北汉，可见此人并不善于揣测皇帝的心思，根本体会不到此中所隐含的深意。

不过即便薛居正如此“不懂事”，太宗对他还是一直隆恩有加。这也是赵光义的一个优点。乱世出身，再加上兄长太祖的影响，对于臣下，只要不威胁他的皇权，什么都可以说，什么都可以做，很是宽宏大量。

不要小看这个优点，在后面陆续就会看出来，这给自己的子孙后代留下了许多无价的财富——灿若群星的名臣，这是帝国难以估量的财富啊！

赵光义虽然是一个资质一般的人，却并不是鼠目寸光的庸人。他极易受到环境的影响，他的兄长对他的教诲影响至深，远远超过了他的父亲，所以才养成了宽宏的气度。

回到讨伐北汉的话题。太平兴国四年（979），太宗得到名将曹彬的支持，立刻着手布置，命令潘美为北路都招讨制置使，统领五路大军合围攻击北汉。同时布置云州观察使郭进为太原石岭关都部署。石岭关这个地方很关键，只要遏制住这里，就相当于是关门打狗，辽朝援军就过不来了。

太原现在基本上是一个孤岛了。倔强的刘继元，在几年太平日子之后，又迎来了另一波疯狂的打击。这一次，不知道还有没有好运气？

既然皇帝决定御驾亲征，那就需要有人留守京城。太宗告诉弟弟廷美："太原这个地方我一定要攻下来，我走之后，想把你留下照料京师，我在外面也放心一些。"

廷美是个老实人，没什么政治经验。将要答应的时候，他的手下，开封府判官吕端跟他说："主上栉风沐雨亲征太原，您作为他的得力助手和弟弟，应当做出表率，留在东京似乎不太合适。"

廷美的请求在太宗的几次假意推辞之后，得到了应允。

吕端，这个仕途升迁缓慢的中年人，第一次走进我们的视野。从这件事可以看出，吕端的识见和眼力是相当高的。太宗此举，极有可能是在试探廷美，是不是有接替皇位的想法。吕端的正确决策，为廷美暂时躲避了祸患。

太宗后来评价吕端说："端小事糊涂，大事不糊涂。"确实不假。

刘继元一听大宋来了，心想有完没完，哥哥打完弟弟接着打？他还是使出了最拿手的一招——向大辽搬救兵！

北征途中发生了一件趣事。宋军出发四天后到达澶州，临江主簿在路边迎接，太宗看到他递上来的奏折，内容还没看，就被此人的名字吸引住了，忍不住呵呵直笑，"宋捷"，不正是"宋军大捷"的意思吗？好彩头啊，立刻大笔一挥，封他做监丞。

都说好名字会慢慢改变命运，果然不假。这也从一个侧面反映了，赵光义是多么需要一场大胜仗来证明自己。

想法是好的，但这恰恰暴露了他的不成熟。

各路兵马就位之后，迅速开始和北汉军队展开战斗。与此同时，辽军的部队也在途中，这支部队由耶律沙和冀王塔尔带领，急匆匆赶来救援。到达白马岭时，探子来报说前面发现一条涧水，对面就驻扎着郭进的部队。

耶律沙思考之后，认为郭进严阵以待士气正旺，而且涧水湍急，很难在短时间内急渡，于是决定暂时安营扎寨，让皇帝再派一些援军过来。

塔尔等人一听就急眼了：“丞相你不会是在故意搞笑吧？我们领命救援北汉，遇到敌人冲上去一猛顿打就好了，打不赢再让皇上派人来，现在还没有出手，你就好意思开口请求援军？”

塔尔继续絮絮叨叨：“就算皇帝不怪我们无能，其他大臣将士估计也要把嘴笑歪了，我这个人说话直，丞相不要见怪，一旦遇到敌人就请求增援，什么时候是个头啊？刘继元已经火烧眉毛，我们还在这边等，他等不起啊。要是您害怕，就在后面等着，我先上去干掉宋军。”

耶律沙无奈，只好黑着脸，跟着塔尔出兵渡涧。

对面的郭进笑了！

打仗时候，最受欢迎的对手就是手忙脚乱的家伙。塔尔带兵渡到中流，郭进一声令下，宋军倾巢而出，以逸待劳又占据地理优势。这仗打得没有悬念，瞬息间白马岭杀声震天，辽军很快溃不成军，前面的往后退，后面的往前挤，自己人互相踩踏，死了不少。

这就暴露了大部队的劣势，尾大不掉，一旦指挥失当就会造成混乱，不要说打仗，自相残杀的局面屡屡出现。

塔尔为自己的鲁莽付出了代价，他自己、他的儿子还有耶律沙的儿子，都死在了乱军之中。耶律沙运气好一点，在他命悬一线之际，救兵耶律斜轸恰好赶来。耶律斜轸命令士兵一起放箭，宋军这才稍稍退却，留下耶律沙一条命。

刘继元在家等了许久，也没等到救兵来。他知道辽朝肯定不会食言，北汉这块地方虽然穷，但是个咽喉关卡，辽朝不可能轻易放弃。于是他派人装扮成宋军的模样，带着蜡丸帛书再次出发。

“细节决定成败。”这个送信的人太粗心了，将蜡丸缝在一个崭新的补丁里头，摆明了“此地无银三百两”，被郭进逮了个正着。

郭进回头告诉太宗：“白马岭大捷，我已带兵进驻石岭关。”

这意味着，刘继元的援军被拦腰砍断，宋军可以在铁桶一样的太原城外，慢慢地折磨他了。

太平兴国五年（980）四月的前几天，各股部队协同作战，基本上将北汉的外围势力消灭殆尽。同时在潘美的指挥下，太原战场也进展顺利，虽然没有立刻攻下，但很显然，刘继元已经是强弩之末了，因为城里都在传言说：“我们的援军在白马岭被打散了，而且送信的人也被擒住，现在没什么盼头了。”

太原城里人心惶惶，军人几乎都无心恋战。

四月十三日，太宗御驾到达城外，检阅部队、视察军械，给大家带来了充足的精神食粮，同时他给刘继元写了一封亲笔信，好言相劝，劝刘继元为手下的老百姓考虑考虑，快点投降算了。

无数事实证明，时机不成熟的时候去劝降，都不会有好的结果。

果然，太宗的使者被北汉人赶了回来。他顿时心情大坏，亲自带人进逼城下。武装威胁的同时，心理战又派上了用场，不过这一次比较温和，既没有吃人肉也没有摆人头，而是让北汉守城士兵看了一场免费的杂技。

原来在攻打太原之前，大概是出于炫耀的目的吧，太宗从军队中挑选了几百名彪形大汉，这帮人不干别的，就是练剑，将锋利的长剑高高抛到空中，然后在下面翻滚腾挪，摆出各种惊险造型，将长剑稳稳接住。

等到表演的时候，这几百人赤裸着上身，露出健壮的身体，做出整齐划一但又无比凶险的动作，煞是好看。每当有外国使者前来觐见，太宗就让他们观看表演，使者看到漫天剑光飞舞，无不瞠目结舌，吓得语无伦次，起到了“壮我国威”的效果。

这个杂技团跟着太宗巡城，绕着太原城卖力表演了一番，城头的守军却没有投降。太宗唯有亲自披挂，披着盔甲手持利剑冲锋陷阵，宋军这一次是下了血本，无数的箭矢呼啸着冲向太原城头。

刘继元也没闲着，他在里头学习诸葛亮的草船借箭，收集宋军射进来的箭支。

就在这战火纷飞千钧一发的时刻，四月下旬，扼守石岭关的郭进死了。

和征讨后蜀的高彦晖一样，郭进也是死于“朝中权术争斗”。罪魁祸首还是同一个人——田钦祚。田钦祚这一次是石岭关行进使，他不爱打仗，敌人来了就紧闭城门做缩头乌龟，敌人走了也不追击，这样做的原因并不是爱好和平，而是他要把军用物资囤积起来，牟取暴利，发战争财。

田钦祚的无耻行径被部下告到了太宗那里，他却以为是郭进打小报告了，便对郭进处处寻衅凌辱。郭进为人正直，性情刚烈，急火攻心就自杀了。郭进的部下知道真相，却都敢怒不敢言。

事发突然，再加上又是用人之际，而且，石岭关这个地方很敏感，太宗也只是责怪了田钦祚一番。

郭进在太祖时代就已经很有名了，以治军严厉著称，每当派士兵去郭进那里①，都要告诫他们：“你们可要遵纪守法，如果犯了法，我可以

① 当时采用“更戍法”，士兵由朝廷派给统帅，并且定时轮换，以防止武人结交亲信，势力坐大。

饶恕你们，但是郭进肯定会杀了你们！”

当时有个将士向太祖告状，说郭进为非作歹罪大恶极，但太祖对郭进很信任，知道此人肯定是犯了事，害怕被郭进杀掉，这才铤而走险诬告，于是将他交给郭进处理。正好此时有敌人进犯，郭进对这个将士说：“你小子既然敢诬告我，胆子算是很大了，我现在免你的罪，去为我奋勇杀敌，如果战功卓著，我会向朝廷保举你。当然，如果失败了，你就别回来了，赶紧投降敌人算了。”

后来此人果然在战争中表现勇猛，郭进并未食言，如约提拔了他。

因为郭进的忠勇，太祖对他非常欣赏。开宝中，朝廷在京城为郭进建造府邸，太祖下令“悉用筩瓦”，边上有人建议说，这个规格有点高了，因为以前规定，只有公主和亲王，才有资格使用筩瓦。

太祖很生气，训斥进谏之人说：“郭进扼守西山数十年，使我无北顾之忧，我对他难道还能比对儿女差？你别废话了，只管去监造吧。”

令太宗感到幸运的是，郭进的死并没有造成什么动荡，石岭关新的长官牛思进是个奇人，用耳朵就可以将弓拉成满月状。他扼守此处，安全还是有保证的。

四月二十七日，再次攻打城洞。这一战涌现出了很多英雄人物，以李汉琼为代表，不怕死不怕苦，头上插着箭，指头上吊着箭，仍然坚持战斗。北汉人终于忍不住了，攻城战进行得如火如荼时，忽然城门洞开，一彪人马冲将出来。

宋军吓了一跳，原来北汉也不缺乏热血汉子，敢于公然冲出来，跳进重围单挑。于是火速围上去，三下五除二将带头的军官擒住，斩于大旗之下。

只是整个过程有点奇怪，这些人马似乎没怎么抵抗，就稀里糊涂被干掉了。

过了一会谜底方才揭开，北汉在城墙上，将一群男女老少枭首示众，据说是刚才带头之人的家属。宋军这才知道，刚才一彪人马是出来投降的，却被宋军会错了意，草草杀掉。

就这样耗到五月初四，北汉已经岌岌可危，第二天就是端午节了。太宗为鼓舞士气，号召说："明天就过节了，赶紧把北汉拿下，我们明天在城里吃饭！"

这话说得很有信心，也很鼓舞士气，大家都很激动，举起武器高呼万岁。震耳欲聋的声浪涌进太原城内，疲惫不堪的刘继元百感交集，一阵迷茫和绝望涌上心头，真的要结束了吗？忽然，外面又是一阵骚乱，原来大宋天子又射进来一封诏书。

刘继元用颤抖的手展开诏书，剧烈的情感起伏，使他无法清晰阅读诏书的文字。其实不读也知道，赵光义说的还是陈词滥调。

怎么办？刘继元感觉太原城上空，就要被滚滚乌云包裹了……

第二天，宋军踊跃向前，争取在城里头吃午饭。看到群情激奋的场面，太宗恐怕城破之后，大家会滥杀无辜血洗太原，就命令暂时退后，再次召唤刘继元谈判。

太原城里还真有一条硬汉，他就是刘继业，誓与太原城共存亡，带着儿子指挥若定，大有血战到底的意思。

其余人可不想打了，已经退休的左仆射马峰，成为刘继元脆弱神经上的最后一根稻草。他让人抬着自己，苦口婆心去劝说刘继元，太原肯定是保不住了，不要一意孤行，否则会贻害黎民，白白害了这么多性命。

刘继元平静地听完马峰的劝说，回身看看自己为之奋斗，为之流血流泪的城池，无可奈何地点点头，投降吧！

刘继元虽然投降了，但是刘继业不干，他还没有打过瘾，非得战斗到底。太宗爱才心切，就让刘继元亲自去劝说，刘继业这才不情愿地放下武器。太宗为表示对他的重视，特意诏令他恢复本姓杨，单名业。

现在赵光义有足够的理由自豪骄傲了，五代十国的最后一个割据政权，也被他收拾了。伟大的业绩，足以彪炳史册，光耀后人。

当然，这个评价有个前提，就是他后面盲目的举动没有进行。

但他终于行动了。

北汉被拿下之后，相当于打开了直通幽燕之地的大门，赵光义自信满满、踌躇满志，一拍脑袋做出决定："乘胜追击，扩大战果，进一步收复幽云十六州，完成周世宗和哥哥太祖的未竟之业！"

看到这位不懂军事的统帅头脑发热，潘美只好恳切地劝谏："我们经过四个多月平定北汉，已经军力疲惫，粮饷匮乏，此时不宜继续战斗，回师京城养精蓄锐，休整之后再举兵伐辽，方为上策。"

有人开头，就有人跟着附和。

太宗的目光依次从诸将脸上划过，有人低头默默不语，有人若有所思，就是不敢正眼看他。终于，有个人站出来了，殿前都虞候崔翰，他支持太宗的观点说："兵家最贵，就是时机与态势，现在打了胜仗，形势一片大好，乘势因时攻伐辽朝，取回幽燕，应该不是什么难事，没什么可犹豫的。"

赵光义一拍桌子，准备出发！

于是，士兵们睁开惺忪的双眼，再次背起沉重的兵器，唉声叹气地走向未知的前路。

士兵的精神状态如此，军官也好不到哪儿去。很多军官就以鞭挞士兵来泄愤，整个部队陷入了一种焦躁不安的气氛中。

十几天后到达辽朝前线，求战心切的赵光义身披甲胄，跨上战马，带兵冲向岐沟关。此地的长官一看密密麻麻的宋军潮水般涌来，顿时惊慌失措，带着队伍出城投降。六月二十一日，涿州判官做了同样的事情，赵光义就更加得意了，认为自己果断北伐的决策真是无比正确。

二十三日，大军到达幽州城外，赵光义磨刀霍霍，恨不能插翅飞上幽州城头。

这一次他的对手，是耶律斜轸，此人深谙用兵之道。他看到宋军气势汹汹，取得了几次阶段性胜利，硬碰硬是不明智的，于是高举耶律希达的旗帜，在得胜口四处招摇。

为什么要举耶律希达的旗帜呢?

因为几天之前，宋军在沙河把耶律希达暴打了一顿。耶律斜轸这一招就比较高明了，既然你士气旺盛想要正面作战，那我就制造假象让你更旺盛一点，旺盛过头，就骄傲自满，骄兵必败。

果然，赵光义看到耶律希达破破烂烂的旗帜，居然还胆敢在得胜口招摇，十分生气，大手一挥："打他！"士兵们冲上去一看，又是一顿好打，消灭掉一千多人。正高兴着呢，忽闻背后杀声震天!

耶律斜轸带兵杀出，将宋军暂时击退。

四天之后，还是老办法，太宗命令部队分别从东南西北四个方向，同时攻击幽州。幽州城的领导人韩德让十分害怕，因为他听到城外宋军在喊话："兄弟们赶快投降吧，放下武器保命要紧。你们被包围了，负隅顽抗没有前途，出来投降重重有赏！"

有人很听话，比如说都指挥使李扎勒灿，迅速出城领赏去了。

好消息是，还有一个帮手可以使用——耶律学古。关于此处，各家说法有点分歧，有人说是宋军围城三周之后，耶律学古才带兵赶到，然后学习发扬钻地鼠精神，从地下打洞钻进了幽州城，来支援韩德让。

《辽史》的记载却说，耶律学古刚进幽州，宋军就重重包围，而且

“穴地而进”，这次钻地鼠换了国籍，变成了宋朝人。

看来大家都不想当钻地鼠，都说是对方在地下钻来钻去。

不过根据当时情形分析，耶律学古又不是一个人去增援，千军万马都从幽州地下钻进去，而且不被宋军发现，有点不可思议，所以这里以《辽史》的记载为准。因为城里人心不定，耶律学古在这里发挥的作用就是“以计安反侧，随宜备御，昼夜不少懈”。

赵光义不管这么多。为数不多的战斗经历告诉他，只要围城狠打，对方肯定招架不住。所以一个劲指挥军队——打！

辽人不是超人，更何况幽州守军很多都是汉人，所以一来二去招架不住了。眼看就要城破，千钧一发之际，一匹快马疾驰而来，带来了一个坏消息：“辽朝的援军来了，其中一位是耶律沙，另一位，是耶律休哥！”

赵光义怕过谁？哪个敢来就打哪个，所以把手一挥，先去收拾手下败将耶律沙。

这边，耶律沙站在高梁河边，望着危在旦夕的幽州城，把心一横，挥动马鞭喊道：“我们必须赶在宋军主力到达之前，渡过河去，否则后果不堪设想！”

不幸的事情再次发生，和郭进在白马岭的狙击如出一辙。辽军渡河时，凑巧宋军主力赶到，瞬间刀剑齐举，杀声震天，双方迅速展开混战。

这一仗打得极为惨烈，鲜血染红了河水，双方死伤不计其数，尸体堆积如山。足足鏖战了四个多时辰后，太宗看到优势渐显，挥舞兵器跳到了前面，带领大家作战。

耶律沙见势不妙，情急之下，他挥刀斩掉几个退后的士兵，但这也难挡兵败如山倒的颓势，辽军终于节节败退，被宋军追打出了老远。

这时候天渐渐黑了，宋军正杀得眼红，忽然眼前火光闪烁，原来另一只援军来了——耶律休哥！

这个人是宋太宗的噩梦，若干年后，赵光义还会抚着受伤的屁股，黯然回忆起这惊心动魄的一夜……

耶律休哥厉害到什么程度？

在赶来增援的路上，他就跟通行的耶律斜轸说："我断言，宋军会在高梁河一带狙击耶律沙，耶律沙人少，宋军又是皇帝亲自带队，所以肯定敌不过。我想和将军你分左右两路，从侧翼去攻击宋军，'出其不意，攻其不备'，定能解幽州之围。"

忽然杀出的这两支部队，把赵光义吓得够呛，谁能想到辽军会在此处伏击他？这时，只见道路两旁，星星点点的火光闪烁，谁也摸不清辽军到底有多少。宋军在气势上就输了一筹，再看辽军不断涌来，就更加没底了。

双方再次展开混战，耶律休哥果然名不虚传，被宋军扎伤好几处，还勇猛异常，斗志很是旺盛，最后几乎昏迷了，也要坐在车上指挥。

那边耶律沙也反咬一口，会兵合围宋军。幽州城里的耶律学古和韩德让也打开城门，擂鼓呐喊为辽军助阵。

宋军四面受敌，而且心理上没有优势，有点草木皆兵的意味，听着身边的惨叫声不断传来，宋兵甲乙丙丁，都不知道死活了。

宋朝皇帝呢？

这个时候，如果有一位沉着冷静勇猛顽强的指挥者，或许可以扭转战局。但是自出兵以来，赵光义从没见过这种阵仗，吓得呆若木鸡，脑子还没有转过弯来。正发愣时，远处一骑直直冲来，冲向皇帝的车驾。

擒贼先擒王！

赵光义急急忙忙招架几下，就在士兵掩护下往后退去。潘美等人正是泥菩萨过江，也顾不上皇帝了。就这样堂堂大宋天子被追到涿州，刚想勒马休息片刻，耶律休哥又冲了过来，只好再次跑路，据说大腿上还中了两箭，跑得一瘸一拐。

太宗这次真的成“寡人”了，身边一个人都没有，山路崎岖，又看不清楚，再加上心急如焚，连人带马跌落到沼泽之中，远远的又有人举着火把赶过来……

别无选择，赵光义不要马了，挣扎着自己逃出来，靠双腿逃生。不过，皇帝既然号称“天子”，自然就有上天的眷顾——路边凑巧停着一辆驴车，赵光义双眼放光，急忙跳上去挥舞驴鞭，一路向南逃命去了。

得意扬扬出师，凄凄惨惨回来，而且败得如此彻底。残酷的现实，给赵光义上了人生真正意义上的一课。

宋军一路溃败，大家逃到安全的地方，发现核心人物——皇帝不见了。

国不可一日无君！

有人就推断说：“可能是在乱军之中，太宗已经为国捐躯了。我们不如拥立武功郡王赵德昭做皇帝吧，他是太祖的儿子，接任皇帝名正言顺。”

赞同这个观点的人不住点头，早立皇帝有助于人心稳定，否则，辽军极有可能趁着国中无主，来掠夺国土。反对的人，头则摇得像拨浪鼓：“立皇帝不是开玩笑，谁告诉你太宗已经驾崩了？”

吵闹之际，前方传下话来，皇帝好着呢。于是拥立新君的计划作罢。

回到京城之后，自然就有好事者，将当时的情形绘声绘色，甚至添油加醋地转述给了太宗。对赵光义来说，这个消息无疑是晴天霹雳，他内心深处最隐秘的那根弦，再次被拨动了。

这是隐藏在黑暗中，永远不会被他人所知的秘密，忽然猛一下被揭开了黑幕。刺眼的光线令赵光义头昏眼花，他强忍住颤抖的声调，装作毫不在意地挥挥手说："当时情况紧急，国不可一日无君，也怪不得他们。"

自从高梁河兵败归来之后，按照惯例，即便跟辽朝打了败仗，攻取太原还是有功的，应该进行封赏。不料太宗却迟迟不动，引得下面人都怀着怨气，有时候在一起互相抱怨。德昭知道这个消息后，去找太宗，劝说他进行太原的赏赐。

太宗正在为自己被"抛弃"着急上火，德昭冒冒失失撞到枪口上，他当即就爆发了。他觉得德昭在利用这件事收买人心，为自己登基制造舆论。他指着德昭的鼻子训斥说："你着什么急，赏赐又跑不掉，要封赏他们，等你将来做了皇帝也不迟！"

德昭莫名其妙被训斥，到底是年轻人，城府还是不够，情急之下也拂袖而去。一边走一边问他的随从："有没有带刀？"大家回答："没有，在大内是不允许带刀的。"德昭甩开众人，三步并作两步冲进茶酒阁，将门反锁，找出一把刀在自己脖子上狠命一抹！

赵家王朝潜在的继承人，就这样草率地结束了自己的性命。

听到消息的宋太宗闻讯赶来，扶起德昭的尸体，说了一句："傻孩子，何至于此呢？"[①]大宋天子在他的侄子武功郡王赵德昭自刎之后，说出这样的话，其真假，谁也无法断言了。不过德昭之死，应该为赵光义打开了一条思路——巩固皇权，原来不单是依靠威望和功业的。

就在太宗谋划着下一步解决谁的时候，辽朝发起了报复性的军事行动，还是那几个老熟人，耶律沙、耶律休哥和韩匡嗣[②]，这几个人带兵

① 原文："痴儿，何至此耶！"

② 此人是上次镇守幽州的韩德让的父亲。

十万入侵幽州。

太宗得到警报后，立刻安排崔彦进、李汉琼迎战。二人手忙脚乱率队出征，到达满城的时候，右龙武将军赵延进登上城墙看了一眼，倒吸一口凉气，脸色变得跟酱菜一样。原来，下面密密麻麻全是辽军。

边上的崔翰看他心情不好，就安慰他说："你不要郁闷，我这里有英明神武的皇帝亲自部署的阵图。"说完崔翰从怀里掏出一张图，笑眯眯地指给其他几位将领看。

大家迅速围过去学习，片刻后，都变成了酱菜。纸上标得很清楚，将队伍切成八块，每块之间距离一百步，首尾互不对接。

这是什么意思，要杂技？

这帮将领和士兵都是久经沙场，知道"集中优势兵力，各个击破"的好处，现在又不是打游击。

面对如此富于创新精神的一张阵图，大家还真有点接受不了。

"阵图"的发明人是太祖赵匡胤，他害怕将军在外假公济私，伺机造反，于是就制定此阵图，打仗必须照这个来，有监军在那里监视着你，不许随便发挥聪明才智。

在前面讨伐后蜀南汉之时，阵图确实发挥了作用。主要原因有两个，一是南方小国家缺乏名将，军力薄弱，所以照本宣科也可以拿下。二是赵匡胤本人是个军事天才，他具备"决胜千里之外"的才能，他预测说敌军可能会在某处偷袭，果然就有人来。

但是赵光义和他哥哥的差距太大了。这张图除了娱乐，并揭示赵光义在军事上的无能之外，似乎没有别的用途。

赵延进首先开口："我们的军队这样安排，好看是好看，星罗棋布的。但是，如果敌人瞄准了队伍之间的空隙，发起突刺，把队伍切割开来，前后不能呼应，恐怕危险。不如……"赵延进看看其他人，接着降低声调说："把军队集合起来，集中兵力攻打敌人，这样胜算大一些。"

"我知道，我知道，这样违背了皇帝的命令。"赵延进挥手示意激动的崔翰，让他不要着急："咱们出征是为了打仗，打仗当然希望赢，违背皇帝命令，能够换来战争的胜利，我看行。"

"万一输了呢？"崔翰心里很忐忑啊。

赵延进豁出去了，一拍胸脯："输了把账都记到我头上！"

李继隆也站出来说了一番话，说得有理有据："打仗本就是随机应变的事情，战场状况瞬息万变，哪能预先制定呢？倘若失败，罪过算到我头上吧。"

于是宋军这才合为两阵，严阵以待辽军的进攻。

军阵确定后，就是进攻谋略的问题了。战前军事会议上，崔彦进首先发言："我们可以实施诈降的计策，诱敌入城，然后突发伏兵，肯定可以大败辽军。"刘廷翰摇头表示不同意："你这计策不是不好，但是耶律休哥是个军事天才，江湖上都知道他文武双全，相当狡猾，恐怕难以奏效吧。"

李汉琼笑笑说："没关系，耶律休哥是厉害，但是这次的统帅是韩匡嗣，此人本是赤脚医生出身，好大喜功刚愎自用，指定中计。而且，我们在高梁河刚吃了败仗，如果诈降，他们应该不会怀疑。退一步讲，如果他还有疑心，就双管齐下，一面诱他入城，说是献出城池，同时殷勤献上粮草，如此有诚意，以韩匡嗣的智慧，肯定察觉不了。"

好，就这么办。最后决定，照此方案执行。

刘廷翰派出一个口才很好的使者，来到辽营，商议投降的事。这个人极尽奉承拍马之能事，首先把韩匡嗣吹到天上去，看火候差不多了，适时地献上粮草。

韩匡嗣顿时心花怒放，不过还是故作威严，很矜持地询问来使："你们选在什么日子献城投降呢？"来使回答："我们主帅说了，看元帅您的意思，如果可能的话，事不宜迟，越快越好。"

宋使走后，耶律休哥听到消息，即刻进去谏阻韩匡嗣。他的理由很充分："我看宋军队伍严整，根本不像是要投降的样子，还没有打就要投降，恐怕其中有诈。"

韩匡嗣大大咧咧地说："你不要侮辱别人的诚意，'兵马未动，粮草先行'，人家连粮草都给你送来了，你还怀疑什么？"

休哥摇头不同意，说："有句古话说'欲取姑予'，给你一点好处，那是想得到更多的东西啊，这个粮草，正是诱饵！"

韩匡嗣口才也不错，说起来滔滔不绝："……以我们的军威，在高梁河打得赵光义满地找牙，宋兵个个气短，现在兵不血刃获取大功一件……"

说到这里，韩匡嗣笑眯眯看着耶律休哥，沉默下来了。他的潜台词是：莫非，你嫉妒我？

耶律休哥怒气冲冲，回到帐中，命令部下不要轻举妄动。他一走，韩匡嗣就命令部下布置兵马，明天好去接受投降。

镇州城外。

在黑暗中，人马静悄悄卧着不动。东南西北四面，一双双警惕的眼睛闪烁着光芒，期待黎明，就像期待胜利那样。

韩匡嗣很早就醒了，他喜气洋洋约上耶律沙，走，一起收俘虏去！

耶律休哥也跟上了。和前面两位将领不一样，他的脸是黑的，因为他内心很忐忑，如果宋军是诈降，那么难免打一仗，对方有备而来，肯定会吃亏。反之，如果宋军是真心投降，那韩匡嗣就有了嘲笑自己的理由了，所以他不快乐。

不快乐的人，通常都走得很慢。

所以，当韩匡嗣和耶律沙冲进镇州城的时候，耶律休哥还带着部下在慢悠悠地晃荡。

韩匡嗣勒马，环顾四周，一个鬼影子都没看到，就很纳闷地问耶律沙："这个刘廷翰，怎么一点都不讲诚信，说好来接我们献城，一个人都看不到。莫非他们弃城而逃？"

耶律沙毕竟久经沙场，见多识广，神色剧变，喊道："大事不好，我们是中了宋军奸计了，他们一定埋伏在某处等着咱们！"

话音未落，顿时黄沙漫天，战鼓齐鸣。韩匡嗣惊慌失措，在亲兵保护下奋力出围，逃入山谷之中。这一战宋军斩敌一万余人，俘虏三员辽将，获取物资无数。

耶律休哥说对了，用小小的诱饵获取更大的利益。

因为心怀警惕，所以耶律休哥的部队走得慢，退得快，一点也没有损失，比较从容地回到了驻地。

在此后的几年里，辽军时不时也来骚扰一下大宋，双方各有胜败。辽军被杨业教训了一次，瓦桥关之战又让耶律休哥出尽了风头。

那几年盘旋在赵光义心头的，是如何把幽州城拿下来，洗尽从前的耻辱。他的心思被群臣看在眼里，急在心头，都不知道如何去应付这个好大喜功的皇帝。

太平兴国七年（982），太宗给渤海国和高丽都发了诏书，要大家配合他，一起教训辽朝，不料这两个小国却不给面子，始终不表态。

这时臣子才敢说话，摆事实讲道理，深入浅出地给太宗讲述好勇斗狠的害处，希望他做一个和平使者。进言者中，表现突出的有翰林学士李昉，左拾遗、直史馆张齐贤，还有因为得罪了宰相卢多逊，惨遭贬官的田锡。

大家的苦口婆心，再加上高梁河的阴影，以及一些宫廷内部事务，最终使太宗放弃了动武的念头，国家暂时得以安宁。

这件宫廷内部事务很紧急，很棘手，比打辽朝重要多了。

第十章

从“三驾马车”到同床异梦

赵普既然和太祖一同布衣起家，得了天下后，不久当了宰相，就毫不客气，完全把天下当成自己的事，就连《宋史》也评价道：“普性深沉有岸谷，虽多忌克，而能以天下事为己任。”

这里说的“三驾马车”，就是宋太祖、宋太宗和赵普。在赵匡胤四方征讨的过程中，三个人配合十分默契，可谓铁三角，关系相当密切。

很久之前，赵匡胤追随周世宗攻打寿州城，他的父亲赵弘殷在滁州病倒。赵普得知消息，即刻赶去服侍伺候，亲自煎药煨汤，亲生儿子一样整夜守候身旁。这份感情令赵家感恩不尽，将他视为自己人。

杜太后在世的时候，每当光义外出，总要他和赵普一起同行方可。杜太后也曾亲口告诉赵普：“赵书记且为尽心，吾儿[①]未更事也。”

未发达时，三人在喧嚣的大街上遇到陈抟，一起相拥进入酒肆……

在那个风雪交加的夜晚，三个人围坐火炉，吃着赵普夫人精心烹制的烤肉，定下帝国统一的宏伟蓝图——先南后北。

可如今，这一切都成了过往。太祖长眠地下，赵普凄凉罢相，只有太宗面色阴郁坐在龙椅之上。他还是当初那个拦在太祖马前，请求不要滥杀无辜的少年吗？

没有人知道。

开宝六年（973）八月，和太祖同生共死，一起从平民走向富贵的宰相赵普，被免去宰相职务，出外担任河阳三城节度使。这一年他

① 指宋太祖。

五十二岁，已经到了圣人所说的“知天命”之年。

对于自己被罢免的原因，他大概也心知肚明：“外面一些不明事理的人，都说我随便议论皇弟开封府尹光义，光义忠孝全德，人所共知，和皇帝怎么会有矛盾呢……”

这是出发之前，赵普给太祖上的一道奏章，数百年以后读及，依然感到有一股不平之气，在纸间宛转流动。

他不提吴越国钱俶贿赂金瓜子的事。

他不提秦州一带私自贩卖木材的事。

他也不提自己包庇手下，被雷有邻告发的事。他知道这些都不是真正的原因，有些话是不能说得太明白的。

作为帝国开创者之一，赵普的罢免在历史文献中，却被模糊化、简单化，说是皇帝考虑到赵普太劳累了，决定让他卸下肩头的担子休息片刻。

显然，这只是托词。真正的原因，是因为有人在太祖耳边吹风，说赵普过于“专权”。这个人就是卢多逊。

既然有能力和赵普这样的开国元勋过招，卢多逊也不是一般人，而大人物在民间野史里，总是有一些神奇的传说。据说卢多逊小时候在云阳观学习，看到废旧的供案上有一个古签筒，小孩子总是好动，大家轮流抽签。那时候他识字不多，抽到一签后，拿回去给父亲看。

签上写的是：“身出政书堂，须因天水白，登仙五十二，终为蓬海客。”果然五十二岁的时候，卢多逊被贬到朱崖去了。

作为一名政客，卢多逊不会无缘无故攻击自己的领导。他很注意观察领导，从一些细微的地方，发现太祖对赵普有些不爽了，这才开始吹风。

作为从五代乱世过来的人，赵普的政治权谋，应该说要远远逊于他的后继者。五代乱世的官员，就好像是“职业经理人”，谁家得了天下就给谁家干活。正因为如此，他们这些人并不是很善于和领导处关系。比如说“长乐老”冯道，连着换了五个东家，之所以能够屹立不倒，并不仅仅是依靠阿谀奉承吹牛拍马。冯道的能力不错，人品很好，这些都是他左右逢源的基础。

赵普既然和太祖一同布衣起家，得了天下后，不久当了宰相，就毫不客气，完全把天下当成自己的事，就连《宋史》也评价道：“普性深沉有岸谷，虽多忌克，而能以天下事为己任。”

《宋史》还说，太祖和赵普的关系，是“始终一心，休戚同体，贵为国卿，亲若家相”。同时感叹道：“若宋太祖之于赵普，可谓难矣！”

赵普是一心一意为国家、为赵宋王朝服务的，这一点没人可以否认。

问题在于，赵普在忘我工作的同时，忘记了自己的身份，据说赵普在书房里搞了一个特殊的道具——大瓦罐。每天在书房里批阅四方所上的表疏，每当看到不合自己意思的，干脆连批都不批，直接扔进大瓦罐里。这样用不了太久，瓦罐就被填满了，然后赵普点起火把，将里面的东西付之一炬。这就保证了凡是宰相不满意的建议，皇帝根本就见不到，更不用说付诸实施了。

太祖还听说，每当群臣要进殿奏事，赵普必然迎上去，先审查一下奏折，如果没有“诋斥时政”的，才允许进去。

尽管风言风语不断传进太祖的耳朵里，但他知道赵普对自己的意义，所以忍了。

开宝元年（968）的某一天，判大理寺雷德骧气呼呼冲进讲武殿，大呼小叫说有话要讲。他控告赵普强买他人住宅，聚敛巨额钱财。这个时候，帝国创业三人组的“三驾马车”已经度过了蜜月期，开始有了少许的嫌隙。

饶是如此，太祖和赵普的深厚感情也还在。他听到有人告发自己的老搭档，忍不住勃然大怒，一边怒吼道：“鼎铛都有耳朵，难道你没有？不知道赵普是我的社稷之臣吗？”话音未落，风声已起，他那把著名的玉斧闪电般撞击上雷德骧的上颌，两颗大牙叮当落地。

这还不解恨，喝令把雷德骧拖出去砍了！

不过片刻之后，太祖火气消了，就收回成命，以擅自出入不懂礼貌的罪名，从轻处罚。

这件事是比较典型的，它反映了太祖的微妙心态：一方面尽力维护赵普的威严；一方面却又不得不承认，赵普确实不拘小节，过于强横，已经引起了众人的不满。

不光臣子们有怨言，太祖自己也深有感触，因为倔强的赵普，也曾“管教”过自己。

某次退朝之后，太祖留下王仁瞻单独谈话。赵普心里就很不高兴，立刻上奏说：“王仁瞻是个奸邪小人，陛下您昨天留下他单独交流，他就诋毁我！”太祖看了之后哭笑不得。

的确，在太祖的心里，赵普确实是个睚眦必报的人。得了天下之后，赵普曾经劝过太祖“秋后算账”，把以前对他们不好的人挨个收拾一番。太祖笑着制止了他，说谁又有先见之明，知道将来何人可以出将入相、宰执天下？

赵普之所以敢于如此强横，一方面是因为他资格老；另一方面是他一心为公，并没有夹杂太多的私心。赵普曾经上奏，推荐某个人担任某个官职，太祖不允许。对用人来说，太祖有他的一套理论。他认为，贵族子弟只会饮酒作诗弹琵琶，根本不懂民间疾苦，这一类人因为“祖荫”当官后，只能掌管作坊仓库等，不可以做地方长官。所以太祖拒绝了赵普的建议，认为此人不胜任。赵普不服，第二天依然推荐此人，太祖依旧不允许。第三天，不屈不挠的赵普还是推荐此人。太祖终于怒了。

这一次天子之怒，没有流血千里，也没有打掉谁的大板牙。他扑上去抢过奏折，几下撕个粉碎，纸片扔了一地。

赵普也不辩解，默默地打扫卫生，将地上的碎纸屑清理干净，退了下去。

太祖在内心得意地想："这下知道天子的厉害了吧。我不许，就是不许！事情虽小，却关乎我的威严问题。"

赵匡胤想错了。

几天之后，愈战愈勇的赵普带来一份缝缝补补的奏折——他将那些碎片精心粘贴好，再次交给皇帝。赵匡胤觉得有点崩溃，恍惚中看到赵普变成了战神，以此厚厚的奏折为铠甲，杀气腾腾冲将过来。

如果是个暴君，赵普这一次绝对完蛋，所幸太祖不是。他看到赵普如此坚持，肯定是有自己的理由，头脑冷静下来，有所醒悟，终于答应了赵普的安排。

到这里，赵普这个人的形象基本上展现出来了：性格刚强，心胸稍显狭窄，但是敢作敢为，有大丈夫气概，以天下为己任。他的文化程度不高，而且北宋初年，文官制度和理学文化也不成熟，所以显得有些"粗野"，这个和后世"谨慎奉公，不逾礼法"的文臣形象大相径庭，不过倒也颇见真性情。

但是君臣之间，有些东西是不可逾越的，就算是亲人，也不可以无所顾忌。

比如说在唐朝之前，宰相作为百官之首，地位是相当高的，每次罢朝之后，留下来和皇帝商量事情，都要赐座赐茶，所谓"坐而论道”。如果在路上皇帝和宰相遇到了，按照规定，还要下来互相打个招呼。

这个规矩被太祖破坏了。据说有一次宰相[①]正在奏事，递过来一个折子，太祖说：“哦，最近我的眼神有点不好，你递近一点我看看。”宰相于是站起来走过去。这时，边上得到指示的内侍，立刻将椅子撤掉，从此宰相再也没有坐下来和皇帝慢慢说话的资格了，上下级关系得以明确。

不过按照《渑水燕谈录》的记载，是因为范质等人自认为乃是前朝宰相，怀有自卑心理，这才慢慢废止了赐茶的待遇。

总之，皇家的权威是不可冒犯的，赵普也不能例外。开宝四年（971），赵普又遭陷“诬告门”。

以前掌管三司的一个官员，怀疑赵普中伤他，所以去纳还朝廷的诰命，结果被勒令回家。这家伙很不服气，就埋伏在路边，等赵普骑马过来，忽然冲出来，拦住马匹破口大骂。

太祖听说这件不体面的事后，就召见此人，同时找来赵普，让他们当场争辩。这是太祖一贯的爱好，有问题当面讨论。当年曾有两名进士在殿前争论，都说自己当状元最合适，太祖说：“这个好办，你俩就在我面前打一架，看谁能把对方打趴下！”

于是两个新科进士就在皇帝面前开始“手搏”。这二人中，有一个叫赵昌言的，是个秃头，硬件条件上吃了亏，被对方把头上的幞头打掉了，对方被皇帝裁决为胜者。这就是历史上有名的“手搏状元”的来历。

赵普在和对方辩论中，被捏中了七寸。对方爆料说，赵普曾经私自

---

① 赵普之前的范质等人。

贩运秦州的木材牟利。太祖问赵普干过没有？赵普默默不语，也不做辩解。

太祖很生气，当即决定召集百官，宣布驱逐赵普出朝。做出最终决定之前，他征求了一下前任宰相王溥的意见。王溥私底下觉得，因为贩运木材这种小事把宰相赶出去，似乎有些不妥，就进言说：“这个人是因为怨恨，在诬陷朝廷大臣。”

赵匡胤恍然大悟，这个理由是不能罢免赵普的，因为和赵普一样贩运木材的官员不在少数。比如说枢密副使沈义伦，他也曾经贩运木材给自己的母亲修建佛寺，他给太祖报告后，太祖反而安慰他说：“没事，我知道你不是犯法的人！”

而且，对于赵普修建豪宅，太祖是十分支持的。当初河南承担着朝廷的木材进贡，有时候不能按时完成任务，上面查下来，底下回复说：“因为赵普在修房子，所以分了一些木头。”太祖知道后，即刻下旨：“等赵普修完房子，再上供木材。”

所以说，凭一时怒气要罢免赵普，是不行的，理由不充分，缺乏说服力。

不过这件事表明，太祖其实在等待机会，找借口处理赵普。之所以如此愤怒，是因为不久之前，各地缺少八百名州县官员，赵普由中书发下堂帖，督促各级完成填补。外面都传说：“堂帖发下去，几乎和诏敕没什么分别，甚至比诏敕还要管用。”

作为一个皇帝，他此刻内心的感受可想而知，一种恐怖的预感升起——自己被架空了！

后来赵光义登上皇位之后，对群臣训话，也用赵普来敲山震虎。他说：“前代的中书，总是狐假虎威，用自己的堂帖来指挥公事，在天下作威作福。”

可惜，沉浸在权力中的赵普还没有充分意识到危险。之所以说他没有“充分”意识到，是因为根据后人猜测，他也曾做了一些事情，来证明自己并没有篡权的可能。他所做的，就是历代先贤屡试不爽的“自污”。

自污，就是刻意使用各种手段，把自己的名声搞臭了，来消除统治者对自己的怀疑。历史上，秦代的大将王翦、汉代的萧何、唐代名臣郭子仪，都用过这一招。赵普也不例外，他贩运木材或者修建豪宅，极尽奢华之能事，也是为了让太祖看出来，他是个喜欢享受的人，没有什么野心。

其实在很早的时候，太祖就设置了参知政事，作为副宰相来分权，防止宰相集权过重。开宝五年（972）又增设了兵部侍郎刘熙古为参知政事。副宰相达到了三个人，这进一步分化了赵普的权力。

遗憾的是，赵普一边“自污”，一边却又犯事了。

开宝五年九月，宰相赵普的儿子娶了枢密使李崇矩的女儿。高官之间结为儿女亲家，也不是不可以。但这两个人身份太特殊了，一个是内政一把手，一个是军事一把手。更有甚者，拜见皇帝时，还在一个房间内休息。

谁知道他们在房间内，会嘀咕一些什么事情呢？

长此以往，朝廷还不成了他们一家的天下？为此太祖下令：“你们俩不要在一起休息了。”与此同时，李崇矩的门客郑申，大概是嗅出了一些风声，在太祖那里告发李崇矩受贿请托的事情，虽然后来有人证明郑申是在诬告，而且这不是什么大不了的事，太祖还是做出了判决。李崇矩被赶出朝廷，当节度使。诬告者郑申则得到赏赐，赐同进士出身，任为酸枣县主簿。

太祖的态度一目了然。

接下来，李崇矩再次被降职，而参知政事们的权力不断得到提升，他们可以提点三司好几个州，掌握了实权，可以和宰相一起升堂议事，甚至和宰相一起轮流掌管中书印。

然后卢多逊不断火上浇油，说赵普的坏话。在各种因素的交织作用下，太祖终于暗下决心。

开宝六年（973）六月的一件小事成为导火索。那个被打掉门牙的雷德骧，他的儿子雷有邻，控告赵普包庇纵容手下，太祖照例又是大怒。两个月后，太祖终于伸出黑手，以“均劳逸”这个温情脉脉的理由，将自己并肩作战多年的战友，赶出了中书堂，出镇河阳。

这件事如此告一段落，确实稍显凄凉。不过翻开中国的史书，你会发现，专权的臣子，往往少有好下场，以赵普的“粗野”和“不懂事”，遇到太祖这样的皇帝，已算是幸运。

其实赵匡胤又何尝不烦恼，赵普是个好同志，这一点他也清楚，此人最大的优点就是心怀天下。有一次太祖请大家开洋荤，正吃得不亦乐乎，忽然大雨骤降，太祖的脸色顿时沉了下来。大家也都不敢表态，气氛很尴尬。又是勇敢的赵普，不知道他当时喝了多少，反正他站起来了。

他上前跟太祖说：“下雨是好事啊，外面的老百姓正盼着呢。下点雨没关系，损失一些东西，沾湿几件衣服而已。外面的老百姓快活之际，我们饮酒作乐，与民同乐嘛。”

太祖也是明君，听闻此言果然大喜。

五代以来的皇帝，很多都是唐太宗的仰慕者。赵匡胤现在体会到唐太宗的难处了，魏徵虽然忠心，但这个臣子有时能把皇帝气得昏厥过去。但赵普的麻烦在于，他和皇帝的弟弟，关系不怎么美妙。

赵普和赵光义，一个是开国元勋，篡权行动的总指挥；一个是皇帝的亲弟弟，担任“准皇储”多年。两人之间的争斗非常激烈。

第一次交锋发生在乾德三年（965），赵普主动发难，并取得了胜利。

当初四川平定之后，参知政事吕余庆被派往成都。派往梓州的，是一个叫冯瓒的人，太祖很喜欢这个人，因为他“丰神俊爽，善谈论，有吏材”。

赵普对此不太开心。他不是嫉妒冯瓒长得帅，而是因为冯瓒和某些人走得比较近。刚好那会儿四川有人造反，赵普就建议让冯瓒去梓州，同时在他身边安插了一个眼线。这样看来，赵普是故意设个圈套让别人钻的。

冯瓒到梓州干得还不错，依靠勇敢和智慧，平定了一次骚乱事件。但不久之后，身边的定时炸弹终于爆炸了。他的家奴，也就是赵普安插的间谍，在太祖面前告了一状，说冯瓒等几个人有经济问题。

太祖把这几个人召来问话的同时，赵普先行一步，派人到潼关截获了他们的行李，在里面发现了大量宝物。其中有一条金带尤其珍贵，上面有封条，显示是要进献给刘嶅。

刘嶅何许人？

赵光义的参谋人员，开封府判官！

以刘嶅的资格是不能享用金带的，所以说，这个宝贝，实际上是送给开封府尹的。

赵普得理不饶人，坚持要把冯瓒处死。太祖本想放了他，赵普坚持不可，最后将冯瓒流放到登州沙门岛了事。

这一招叫“杀鸡给猴看”，而“猴子”就是还没有露脸的赵光义。

第二个回合在开宝四年（971）爆发，这一次出人命了。

刘嶅之后，姚恕接任了这个职位。有一次他去拜访赵普，赵普正在屋里忙着宴请客人，于是门卫就不给姚恕通报。姚恕一怒之下，气冲冲拂袖而去。

赵普听说此事之后，意识到了问题的严重性，批评门卫的政治敏锐性不够。于是赵普亲自出面，找姚恕解释这个事情。姚恕却不领情，他自认是赵光义的红人，不把任何人放在眼里，根本不理会当朝宰相。

赵普是出了名的睚眦必报，这个梁子算是结下了。

开宝三年（970），太祖要派杜审肇去澶州当知府。因为杜审肇没有地方工作经验，所以需要一位精明强干的副手。赵普笑嘻嘻说："姚恕不错！"赵光义听说这个消息后，大惊失色，上一个刘嶅就是这样被干掉的，难道历史又会重演？忙去找哥哥要留下姚恕，太祖不同意。

也许，太祖也有削夺弟弟羽翼的想法，当时赵光义的势力已经不容小觑。

于是，姚恕被任命为澶州通判。开宝四年黄河决堤，洪水拐向东边，淹没了不少农田。在农业社会这可是一件大事。为此，太祖怪罪当地官员没有及时上报，找来找去，通判姚恕成了冤大头。

判决结果，姚恕"弃市"，也就是"砍头"。姚恕被杀之后，尸体还被抛进黄河，他的家人好多天后在河里发现尸体，才知道他已经去世了。

在这段时间内，赵光义总体上是采取守势，也没有主动向赵普发起攻击。不过，由于赵普自己的粗疏大意，引起了太祖的不满，最终招致罢免。赵普前脚离开中书堂，一个月后，光义就被封为晋王，不久后又明确规定，晋王的地位在宰相之上，真正的一人之下、万人之上。

赵光义登基后，有一次忽然抚摸着龙椅说："如果赵普还在中书，我就得不到这个位子了！"这话应该没有冤枉赵普。而且据一些笔记小说记载，赵普给太祖上过秘密奏折，坚决反对将皇位传给光义。

光义也曾恶狠狠对赵普说：“当初，我差一点就杀了你！”赵普死后，他还给群臣说：“你们都知道，赵普当初对不起我！”

既然是“三驾马车”，那么赵氏兄弟之间的关系，就不能回避。虽然这一部分在赵光义的操作下，扑朔迷离，难辨真假，但是根据现有的史料记载，还是可以看出一点端倪。

从年龄上讲，太祖比光义要大十三岁，所以他对光义的感情，含有父爱的成分。他一直担负着光义的教育者角色，这也就可以理解，为何在确立皇储的问题上，他一直摇摆不定。

比如说，太祖生活节俭，总是穿着旧的衣服。光义提醒他说：“作为九五之尊，你也应该注意一下形象，穿着不要这么草率。”太祖严肃地教育他，大致意思是革命成功，也要保持艰苦朴素的作风，不要忘了曾经在夹马营的困苦生活云云。

无独有偶，某次太祖看到公主衣服上有羽毛修饰，就提醒她说要注意节俭，公主辩驳说：“就几根羽毛没什么大不了的。”太祖分析说：“这个确实没什么大不了，但宫廷一直是时尚潮流的引导者，我是害怕民间的人向你学习，以奢华为荣，劳民伤财。”

可见在太祖心目中，光义首先是一个弟弟，然后才是可以辅佐自己军国大事，畅谈朝廷机密的股肱之臣。

赵普被赶出中书之后，光义封为晋王，太祖经常到他的府邸去叙旧，感情非常融洽。他听说光义得了重病突然不省人事，就急急赶过来，亲自用艾草给弟弟烧灼。艾草烫在身上十分疼痛，太祖十分不忍，就用艾草同时烧灼自己，为弟弟分担疼痛。

在宫中举行宴会，光义多喝了几杯，醉倒在地不能骑马。太祖就亲自搀扶着他，送到宫殿门口的台阶上，而且赏赐晋王手下的高琼，叫他尽心尽力去辅佐晋王。

晋王府邸因为地势高，水流很难达到，太祖就立刻命令工匠制作了一个大水轮，激扬金水河水，以供晋王府内使用。这项工程还是太祖亲自监工完成的。

这些生活小事足以表明，兄弟两人的感情是相当不错的，但也并非尽善尽美。主要的原因在于，赵光义担任开封府尹期间，大量搜罗人才结交臣子，已经超出了他的职权范围，不得不令太祖多防备几分。

开宝五年（972）发生了一件事，展示了赵光义的政治势力。

这一年夏天，掌管全国后勤的三司官楚昭辅，忽然急急上奏太祖说："粮仓告急，里面的粮食只能维持到明年二月份，请求从军队调拨人手，协助江淮的漕运！"

粮食是京城的命脉，断了还了得？

楚昭辅一路小跑进殿，气喘吁吁站在太祖面前接收批评。太祖很生气，指着他说："国家粮仓如果没有九个月以上的余粮，就是严重的不足。你不是智商很高、脑子很灵活吗？现在让军人去搞漕运，就是你的好主意？我告诉你，赶快把这件事了结了，否则我治你办事不力之罪！"

楚昭辅一宿没睡，终于想起了一位大人物，他肯定可以解决自己的问题。第二天，楚昭辅就登门拜访赵光义，希望他能找皇帝说说情。赵光义沉思片刻，拍拍楚昭辅的肩膀说："好，你回去吧，我想办法！"

赵光义回去问手下的陈从信有什么高招，陈从信侃侃而谈，根据自己在楚地、泗水的游历，一针见血地指出漕运的弊端，然后提出相应的应对措施。赵光义听后觉得十分有道理，立刻进去替楚昭辅说情，同时将陈从信的意见报告给太祖。

随后太祖下诏按照陈从信的策略办事，果然解决了问题。就这样，令朝廷官员束手无策的难题，被开封府尹的幕僚轻松解决了。赵光义善于吸引和使用人才，在此可见一斑。

到了开宝九年（976），太祖巡幸西京洛阳，这一次他没有让光义留守，而是要求他随行。到洛阳之后，太祖提出了迁都的想法，想要定都洛阳。手下的人进谏说，东京开封有汴渠的漕运可以依赖，如果迁到西京，几十万士兵的给养怎么办？

太祖说：“开封处于四战之地，没有天险依靠，迁都西京洛阳，也只不过是权宜之计，今后还是要定都长安，遵循周、汉的旧例，占据山河险要之地，安定天下。”这时，身边的晋王光义淡淡地说了一句话：“有德不在于险！”

赵光义这句话说得太违心、太迂腐了，究竟是否真心不好说。不过很显然，他也是强烈反对迁都的。

这一次不知道什么原因，太祖没有固执己见。史家怀疑，此时太祖迁都的真正目的，是为了让赵光义离开东京开封，他在那里的势力实在太庞大了，盘根错节，眼线遍布。可以说，此时太祖基本上没有能力动摇光义的地位了，无奈之下，只好想起了“迁都”这一招。

迁都未遂，太祖也只好叹息一声说：“晋王言之有理，不过，百年之后，天下的民力就要殆尽了！”

几个月后，太祖莫名其妙驾崩，太监王继恩果断选择提前通报晋王。历史在此处转了一个弯，这件事也从侧面证明了赵光义的政治势力，在朝野获得了共识。

现在我们回到太平兴国年间，继续研究“三驾马车”中剩下的两位，赵普和赵光义。他们之间，即将建立新型的合作关系。

太平兴国六年（981），对于被剥夺了实权的赵普而言，是一个名副其实的“多事之秋”。这些年在太宗眼里，他几乎成了一个透明人，有一些惯常的赏赐都到不了手里，手下的人也都不看好他，所以一个个都悄悄离开了。

但是，卢多逊的警惕性还是很高，始终将赵普视为头号大敌。

所以，赵普的亲朋好友都跟着遭殃了。

他的妹夫侯仁宝，以前是西京洛阳的长官，因为大舅哥是宰相，日子过得相当滋润。赵普被赶出去后，侯仁宝的好日子也就到了头，被卢多逊贬到岭南以外的邕州去。当时这里还没有开发，所以这次被贬和充军无异。侯仁宝到邕州后，一干就是九年，眼看着就要老死荒城，内心无比凄凉，每每遥望东京，都忍不住热泪盈眶。

侯仁宝几乎把脑子都想坏了，一直在寻找一个合适的机会回到京城去，恳求圣上给他换个岗位。

太平兴国五年（980），机会来了。当年七月，交州[①]的交趾郡王丁琏和他的父亲丁部领相继去世，暂时由他的弟弟代理静海军节度使的事务。

和所有的故事一样，老资格的人又跳出来了，将年轻的主帅幽禁，占山为王。

侯仁宝得到消息后，急忙挑灯夜战写了一封奏折，建议说："交州主帅被害，现在全国一片恐慌，我们乘虚而入，一定可以夺取。"实际他的想法是，进京见了皇上，借机哭诉一下这些年的江湖离乱，恳求调回京师。至于打仗，那是武将的事，他和交州又没有深仇大恨，打不打无所谓。

这时候，太宗正在为高梁河的失败沮丧，急于再立新功。侯仁宝的建议正中下怀，他暂时就忘记了烦人的赵普，要侯仁宝火速进京汇报工作。

卢多逊何其机敏，当即判断出了侯仁宝的小算盘，迅速发现对方的漏洞和软肋，就急忙进殿面见太宗。他冠冕堂皇地对太宗说："这确实

① 今越南河内一带。

是天大的好事啊！简直是天赐的好机会要他们灭亡。”肯定了侯仁宝，更主要是肯定了太宗的英明决策。

“但是，”卢多逊话锋一转，“目前，只能采取偷袭的策略，如果侯仁宝突然进京，你想他九年都没有挪窝了，忽然进京办事，肯定会引起对方的警觉！密谋外泄，交州提前做了准备，就不好办了！是故，侯仁宝不能回京，他应该就近打起枪杆子，拉起队伍开战，出其不意，攻其不备，才是上策！”

太宗不懂军事，被卢多逊忽悠得团团转，当即任命侯仁宝为交州水陆转运使，并部署了其他人马，浩浩荡荡出兵。

出兵这种事情是没法隐瞒的，交州的篡位者很快就得到消息了（可见卢多逊是在胡扯），急忙上表，恳求朝廷允许他继承节度使的职位。虽然偷袭不成，太宗还是自信满满，断然拒绝，坚持战斗。

侯仁宝现在没得选择，唯有硬着头皮上了。

一开始，侯仁宝取得了阶段性胜利，随后却因为孤军深入，被砍死在乱军之中。然后宋军因为水土不服，很多人患上了炎瘴，只好选择草草撤军。

交州篡位者趁机再次上表恳求，要当节度使，太宗唯有答应人家。

躲在暗处的赵普深知其中的内幕，他清楚一切都是卢多逊的安排，但他还是无可奈何。

这是黎明前的黑暗，春风前的严冬……

侯仁宝战死的那一年，还有一个人死了，就是太祖的另一个儿子赵德芳。那年他二十三岁，死因不明。

这不由令人产生种种联想，但是无法立案侦查，也就成了一笔糊涂账。

排在太宗身后的皇位继承者，就剩下廷美一个人了，太宗“锄草”

成瘾，又将阴郁的眼光瞄向自己的亲弟弟。

当然，在廷美死后，太宗为了掩饰自己的“残忍”，竟然给自己的父亲制造了一口黑锅——廷美和他不是同一个母亲，而是他父亲和别人生的。

这都是他心虚之下的欲盖弥彰。如果不是亲弟弟，为何一开始要任命他为开封府尹，并且封王，俨然有继承皇位的意思？

这年九月，赵光义的老部下带给他一个消息。这个消息令他“大吃一惊”，自己的弟弟廷美竟然骄傲放纵，计划要密谋篡权！

亲弟弟要造反了，怎么办？

其实，任何有脑子的人都看得出来是怎么回事，廷美有什么能力造反？在朝中没有盘根错节的势力，没有军队听从指挥，在军中也没有威望。

目标锁定，具体谁来实施呢？赵光义犯了难，处理潜在的皇位继承者，这件事非同小可，一般人干不了，必须找一个可以服众的权威人物。这个人亲手操刀，天下人就都相信这不是冤假错案。

皇帝当然不能亲自动手，环顾四周，缜密思考后，太宗想起了目前级别最高的元老人物——赵普！

赵普是新朝的缔造者之一，他说谁谋反，说谁对不起太祖，怀有阴谋，谁就一定是了。

听到太宗的召见，赵普急忙入宫朝见，太宗拉着他的手，十分亲切地说：“现在有人告发秦王廷美，说他要谋反了。此事事关重大，一般人处理不了，你是开国元勋，办事果断刚毅、周密稳妥，所以，我希望你来抓这件事！”

听了太宗的话，赵普已不再年轻的心脏，开始剧烈跳动。他知道，机会来了！对权力的渴望、罢免后的凄凉，以及卢多逊的百般凌辱，在内心反复交织，赵普终于做出了决定。

在罢相的岁月里，他一定经过了深入的反省，对权力这把双刃剑，有了更加深刻的认识。他现在首先要做的，就是挥舞着宝剑，先把自己的政敌干掉。

至于廷美，太宗既然开口了，自己不动手，也会有人动手，怪他自己生不逢时吧。

赵普应该也想起了太祖，想起了德昭和德芳之死，但他没得选择。

赵普告诉太宗：“我愿意接收任命，去查处这件案子。”

不同的政治需求令君臣二人一拍即合，以前的烦恼暂时放到一旁，开始进行当前这个项目。

出乎太宗意料，赵普不光承担下查处“叛逆”的任务，还给他带来了一个意外的惊喜。赵普在密奏中提到了一件事，当年昭宪杜太后薨殁之前，曾经把太祖和自己叫过去，口述了所谓“国赖长君”的理论，也就是确立了皇位传递次序，依次是太祖、太宗、廷美、德昭……

这次内部会议中，赵普是作为记录者出现的，所以后面有“臣普记”的字样。写好的顾命遗诏就藏在金匮之中，放在后宫某个隐秘的地方。

拿着赵普的密奏，赵光义长长地出了一口气。

这几年来，困扰他的最大问题是什么？是什么让他四面出击，狼狈收场？是什么让他丧心病狂，要接连陷害侄子和弟弟？就是继承权的合法性问题。如果有什么东西可以证明，他继承太祖的位子是顺理成章的，那就万事无忧了。

赵普当然知道赵光义的心病所在，所以连夜炮制了“金匮之盟”这剂猛药献上。陈桥兵变之后，赵普再次导演了自己人生中第二场大戏，凭借老政治家的敏锐嗅觉，再度进入权力的中心。

“隐秘之处”的金匮，当然顺利找到了，太宗将之告知众人，恨不得打广告让全国人民都知道：我当皇帝，并非太监王继恩一时兴起的结果，我是有法律依据的！

找到金匮之后，还要不要查处廷美？赵普知道太宗的意思，他就是想把位子传给自己的儿子，所以廷美这个冤大头就当定了。

太平兴国七年（982），金明池水心殿落成，太宗计划到池中泛舟游玩，又有人“告密”说廷美要作乱了。太宗吸一口凉气，装作很不忍的样子说：“他是我的弟弟啊，怎么会这样呢？”

于是“忍痛”下诏免去廷美开封府尹的职务，贬为西京洛阳留守，他的随从也都获罪，贬官或者流放。而那些告密的人，则得到了高升。

赵廷美被剥夺了开封府尹这个“准皇储”的位子，但是按照金匮之盟，他还是有继承皇位的可能性。太宗还是有点不放心，就找赵普商量说：“你看，既然我母亲有这个遗诏，是不是以后我还得把位子传给廷美？”

在炮制盟约的当初，赵普应该就想到了这个问题，所以从容不迫地回答太宗：“太祖当初已经错了[①]，您可不能一错再错！”

赵普这话说得十分艺术，看似憨直，实则机巧。表面上是在直言，太宗似乎不该当这个皇帝，但是肯定了太祖“传位”的事实，同时透露出一个强烈的信息——“陛下岂容再误”，皇位天生就是要传给儿子的，其他人绝对不可以！

这个答复令太宗眉开眼笑。

---

① 指“传位”给太宗。

第十一章 两个聪明人

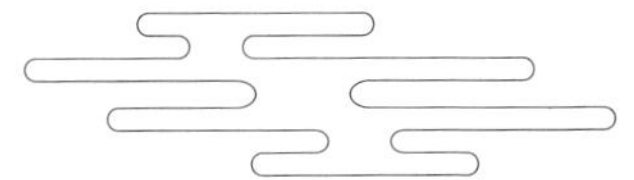

最后一句，将卢多逊悲伤的心情描写得淋漓尽致。他以为洛阳的花花草草，都在翘首企盼他的归来。当然，鬼魂作诗这种事是无稽之谈，这只不过是老百姓对卢多逊心情的猜测而已，也从侧面反映了卢多逊当时是多么渴望回到权力中心去。

在办理“公事”的同时，赵普顺便夹带了一点私事，顺藤摸瓜搜寻廷美同党的时候，揪出来一个老熟人——卢多逊。其实对于大权在握的赵普而言，卢多逊这次肯定跑不掉，不管他和廷美关系如何，结果只有一个。

也真是倒霉，廷美和卢多逊关系还真的比较密切，赵普也就免得再去造假了。

因为害怕自己职位甚至性命不保，廷美曾经尽力结交朝中有权势的官员，卢多逊便是其中之一。甚至有人招认说，卢多逊曾经派人去见廷美，跟他说：“但愿宫车晏驾[①]，臣愿全力侍奉大王。”

根据笔记记载，这件事发生之前，忽然有一晚风雨大作、电闪雷鸣，卢多逊家祖坟前面的松槚等树木，一夜之间被劈得一干二净，全都成了木炭。这被看作是他要遭贬的征兆。

朝廷商议讨论如何处置卢多逊，以周世宗时候的老臣王溥为首，有七十四人联名上书，要求斩掉卢多逊和廷美。对廷美，他们是顺从太宗的意思，因为谋反不是一般的罪，必死无疑。而对于卢多逊，大家则是发自内心的讨厌。

① 即皇帝蹬腿死掉。

以太祖的雄才和太宗的精明，竟然让这个奸臣逐步攀升高位，一手遮天这么长时间，可见识人之难，难于征战天下。

为了表明自己的宽宏，太宗最后将廷美赶到洛阳，而赦免卢多逊死罪，将其流放。

将这个奸臣流放到哪里比较解恨呢？赵普摊开地图研究半天，还是没有拿定主意。最后，他指着地图边上十分偏僻的一角，问道："崖州，怎么样？"

在他身边的开封知府李符摇头说："不好！"

赵普说："莫非你不知道现在是我掌权，还想替卢多逊翻案，你觉得朱崖这个地方太残酷了？"

李符继续摇头说："不是太残酷，而是太仁慈了。崖州这个地方虽然偏僻，但是水土不错，卢多逊到那里，还可以过得很舒服，养得白白胖胖的。而春州，虽然在内地，但是自然条件极其恶劣，到那里有去无回，不如让卢多逊去春州吧。"

据说赵普也同意了，但不知为何，最后卢多逊还是到崖州去了。

按照现在的标准，卢多逊属于有才无德的那一类人，历来利字当先，根本没什么做人的原则，但他的脑子确实相当好，还喜欢开一些诙谐的玩笑，属于"聪明人"。

卢多逊做参知政事的时候，有同僚叫贾黄中。那时候多闹蝗虫，卢多逊就给贾黄中说："我听说某些地方有假蝗虫（贾黄中）？"贾黄中反应也甚是机敏，随即答道："也没听说损坏庄稼，只是芦多损（卢多逊）耳！"

现在卢多逊没有心情"诙谐"了。他一路沮丧去崖州，在路上遇到了不少事情，半真半假，在此一并列出来。

首先是偶遇一位老太太。令卢多逊讶然的是，穷乡僻壤，老太太居然会说官话，而且颇能讲一些京城旧事。卢多逊问她从哪里来，老太太说：“我们本来是中原的官宦人家，儿子在京城当官，因为不愿意迎合奸相卢多逊做坏事，就被贬到了此处。”

老人喘息片刻，继续说：“不到一年，我们骨肉零落殆尽，就剩下我老婆子一个。我天天在这里守候着，那个奸贼卢多逊作恶多端，嫉贤妒能、专横跋扈，迟早有一天也会被贬到这里的，我要看着他落到如此下场！”

老太太这番话颇具豪气，饱含恨意。当然，老人家不知道，对面这个家伙就是臭名昭著的卢多逊。

卢多逊不敢自报家门，也没脸吃老人家的饭，低头灰溜溜继续赶路。

等过了琼州，进入万安州内，夜间在山馆留宿。那一晚雨霁月明，天地之间焕然一新，犹如琉璃世界。卢多逊心情不好，在月下徘徊良久，感叹自己的人生际遇，等夜阑人静了，方才回去睡觉。

忽然迷迷糊糊似在梦中，听到有人敲门，一个幽幽的声音从门缝溜进来说：“知道相国你来了，特来拜会。”卢多逊警觉地起身问道：“你是何人？”对方答道：“唐时宰相，李德裕。”

卢多逊说：“算了吧，你我皆是戴罪之身，何况又不是同一时代人，有何面目相见？”

须臾之后，就听到月下有人朗吟长歌，词曲甚为悲婉，隐约听他唱的是：“万里孤魂归未得，春风肠断洛阳城……”

忽然之间惊醒，卢多逊当然知道李德裕何许人，又觉得那首歌实在不吉利，心情顿时更加郁闷了。

如果我们将卢多逊这一段时间的经历写出来，大概可以连缀成一个长篇灵异故事。他遇到了李德裕的鬼魂，还遇到了李煜。在后面，他自己的鬼魂还会被别人遇到，简直太匪夷所思。

为什么李德裕的出现会让卢多逊心情大坏呢？这里我们有必要稍费笔墨，介绍一下李德裕此人。

李德裕是唐文宗、武宗时候的宰相。在他短短数年的执政中，在外对付回纥，在内主张大力削藩，使进入暮年的唐王朝几乎起死回生，是相当杰出的政治家和文学家。不过，在长达四十年的“牛李党争”过程中，得罪了牛派铁杆人物。

唐宣宗即位之后重用牛党，李德裕接连遭贬，先是潮州，然后是崖州。这应该就是李德裕的鬼魂来找卢多逊的原因了，大家都是宰相，都被贬到了崖州，可谓同病相怜。

毫无疑问，李德裕是杰出人物，各方面的素质都过硬，甚至被李商隐激赞为“万古良相”。李德裕有一首诗这样写道：

内官传诏问戎机，载笔金銮夜始归。
万户千门皆寂寂，月中清露点朝衣。

这首小诗，应该是他公职生活的一个写照：内官传诏要我进殿，皇帝要询问前方的军事状况，在金銮殿里写完决策，已经是深夜了。我走在长安大街上，周遭寂寂无声，家家户户都紧闭大门，在安睡之中。深秋的季节，这个时辰开始下露了，点点露珠在月光下，沾在我的官服上。

这首诗看似平淡，细细品来，却有一种非凡的胸襟和气魄。

皇帝亲自召见，在金銮殿里决策，除了中流砥柱国之栋梁，还有谁有这个资格？深夜归来，看到千门万户安然入睡，一种保护民生、安定天下的抱负在内心油然而生。与此同时，又看到了朝服上的晶莹露珠，全诗的境界顿时全部显现——辛苦而安宁，劳顿而优美，一个为国分忧的宰辅大臣形象，呼之欲出。

这样一个优秀前辈的鬼魂，深夜造访，居然遭到卢多逊的拒绝。真正的原因在于，李德裕被贬到崖州之后，终生都没能回到中原去。这是卢多逊最为忌讳的一点，所以他唯恐避之不及。

不管如何，事实是，卢多逊确实终生都没能回去。

另一则灵异故事，则显示了他的不甘心和凄凉。

话说卢多逊在崖州默默去世后……

从前有个道观，叫天庆观，观里有个道士，叫作练惟。某一晚，夜深人静万籁俱寂，这位道兄正在打坐，忽然听到窗外有朗朗读书声，当然他也不惊慌。耐心听了一会，最后断定，这似乎是卢多逊（鬼魂）的声音。

第二天清晨，道士果然在窗户边发现了一首诗。古人喜欢乱写乱画，特别是在别人的白墙上疯狂泼墨，很多传世名作，就是这样留下来的，比如苏轼的《题西林壁》、崔颢的《黄鹤楼》。卢多逊显然也有这个爱好，他在道士窗户边题的诗句是：

南斗微茫北斗明，喜闻窗下读书声。
孤魂千里不归去，辜负洛阳花满城。

最后一句，将卢多逊悲伤的心情描写得淋漓尽致。他以为洛阳的花花草草，都在翘首企盼他的归来。当然，鬼魂作诗这种事是无稽之谈，这只不过是老百姓对卢多逊心情的猜测而已，也从侧面反映了卢多逊当时是多么渴望回到权力中心去。

老对手卢多逊被赶得远远的，是赵普和赵光义当前的政治斗争目标。不过浸淫政治多年的赵普，深知“百足之虫死而不僵”的道理，要打就一棒子打死，否则对方反扑起来，是相当凶猛的。他自己就是个很好的例子，没被卢多逊整死，现在反过来，把卢多逊整得死去活来。所以赵普需要加大整治力度，以防止廷美日后死灰复燃。

在他的暗示下，那个想把卢多逊贬到春州去的李符，上书给太宗，揭发廷美没有在洛阳老老实实地改造思想，而是牢骚满腹，对政府很是不满。所以，建议朝廷将他流放到更远的地方，以防再生事端。

太宗当然同意，于是下诏，将一头雾水的廷美降为涪陵县公，安置在房州。廷美知道哥哥对自己不放心，所以始终小心翼翼，如履薄冰，在巨大的精神压力下，不久就卧床不起，于太平兴国九年英年早逝，那年他才三十八岁。

廷美死后，为了给自己洗脱恶名，太宗假惺惺哭了几声后，就开始给廷美头上戴黑帽子："我这个弟弟，从小就刚愎自用，长大后就愈发凶狠起来。毕竟是亲兄弟啊，我不忍心从重处罚他，暂时禁闭在房州，希望他可以闭门思过，没想到啊，现在，现在竟然病逝了……"

陷害廷美这件事，赵普心知肚明，内心还是很愧疚的，这从文人闲话笔记中可以看出来。《枫窗小牍》记载了一个事件，就是赵普晚年的时候，因为身体虚弱得了病，晚上总是做噩梦，中药解决不了问题了，就只好求助于宗教。

在道士"上章禳谢"之后，请赵普来写章旨，赵普拿起笔写道："情关母子，弟及自出于人谋；计协臣民，子贤难违乎天意。乃凭幽祟，遽逞强梁，瞰臣血气之衰，肆彼魇呵之厉……"很明显强词夺理，是在为自己辩护。

凑巧的是，这封章旨没有被烧干净，上天没有看到，但是它随风飘到了街上，于是全城人都知道，赵普是个忠臣，是皇帝的好帮手。

和这件事类似的，是《乐善录》和《玉壶清话》的记载。赵普久病不愈，派手下人带着自己的双鱼犀带，去上清太平宫醮谢，问问上天到底发生了什么事。道士作法后把神仙请来，问道："赵普乃是开国元勋，有什么冤仇业障不可避免？"又问道："冤者为谁？"

神用淡墨在巨牌上给出指示，但是牌子上浓烟笼罩看不清楚，只看到末尾一个"火"字而已。手下人回去如实禀报，赵普叹息一声，怅然道："我知道了，必然是秦王廷美！"

说完之后，赵普怔了半晌，喃喃道："当时他和卢多逊手下的赵白交往，事情败露之后惹下祸患，难道是我的过错吗？"

虽然嘴硬，但一看到"火"字就觉得是秦王廷美来寻仇，赵普终究心中有愧啊！

廷美二度被贬之后，还发生了一件事情。

为了防止李符泄露是自己的授意而上书，赵普也找了一个理由，说李符量刑不当，将他流放了。究竟流放到哪里？赵普再次拿起地图。他忽然想起当时李符对卢多逊的处置意见，于是毫不犹豫，将他放到春州去了。

如果不是当初心狠，大概李符也不会落得如此下场，所以他很纳闷，加上水土不服，一年后就抑郁而死了。

廷美被贬后，赵光义的计划已经完成，潜在的皇位继承者依次消失，终于可以名正言顺将位子传给自己的亲儿子了。他暂时松了一口气。

这时候，我们有必要再次提及历史界著名的"良弓走狗"定律。赵普的作用发挥完了，他帮助太宗铲除了障碍，又献出了对朝廷政局稳定具有极大意义的"金匮之盟"。现在，成了一个"闲人"。

"闲人"的毛病总是很多的。

太宗也不好意思直接让赵普退休，毕竟人家刚帮过大忙，不好马上翻脸。于是在一次群臣朝会上，太宗感叹说："赵普是国家的功臣，和我是布衣时候的故交，对我帮助很大。现在他年迈体衰，发白齿摇，我却还用繁忙的政事来烦劳他，这实在不是对待老功臣的礼节啊。"

“所以，我想找一个山青水秀的好地方，让他去享享清福，颐养天年。”太宗这才说出他的最终意图。

赵普知道，自己如果此番不就坡下驴体面退场，恐怕富贵难保性命堪忧。于是他很知趣地上表辞职，太宗假意挽留，他坚持要走。两人演了一会戏，太宗批准了赵普的请求。

赵普是在十一月走的。十二月，又一个“聪明人”跳了出来，这个人叫胡旦。

这年十二月，黄河水量变小之后，好不容易把澶州的决口堵上了，老百姓和朝廷暂时得以喘息。胡旦就借题发挥，将自然现象和政治变动结合起来（这是古代政客的惯用伎俩），给太宗上了一道奏折《河平颂》，从名字看得出来，他是来拍马屁投机取巧的。

他的本意是为了借机颂扬太宗的火眼金睛，令任何妖魔鬼怪都难以藏身，统统被赶了出去。

胡旦写道：“逆逊远投，奸普屏外。”就是说，逆贼卢多逊被流放远方，奸臣赵普被赶出朝堂，老大您真是英明啊，您麾下都是忠臣良将，了不起啊！

不料这次马屁拍到了马腿上。卢多逊也就罢了，赵普是皇帝亲自召回来，主持政事的元老，竟然被他说成奸臣，这不等于揭开了虚伪的面纱，说赵普入相乃是和皇帝赤裸裸的利益交换？

赵光义握着胡旦的心血之作，气得浑身颤抖。他就好似童话《皇帝的新装》里的裸体国王，而胡旦就是那个揭露真相的傻小子。他挥舞着奏折喋喋不休：“胡旦这个黑材料，简直是反动透顶！当初，我取他为甲科第一名进士，放到地方去做官，没什么建树，反而一直有人告状。后来适逢大赦，我爱才心切，把他调到身边来做史官，不料竟然如此恣意妄为，狂妄暴躁……”

太宗越说越生气，最后一拍桌子，将胡旦贬为殿中丞、商州团练副使，而且只能拿一半的工资。

读史到此处，一般也就忽略而过。毕竟在历史上，胡旦并不是耳熟能详的人物。不过，我们稍微留神研究，就发现这个人其实一点都不简单，颇值得一书。

首先从太宗的话里，我们不难看出，胡旦是“甲科进士第一名”，这是什么概念？

状元出身！

根据观察，胡旦的智力要比“聪明人”卢多逊更胜一筹。他也是一个“聪明人”。而且，他还有一点是无人能敌的，那就是贪财不要脸，不管对谁，只要有钱拿，绝对不会手软。

胡旦少年时候就以文采出名，因为天资好，所以他一直都“尚气凌物”，是个鼻孔朝天的年轻人。他不止一次得意扬扬地告诉街坊四邻：“参加考试考不上状元，当官做不上宰相，这辈子简直就是白活了！”而且还作了一联诗：

明年春色里，领取一行归。

第二年，胡旦果然“大魁天下”，考上了状元，令众人艳羡不已。关于胡旦这次考试，还有一则传闻，和大名人吕蒙正有关。吕蒙正没有考上状元之前，在某县游历，胡旦的父亲刚好在那个县当官，胡旦势利眼爱嫉妒，所以对吕蒙正十分不客气。

听说有人赞叹吕蒙正文笔好，胡旦就说：“念一首最好的给我听听。”听完之后，胡旦摇头说：“他这一句‘挑尽寒灯梦不成’，不过就是个瞌睡汉而已！”言辞十分不屑。第二年吕蒙正高中状元，让人给胡旦捎话说，去年的瞌睡汉考上状元了。

胡旦说：“待我明年第二人及第，输君一筹。”果然次榜也考上了，也是首选。之所以说是“第二人”，意思是太宗朝的第二次科举。

胡旦考上状元之后，人们也就期待着他的第二句话能够实现：当官做宰相。

宰相，百官之首，乃是古代读书人心目中的理想。士子们每当寒窗苦读，感到困倦乃至恶心之时，想起这个金光闪闪的目标，浑身就有了力气，就去捉萤火虫聚光，或者在墙上凿个小洞，又或者拿起锥子疯狂自虐。

但是能当宰相的人毕竟凤毛麟角，而且根据“风鉴”知识，宰相要具备的基本品格就是宽宏大量。我们常说“宰相肚里能撑船”，因为宰相的位子是连接皇帝和百官的纽带，如果宰相小肚鸡肠，群臣就和皇帝失去了联络与信任，朝廷就会乱作一团。

前朝宰相范质，曾经给出了一条选拔宰相的标准：人要是能够用鼻子吸进三升醇醋，就可以当宰相了。吸进三升醇醋有两个基本条件，第一是肺活量要大，也就是有巨大的气量；第二就是要耐酸，任何尖酸刻薄的话，都可以忍受。

正因为如此，我国古代的良相，很多都是敦稳厚重，甚至看起来有些木讷的，他们在人格和政治上高度成熟，可以驾轻就熟地化解各类危机。与之相反，轻佻浮华之人，要么当不了宰相，要么就是奸相权相。

因为性格和品质原因，胡旦没有当上宰相。关于这个人，我们需要注意的第一点是他聪敏的才华，第二点则是其卑鄙的人格——用通俗的话讲，这是“两头冒尖”的人物。

胡旦任知制诰的时候，主要的工作就是帮助皇帝起草诏书。这是一项十分严肃庄重的工作，他却经常借此开玩笑，嘲笑他人。比如说某次给一个巨珰[①]下诏，他写道：“以尔久淹禁署，克慎行藏。”乍一看没问题，细细琢磨“久淹（阉）禁署”却大有深意。

再有，给江仲甫下诰写道：“归马华山之阳，朕虽无愧，放牛桃林之野，汝实有功。”一个朝廷官员，为何有“放牛桃林”的说法？原来，江仲甫小名芒儿，在俗语中“芒儿”就是牧童的意思。还有范应辰做大理评事时，胡旦送给他一幅画，画上有一个布袋子，袋里装着一个乞丐，题头写着“袋里贫士”（大理评事）。

诙谐幽默不是错误，但倘若不分场合，就成了轻薄无状。而轻薄之风，在中国的传统说法中，是伤阴骘的，是要用福气和财富来换取的。做人宁愿迂腐迟钝，也强过锋芒毕露。

因为没有人给胡旦讲述这些道理，所以他至死都没有觉悟，不但喜欢取笑他人显摆自己，而且还尤其好臧否人物。

晚年退居襄阳，胡旦弄了一方大砚台，专门用来评注《春秋》，写完后在砚台上刻着“宋胡旦注春秋”的字句，然后将砚台埋掉。在家每听说有大臣名士去世，就立刻摊开纸笔要为此人写传，大有盖棺论定舍我其谁的架势。

某一天，忽然有人登门求教，这时候胡旦因为眼睛有病，所以在家闭门闲居，但是来人不得不接待，他们是史馆的工作人员。

年轻的工作人员向他请教说：“前辈，现在我们正在给某位高级干部写传记，但是这位领导年轻时候是个杀猪的。我们要是直接这样写，影响不太好。富贵之后，人人都想找个显赫的家庭背景。但如果不照实写，又违背了职业道德，那不成写虚构的小说了吗？难啊！”

胡旦用模糊的视力，将这些挠头叫苦的年轻人扫射了一遍，歪着嘴

① 有权势的太监。

巴笑道："这有什么难的？你这样写'某少尝操刀以割，示有宰天下之志'。谁也不敢说你瞎编，但谁也看不出他就是个杀猪的，而且显得很有气魄。"

史馆工作人员恍然大悟。

和他的卓越智力形成鲜明对比的，则是下流的人格。他把古代知识分子"好面子"这一点自尊，都抛弃得一干二净，甚至还不如贩夫走卒之流，什么伪装都不要，直接裸奔上场。

比如，朝廷为门卫和仪仗制作了精美华丽的制服，用的都是上好的料子。胡旦要求，下班后大家必须把制服都脱下来，存到他家里。晚上，胡旦就用次品料子做成的制服来替换，然后将好料子卖掉。

这只是小偷小摸的行为，胡旦的本事不止于此，他还有大手笔。

人类历史上第一个千禧年的时候，中国人还不知道基督教耶稣，我们叫作真宗咸平三年。这一年，胡旦被任命为明州知州。他带着一家老小去赴任，船队路过维扬，刚好他的同年[①]董俨在维扬当知州，董俨看到当年的状元郎，十分开心，就请求他留下来，设宴招待。

胡旦知道这个董俨是个贪官，这几年估计捞了不少，所以吃到了一些珍馐美味。但吃着吃着，他的双眼开始放光——那些盛放美味的器具，竟然都是"上方贵器"，材料是金银水晶，而且颇有些年头，古色古香，断然价值不菲。

大家觥筹交错，喝得半醉之时，胡旦跟董俨说："我那船上有几个粗鄙的丫鬟，虽然咱俩是同级，但是我手下丫鬟们的容貌和衣服首饰，比你手下的丫鬟们的，差远了。人生际遇难得，过两天我在船上略备薄酒，年兄可否过来赏光？"

---

① 古时候没有同学，所以同一年考上的人，彼此之间关系都很密切。

胡旦接着说：“您这些餐具，都是上品珍器，我的媳妇小妾们真的没有见过，我是否可以带回去给她们炫耀一下？”

董俨立刻令下人将餐具洗刷干净，装到一个大箱子送到胡旦船上。

董俨没料到，第二天天微明，胡旦就令船家张帆乘风，一溜烟跑掉了，气得董俨在江边顿足捶胸。

胡旦跑得很快，没多少天就到了杭州，杭州知府薛映就问他说：“状元郎，有没有见到维扬的董同年？”胡旦面不改色说：“哦，见到了，董俨材器英迈，果然是个奇男子，不过，就是太贪了！”

借着酒劲，胡旦向薛映张嘴了。他说话文绉绉的：“年兄能不能借我两千缗？等公事一了，我就建一个鉴湖别墅，向朝廷申请病退，放舟垂钓于越溪，再也不争这个蝇头小利了！”

薛映是个好官，能干而廉洁，他哪有这么多钱。只好尴尬一笑，拿出“白金三百星”，请胡旦“聊为钓溪一醉”，打发了这个瘟神。

胡旦对中国文化的贡献，就是和他的朋友赵昌言、陈象舆、董俨，一起创造了“三更半夜”这个成语。这几个人天天在一起喝酒吟诗，每天都要搞到半夜方才罢休。

正是因为道德人品上存在致命缺陷，胡旦晚年名声不佳，活到八十多岁，死后因为子孙贫寒，连下葬的钱都没有，一直在义庄[①]停放了好多年。直到仁宗年间，朝廷觉得一个状元落到如此田地，实在是有辱斯文，才拨款把他下葬了。

---

① 存放客死他乡或者无钱下葬者尸首的地方。

第十二章 男人和女人的战斗

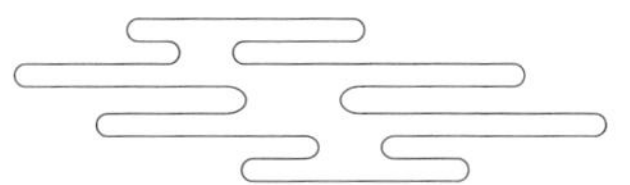

赵光义还是没有把持住自己。他忘记了高梁河的伤痛，摸着大腿想：“报仇雪恨的机会来了，我就不信，打不过一个成天闹绯闻的女人。”

赵光义遇到了麻烦。

本来在公元 984 年改元雍熙之后，一切都显得十分美好。

首先，是泰山有一千多名父老乡亲进京，要求皇上去泰山“封禅”。太宗当然很高兴，他本来对这些形式上的东西就十分喜好。不料在五月份，天雷忽然将两个大殿给击倒了，太宗觉得这不是一个好兆头，上天可能借此表示反对封禅，于是只好作罢。

十月份的时候，陈抟老祖进京了。太宗隆重款待他，会谈的气氛很和谐很融洽。

十二月份，赵光义册立李处耘的二女儿为皇后……

总之，一派太平胜景。

问题出在他自己的亲儿子身上。太宗的长子赵元佐，不光长得和他很像，而且聪明机警，很得太宗的欢心。元佐曾经跟随太宗讨伐太原、幽蓟等地，是皇位继承的第一人选。

当初太宗处心积虑干掉太祖的儿子和廷美，为的就是将位子传给自己的儿子，岂料元佐并不领这个情。廷美出事之后，整个朝廷的风向是一边倒，没有人敢出来说句公道话，最大胆的可能就是曹彬了，他曾设宴为廷美送行。

元佐知道叔叔是冤枉的，所以就勇敢地站出来辩解，太宗当然不听。当廷美在偏僻的异乡黯然去世之后，消息传到京城，元佐的精神受到极大的刺激，终于引发了癫狂之症。具体的表现就是，长时间不理会他的皇帝父亲，这在封建社会，特别是讲求礼仪传统的皇宫，是很严重的事情。

因为发病，元佐的脾气也越来越古怪暴躁、喜怒无常、残忍刻薄，手下的人一旦犯了过失，立刻拿起刀子杀他们。每当有仆役府吏从门前走过，元佐就会操起弓箭将他们当作活靶子。

关于元佐的病，常见的说法是，因为廷美遭到陷害，元佐接受不了皇权和亲情之间的残酷竞争，所以精神错乱难以自制。

苏东坡的弟弟苏辙却有不同见解。他在《龙川别志》里，一厢情愿地认为元佐根本没有癫狂，之所以假装，是因为不愿意当皇帝，他想要太宗把位子传给太祖的儿子。这个猜测没什么依据，笔者也猜测一下，实际上苏辙想表达的意思是，元佐知道太宗是通过不正当手段得到皇位的，应该给人家还回去。

而根据元佐的三弟元侃①的说法，他大哥癫狂是因为“为物所凭”。用老百姓的话说，就是被什么妖物给附体了。他的依据是，他曾经找到一个道人管归真登台给元佐祈祷驱邪。元佐成天幽闭在家，管归真刚一到达，左右还没有禀告，元佐忽然开口说：“管归真来了！”

在真宗心里，只有妖魔才有这样未卜先知的本事。

无论如何，元佐的病日甚一日。九月九日重阳节那一天，太宗在李昉家里设宴款待群臣，因为元佐有病，所以就没有邀请他参加。元佐勃然大怒，认为太宗抛弃了他，无论手下人如何劝说，都难以消除内心的恨意。

---

①　后来的真宗。

回到府里，元佐立刻命人准备筵席，自己一个人拿着酒壶一杯接一杯，喝得酩酊大醉之后，悄无声息地睡着了。伺候他的人都松了一口气，也都陆续退下休息了。

岂料内心羞愤交加的元佐根本就睡不着，他又起身找到火种，将能够点燃的东西全都点着，顷刻间火光映红了整个楚王府。刚睡下的侍从们被惊醒了，急忙组织灭火，从滚滚浓烟中将表情呆滞的元佐救了出来。

次日，太宗知道了元佐的所作所为，既愤怒又痛心，下诏废了元佐，幽禁在南宫。元佐也无所谓，依然是表情淡漠，谁也看不穿他的内心世界。

就在赵光义处理内部事务的同时，他的老对手辽朝，发生了一系列变化。

很久之前，前面说过的“睡王”耶律璟因为残暴无状，被手下的厨子和仆人杀死。侍中萧思温等人，迅速拥立辽景宗登基。实际上，事情也许并非如此简单，极有可能是萧思温等人策划杀死了耶律璟，找了几个下人做替罪羊。

因为萧思温拥立有功，所以上任之后的辽景宗为了报答他，就要求萧思温将小女儿萧燕燕嫁给他。这样的话，萧思温就升级为国丈。这是很高的荣誉，也是权势的保障，萧思温没理由不同意。

只是有一个小小的障碍，那就是萧燕燕早已许配给了韩匡嗣的儿子韩德让。史载韩德让“魁岸，美容仪”，是个不可多得的帅哥。虽然他和萧燕燕年龄差距较大，但这丝毫不影响萧燕燕对他的感情。因为韩德让出身汉人家庭，自幼熟读史书，气质高雅，温润如玉，和成天策马征战的辽人在气质上有明显的区别。

但是现在皇帝要横刀夺爱，韩德让也没有办法，只能拱手相让。

入宫不久，萧燕燕就被册立为皇后。这年她才十八岁，正是天真烂漫的年纪。一年后，她的父亲随着皇帝出去行猎，被政敌行刺，这件事使她迅速成熟起来，了解到了政治斗争的残酷性。她也意识到，要想活下去，就必须将自己的对手全部干掉。

一般来说，人们喜欢用“铁血红颜”来形容萧太后，还是比较准确的。

辽景宗身体不好，而萧燕燕又精明能干，所以很快她就代替皇帝，成为辽朝政治实际上的一把手。

太平兴国七年（982），酷爱打猎的辽景宗终于撑不住，在路上死掉了。在萧燕燕的安排下，韩德让和耶律斜轸接受遗诏，成为顾命大臣，十二岁的辽圣宗即位。这时候的萧太后已经是相当成熟的政治家了。她凭借自己的政治手腕，将整个国家治理得井井有条。

辽朝的变动被大宋的一些官员看到后，根据他们的历史常识，这属于典型的“后宫乱政”。萧太后不但架空小皇帝，而且任用自己的老情人韩德让。而韩德让的几个兄弟又不争气，胡作非为，搞得国内怨声载道，民不聊生。

按照孔夫子的理论，礼崩乐坏，朝纲不振，这是国家灭亡的前奏。所以，现在可以趁机收拾一下辽朝了。

持这个看法的，是大宋驻守三交的贺怀浦。他和自己的儿子贺令图联名上书，向宋太宗报告了这个好消息。

赵光义忘记了高梁河的伤痛，摸着大腿想：“报仇雪恨的机会来了，我就不信，打不过一个成天闹绯闻的女人。”

男人赵光义和女人萧燕燕的战争，就要开始了。

雍熙三年（986）正月，太宗派出三路大军，分别由曹彬、米信和田重进统领，直取燕京、雄州和飞狐。这三支队伍出发之后，太宗又考虑了一段时间，再次派出潘美和杨业，作为西路军攻取云州地区。

太宗的战略意图很明显，曹彬带领十万人大张旗鼓赶往燕京，目的就是将辽军的主要兵力吸引到幽州附近，然后由潘美、杨业乘虚攻取代州等地，切断辽朝和燕京的通信联络，再掉头南下形成合围之势。最后，四路军队在幽州集合，集中优势兵力将辽军赶到沙漠地带去。一旦获取了险要关隘，宋军就可以世世代代扼守此处，辽朝再也没有机会南下了。

因为是主动挑衅，准备相当充分，所以一开始各路军都进展较为顺利，攻取了一些州县。辽朝的南京留守耶律休哥见势不妙，也基本上猜出了宋军的战略意图是围攻燕京，所以赶快向萧太后求援。

作为曹彬的呼应部队，田重进率领的东路军偏师，在飞狐峪遭到了辽军的顽强抵抗。双方频繁出战，打得天昏地暗却难见分晓。无奈之下，宋军只好使出最后一招——虚张声势。专门拨出两千人列队打旗，同时还有两百人高高举着白旗，做出有援兵正在赶来的假象。

为了让辽军相信，大将荆嗣率五百人径直冲击辽营。辽军看到此人如此勇猛，就更加怀疑有援军赶来，正狐疑不定，准备撤军，田重进带领主力重兵发动进攻，辽人顿时溃败。

经过艰苦卓绝的战斗，各路军队的战略意图初步实现，田重进先是拿下飞狐城，随后又进行了蔚州争夺与保卫战[①]；潘美攻克朔州、应州、云州；而主将曹彬此时到了涿州。

都知道耶律休哥是个军事强人，但是现在敌众我寡，他也不敢随便出城迎战，遂采取了更加灵活的"麻雀战"。曹彬现在的软肋是，他需要等待其他几支部队到来，才能够发起总攻，现在不宜大规模作战，所

① 因为辽圣宗和萧太后御驾亲征，而且派出了名将耶律斜轸和萧挞览增援，所以这里战况极为激烈。

以耶律休哥相当于以逸待劳。

白天，耶律休哥集合精锐军队，做出随时准备战斗的样子，宋军不敢大意，立刻整队迎战，每次却都是“狼来了”。晚上，神经紧张了一天的宋军正要休息，城门悄悄打开，小股轻骑兵突然出来骚扰。同时耶律休哥还派出部队，埋伏在“林莽之间”，切断宋军的粮道。

曹彬部队在涿州待了十几天，因为粮道被干扰，所以给养跟不上，迫于无奈决定撤兵先回雄州，等待潘美他们集合再说。太宗在后方听到曹彬要撤军，心急火燎下诏，说哪有敌军在前而后退等待粮草的道理呢，叫他即刻沿着白沟河和米信接应。

“你部现在的任务就是，原地待命，虚张声势，继续吸引辽军的主力部队，等待潘美和田重进控制了山后，集合全部兵力攻击幽州城！”太宗这样结束了他气急败坏的诏令。

曹彬的部队开始撤退后，手下的将士们却又听说潘美、田重进他们节节胜利。觉得自己的这支部队作为主力，拥有十万余人，被敌人骚扰几次后，寸功未建，就十分窝囊地退兵了，心里实在是不服气，就一个劲喊叫着要立功。

曹彬是一个仁厚长者，他对部下从不苛刻。现在他几乎控制不住局面了，而且皇帝的诏令说得很明白，应该扼守涿州。考虑之后，曹彬决定顺从部下，而且对皇帝的指责做出补救——带上口粮再次向涿州进发。

这时候形势已经变了，辽圣宗已经驻扎到了涿州城外五十里的地方，听说曹彬带兵反扑，就命令耶律休哥带领轻骑兵再次骚扰。于是宋兵进餐又发生了问题，每当他们要埋锅造饭，就有辽军突然袭击，一天来来往往好多次，搞得三军疲惫不堪。

因为是劳师远来，曹彬只好命令部队结成方阵，极其缓慢地前进，每当休息的时候，只好挖出深深战壕，以防止敌军突然袭击，这一路走得十分艰难。

当时天气已经比较炎热，路上也少有井水和泉水，每当大家看到一池沼泽，就一窝蜂涌上去咕嘟咕嘟喝水。显然这个水是不卫生的，所以很多人开始拉肚子，战斗力降低了不少。一直走了好多天才到达涿州，得到消息的耶律休哥再度出击，曹彬仓皇应战，唯有一退再退，被耶律休哥贴着屁股追到岐沟关。

辽军锋芒正盛，所以不一会工夫宋军就败象显露。曹彬和米信带人跑到拒马河，在渡河时候，辽军忽然发动狙击。众军惶恐无助，因为急于逃命，人马互相践踏，死伤无数。曹彬趁乱再度出逃，刚想在沙河喘口气，饭做到一半，没完没了的耶律休哥又赶来了。

这一次更加惨烈，尸体堵住了沙河水，整个河水被染成了红色，宋军丢弃的盔甲和兵器堆积如山。整个沙河沿线回荡着惨绝人寰的叫声，有人被辽军杀死，有人在水里被淹死，也有人被流沙吞没。

潘美拿下应州和朔州之后，派遣这两州德高望重的老同志进京去见皇上，看到前方军队取得胜利，太宗自然很高兴，请老同志们吃饭，然后赏赐了不少东西。他尚未从美梦中回过神来，三天后曹彬在岐沟关溃败的消息传来。

因为曹彬这一路是主力，他的失利是战略性的，相当于这场战役基本宣告完败，所以太宗失态了——他手里的书跌落地上，自己都浑然不觉。他眼神空洞，喃喃自语道："曹彬，你坏了我的大事！"

整个朝堂陷入了肃静，气氛极其凝重，大家气都不敢喘，静静地等待着太宗的下一步指示。

似乎过了很久，太宗终于意识到，自己是这个帝国的主人，沉住气，一定要沉住气！

他调整呼吸后，开始下令，曹彬、米信迅速退兵还朝，田重进驻守定州，潘美负责迁徙诸州的吏民，将他们安置在河东和京西地区。

在此次失败之前，退居在家的赵普曾经给太宗上过一道奏折，请求在取得初步胜利，季节变换之际，应该退兵还朝，以免给百姓造成巨大的压力，也防止造成不可挽回的失败。赵普比喻说，动摇百万之师兴兵打仗，就好像用明珠去弹鸟雀，因为一只鼷鼠发动机关，属于得不偿失的事情。

“古人说‘兵久则变’，再过一段时间进入秋季，边境微寒，而辽朝弓劲马肥，我军则疲惫不堪，结果堪忧。”赵普这一次上书，绝对是为国为民，他虽然不会打仗，但是跟随太祖四处征战，对战争的一般规律最起码有直观的认识，这才提出建议。

赵普甚至诚恳地说：“自古以来就有以死劝谏君王的事情，老臣也不愿能因为爱惜自己的性命，而不向陛下进言。”

现在太宗找到理论依据了，他挥舞着赵普的奏折，将账都算到主帅头上去。不过，他内心也有苦说不出，因为计划出兵之前，为了提防这些文人破坏自己的大计，太宗只和主管军事的枢密院商议，曾经一天六次召见枢密院负责人，对此中书省的人却毫不知情。

太宗知道自己做得确实有点过了，就召见枢密使王显和副使张齐贤，带着检讨的口吻说：“你们看着吧，我从今以后，还做这样的事情与否！”

为了防止辽军主动寻衅，太宗起用被罢权很久的老将张永德、宋偓和刘廷让等人镇守沧州等地，想要依靠他们的名声和威望来震慑辽朝。

任何时候都不乏有眼色的“聪明人”。赵昌言瞅准时机给太宗上书，要求追查兵败的责任，将败军之将曹彬斩首，太宗看了他的折子，心里十分快意。赵昌言投机成功，被召拜为御史中丞。

曹彬等人回朝后，当然没有被斩首，只是受到了降级处分。

大家接到退兵诏令后，潘美、贺令图和耶律斜轸还有一战。因为毫无斗志，所以宋军且战且退，又被辽军把蔚州、寰州等地给夺了回去。

因为命令是叫他们迁徙四州吏民，所以副帅杨业建议潘美说：“现在耶律斜轸锋芒正盛，斗志十分旺盛，我们不宜与他正面交锋，朝廷的命令是叫我们迁徙民众，我们应该如此这般……”

杨业的建议很合理，宋军应该领兵出大石路，先和云、朔等州的守将沟通好，大军离开代州之日，云州就先行出兵，然后宋军驻扎应州，这时辽军必然会前来堵截。这样宋军就吸引了辽军的主力，这时再让朔州百姓出城，直入石碣谷，这里只需要一千多个弓箭手就完全守得住，这样的话，三州吏民可以安全撤离。

杨业的计划却被别人误解了，监军王侁是名门之后，他的父亲就是曾令太祖心惊胆寒的后周枢密使王朴。王侁火急火燎地说：“我们带领着数万精兵，却还要胆小如鼠逃跑，这是什么道理？应该走大路，而且要大张旗鼓地走。”

杨业急忙劝阻说：“不可，此必败之势也！”

王侁斜眼看看他，露出神秘的笑容，意味深长道：“君侯您从前不是号称‘杨无敌’吗？现在看到了敌人却畏缩不前，莫非，是有什么别的想法？”

杨业顿时脸红脖子粗，这戳到了他的痛处。

正如前面我们所了解到的，杨业乃是一员资深“降将”。同时，他蹿升得太快了，引起了同僚的嫉妒。为什么这样说呢？因为在上述的争辩中，这支部队的主将潘美，始终没有发话。

潘美久经沙场，应该很容易分辨出杨业和王侁谁对谁错，但是为什么他一声不吭，放任王侁羞辱杨业呢？而且最后杨业率兵出发涉险，潘美更用实际行动表明了自己的立场。所以，人心是很难捉摸的，但公道自在人心，《杨家将》对潘美泼脏水，并非文艺工作者的主观臆测。

这应该是我们看到的第三起，因为激愤而做出的错误决定。如果杨业多了解一点当时的八卦新闻，知道郭进死得多么不值，他就不会头脑发热了。

但是，他是忠肝义胆、热血沸腾的杨业。

他愤然道："我岂是贪生怕死之人，只不过现在时机并不恰当，白白令士兵伤亡没有任何价值！现在，既然你说我怕死不前，我就带兵先行一步，为大家做先锋！"

杨业虽然不识字，但他的人生经验不少。他知道通过错误的路径到达正确的地点，这个概率是微乎其微的。所以临行前，他还是想再争取一下，看看潘美的态度。

因为悲愤乃至于流泪，杨业哭着对潘美说："这次行动必然失败，我是北汉的降将，本来早应该死了，是主上仁慈，还授以兵权。现在我并非不想杀敌，而是等待机会，好为国家建功立业。既然诸君都指责我在避敌偷生，我当先死于敌！"

请注意，杨业说的是"诸君"，可见潘美最后还是表态了，站在了王侁一边。杨业的最后陈词还是没有打动潘美，他保持沉默，或者说他说话了，但是修史者为尊者讳，毕竟是宋初名将，干脆模糊处理，不表态。

杨业最后的希望破灭了，主帅不支持，只好出发。

临行之前，杨业指着地图上的陈家谷告诉潘美："你们在这里布下强弓硬弩，形成左右两翼的支援，一旦我转战于此，就可以两面狙击。不然，我死定了！"

这一点潘美倒是遵循了，在陈家谷口布下伏兵。

耶律斜轸听说杨业来了，"杨无敌"的名号如雷贯耳，也不敢大意，命令萧挞览设置埋伏，自己则出面迎战，打了一会就佯装失败，边打边退，将杨业引进了埋伏圈。

然后就是古典小说中很经典的“忽闻一声炮响，数万虎狼伏兵倾巢而出”，杨业就那几个人，根本无法抵挡十万大军。好在他早有心理准备，抱了必死之心前来，命两个儿子杨延昭、杨延玉断后，自己浴血奋战，引兵退向狼儿村。

焦躁不安的王侁带人在陈家谷从寅时等到巳时，等不到杨业回来。他等得不耐烦了，或许在心里酸溜溜想：“杨业这家伙果然厉害，难道他把辽人打退了，这可是大功一件……”

“我不能这样干等啊！”忽然灵光一闪，王侁决定带兵离开谷口，想着去打扫战场，然后分上一份功劳。

王侁虽然是监军，但无论资历还是地位，都不能和潘美相提并论，潘美不让他走，他是不敢走的。不过潘美也是凡人，杨业孤军驱敌，自己坐享其成，传出去不太好吧，所以他肯定也有心前往——争功！

他们沿着交河向西南前进，走了大概二十里地，听说杨业的军队被辽军打散了，王侁顿时心花怒放。

杨业从狼儿村出发，边走边战，从午时战到黄昏，果然退到了陈家谷口，那里却是空荡荡一片，连个鬼影子都没有！

我们可以想象一下杨业当时的心情，生死关头，被同事出卖。

他一咬牙，跟儿子说：“我被奸人陷害，今天一败至此，既然不能取胜，也不再求生了，不如回身再战，和辽军拼个鱼死网破！”于是他和杨延玉催马再战，杨延昭从小道杀出去。

杨延昭的任务有两个：一是找到潘美，看他是否会出兵增援；二是留下一个人可以证明，今日的败绩不是杨家将无能，而是有人刻意陷害。

杨家父子再次杀入敌阵，但见源源不断的辽军潮水般涌了过来。杨业奋力厮杀，身上被伤了数十处，战马也重伤不能动弹，被辽军所擒。他的儿子杨延玉也在乱军中战死。被擒之后，杨业拒不投降，只是感叹说："主上待我仁厚，指望着我可以讨贼捍边，谁知道为奸人所陷害，导致全军覆没，还有何面目存活于世！"

杨业本来就有伤，所以绝食三日之后，溘然长逝。

他的儿子杨延昭长途奔袭，到代州终于见到了潘美，但是潘美拒绝发兵，可能他觉得已经于事无补，或许又害怕被辽军击败。

所幸的是，他的儿子杨延昭留下了一条性命，可以将真相澄清，否则还不知道今天的历史会如何记载。杨业死后哀荣备至，甚至获得了敌人的尊崇，辽军专门为他修建了祠庙，表彰这种忠勇精神。

杨业给我们的启示良多，如何韬光养晦，以避免同僚的嫉妒？如何控制自己的情绪，避免做出冲动的决定？如何据理力争，大胆坚持自己的观点……

杨业的遭遇获得了后世文人的极大同情。他们写了很多诗篇，来纪念这个忠臣，顺便抒发一下自己怀才不遇的感慨，这些都为《杨家将》的出台奠定了舆论基础。从此民间就有了关于"杨家将"的各种故事，妇孺皆知。

这件事情的处理结果，潘美被连降三级，王侁除名，发配金州。

杨业去世之后，空下来的位子需要人填补。正当太宗四下寻求人才的时候，有人上书，主动要求去当代州知州。此人就是张齐贤，这时候他因为说了一些太宗不喜欢听的话，所以在朝中待着也不舒服，就主动要求到边疆去建功立业。

十一月的时候，萧燕燕发动反攻，在泰州吃了一点苦头。十二月发生了君子馆之战，宋将刘廷让[①]没有考虑到天气因素，带兵仓促出战，因为北地天寒地冻，朔风凛冽刺骨，士兵们冻得哆哆嗦嗦，弓弦根本就拉不开，而辽军对此类天气比较熟悉，所以君子馆之败，丝毫没有意外。

真正断绝了大宋君臣谋取幽燕之心的，是贺令图。最早是他们父子揭发萧燕燕绯闻，引发了太宗兴趣，挑起伐辽的事端，现在又是他的愚蠢表现，使得太宗神情落寞地收起万丈雄心，开始崇文抑武，帝国从此走向文治。

这一次，耶律休哥复制了不久之前宋军对付韩匡嗣的计谋。他派出间谍提前和雄州知州贺令图接触，跟他说耶律休哥在辽朝混得不得志，迟早归顺大宋，请贺令图提前在朝廷通融。

耶律休哥的这个计谋实在不怎么样，甚至很蹩脚。但是，计谋没有好坏之分，关键看对象，选对了人，任何一个破绽百出的计策都可能成功。耶律休哥算准了贺令图这个人。

当刘廷让在君子馆遭遇辽军，被打得遍地找牙之后，“谦虚”的耶律休哥并没有得意忘形，而是放出话来：“愿意得见雄州的贺使君！”好大喜功的贺令图听了，心里顿觉美滋滋的，真是千里之外遇故知。

贺令图一叶障目，只看到耶律休哥对自己的恭维，却始终没有考虑另一个问题。以耶律休哥在辽朝的地位，就算造反称王也不是什么难事，为什么要对他一个“轻而无谋”（当然他自己并不这样认为），地位不算十分显赫的知州低声下气呢？

于是，贺使君就骑着马，带着几十个人，前往耶律休哥营帐，去接手这样一件奇功伟业。等他到了，耶律休哥并没有出来迎接，而是坐在

① 原名刘光义。

行军床上呵斥道："贺令图，你平日里自命不凡，喜好经营规划边防军务，今日是来送死！"

辽军一拥而上，迅速解决了贺令图的随从，他则被辽军捆缚起来，自此没了消息。

太宗确实是不想再打仗了，经过这一段的折腾，国家的财富和兵马已经折腾得差不多了，他想金盆洗手。但是，这个游戏并不是你想退出就可以退出的。

萧燕燕不愿意。

张齐贤就是在这样的局面下到达代州的。

十二月下旬，辽军乘胜逼近代州。因为辽军士气很旺，而且双方实力悬殊，所以代州的守军只好坚壁清野，高挂免战牌。张齐贤既然有魄力请缨到边防部队，就是来建功立业的，所以他表现很主动，组织厢军两千人，慷慨誓师，出城迎敌。

这区区两千人犹如一把尖刀，从城里迅猛刺出，居然将辽军逼退了十几里地。

作为一介书生，张齐贤此举颇令人出乎意料。翻开他的履历，不难看出，他以前并没有边境作战的经历。在我们的印象中，书生罕有这样身体力行带兵打仗的。

我们只要稍加回顾他的人生经历，就不难看出，张齐贤其实代表的是一类新型的文臣。他们务实求真，人格独立，并没有后世大部分文官的油滑与怯懦，在潜规则如暗礁遍布的官场，是一道特立独行的风景。

这一类真性情、有担当的人物，还有寇准、张咏等人。

关于张齐贤的务实，我们可以举出若干例子来。当时，各州中的罪犯都要被押解到京城去，那时候山高路远，全凭一双腿来走，加上水土不服，囚犯的伙食也肯定不好，所以路上十有五六都死掉了。这一点，我们从八十万禁军教头林冲被发配去沧州的经历可以看出来。

关键的问题在于，死掉的这部分人，有的是冤枉的，有的是被胁迫的，有的是无关紧要的从犯，却都白白死掉了。

张齐贤曾经在路上遇到过这类人，就索要文书过来审查，发现很多都是从犯，甚至有的都是无辜的，根本没必要押到京城去。他立刻上书朝廷，请求凡是押解到京城去的犯人，必须让精明强干的官吏来审查，如果到京城发现不确实，就要追究审查官员的责任。

这一道奏折，免除了多少屈死的冤魂。

此外他还多次建议太宗清净安民，不要轻易兴兵，在妥善处理江南李氏军队问题上，也提出了很好的建议，显示了出色的政治能力。

后来在中书任职的时候，有两个皇家外戚，因为财产分配不公而告状，多次在太宗面前陈述争辩，十几次都判不下来，因为每次判决结果双方都不服气。

张齐贤认为，这个问题不是台府所能解决的，就建议皇上亲自来处理。他坐在相府召集原告和被告进来，先让他们陈述，然后问他们说："你们是不是都觉得，自己拿的比对方少？"双方一起点头。

张齐贤说："这个好办。"他先命人把文书写好，双方承认之后画押。随后命人到这两家宣布，既然觉得自己吃亏，那么现在甲全家迁徙到乙家去，乙则迁到甲家去，双方的财产都不许动，家里的文书则可以带走。

第二天向太宗上报结果，太宗十分欣喜地说："我就知道办理这个事情非你不可。"这件事是司马光先生记载的，应该是真的。处理这件事，张齐贤的个人能力撇开不说，单就他解决了太宗所未能解决的问题，实际上就犯了官场忌讳，显得自己比上级厉害。

这里插一句题外话，赵光义军事能力虽然平庸，但是有一个很显著的优点，就是对臣子的进谏很宽容，这一点他甚至超过了他的哥哥太祖。我们知道，赵匡胤被逼急了，会挥舞着玉石玩具到处打人。但是太宗不会，臣子说话再难听，他基本上都能忍受。

相传龙的下颌有一块逆鳞，要是被触痛了，龙就要发狂。赵光义的“逆鳞”就是他的皇权问题，除此之外，你怎么触摸他的龙鳞都没有问题。这其实也是宋代言官和台谏兴盛的原因之一，为文治打下了基础。

在讲述张齐贤的主要事迹之前，需要了解一下他在老百姓心目中的形象——体格肥硕、食量惊人、倜傥落拓、不拘小节。

当年还是个穷书生的时候，张齐贤就显示了他惊人的胆量和食量。有一伙强盗作案完毕，抢了一大堆财宝，他们聚在饭馆里豪饮狂呼，周围的老百姓吓得根本不敢接近，只有张齐贤独自登门，单刀赴会。

见到群盗之后，张齐贤作揖道：“一介穷书生，来这里只为吃一顿饱饭。”强盗很惊讶，根本没见过这么大胆的读书人，疑惑地问道：“秀才你甘愿自贬身价，不嫌弃我们粗鄙？”张齐贤笑着说：“强盗都是世上的英雄，岂是那些龌龊小儿可以做的？”

于是气氛立刻热烈起来，张齐贤用大杯灌满烈酒，徒手撕开大块猪肉，势如虎狼风卷残云。群盗看到这个书生如此豪放不羁，忍不住叹息说：“你完全是宰相气魄啊，他日要是真的当了宰相，可千万不要忘了我们。”

吃完饭，张齐贤满载而归，带了不少强盗的馈赠归去。

他后来果然当了宰相，也就有了一些神奇的传闻。据说他还没有发迹之前，去嵩岳旅游，累了之后在石头上入睡，梦见有人在前面驱赶羊群，并且说：“这个张相公乃是食料羊也！这只食料羊的食量果然相当惊人，喜欢吃肥猪肉，每顿都要吃好几斤。”

有一次参加宴会，为了验证张齐贤究竟能吃多少，厨吏在边上放了一个金漆大桶，张齐贤吃什么就往里面投什么，天黑的时候已经“酒浆浸渍，涨溢满桶”，众人无不惊愕。

陈传善于睡觉，张齐贤善于吃饭，这都没什么，可能比张齐贤饭量大的人大有人在。但是因为张齐贤是一个传奇人物，达到了一般人所不能及的高度，所以老百姓喜欢发掘出他身上不同常人之处，作为谈资在酒宴上消遣，回去后赶紧写在自己的笔记里，流传后世。

回到代州。

张齐贤带着两千人马取得胜利的同时，派人去联络潘美，要他发兵一起在代州会战，不料这个倒霉的信使在路上，被辽军给俘虏了，于是辽军知道，潘美即将来解代州之围。

没过多久，潘美的探子来了。他给张齐贤带来了一个坏消息，潘美本来确实想出兵代州，和张齐贤并肩作战，但是出了并州城四十里后，接到朝廷密诏，说刘廷让在君子馆被击败，并州军队不要出征了，在城里坚守。

“你们自己想办法吧！”潘美的使者最后说。

张齐贤当时的内心肯定和外面的天气一样无比冰凉。不过冰凉归冰凉，办法还是要想的。

他首先运用自己的逻辑推理能力进行了分析：“既然潘美接到了我的求援信，也就说明我的信使是返回途中被捉住的，辽军知道潘美要来。现在潘美的信使完好无损地站在我面前，也就说明辽军不知道潘美不来了。”

既然如此，张齐贤横下心，索性来个将计就计。

他把潘美的信使悄悄留下，安置在密室之内，以免走漏消息。如果大家知道潘美因故不来，极有可能引起部队的恐慌，作为一支战斗部队，恐慌比瘟疫更加可怕，一旦人心浮动，代州城真的就危如累卵了。

接下来他开始部署军队，首先派两百人趁着夜色悄悄出城，每人带着一面旗子，背着一捆干草，往西南——也就是并州城的方向去了。然后又派出两千人向北方，埋伏下来。

这一切安排妥当之后，张齐贤率领代州城的精兵，狂风呼啸一般杀出城去，直插辽军营帐。辽军仓促应战，本来就比较被动，正打的时候，忽然又看到西南方向火光闪烁，隐约有无数战旗在摇曳不定。

因为提前知道张齐贤送信的事，所以辽军的第一个反应就是，潘美来了！他们做出这样的判断还有一个依据，如果没有潘美，张齐贤大概也不会这样胆大。

出现恐慌之后，辽军开始自发撤退军队，特别是人数众多的军队，它溃散的危害比作战牺牲还要可怕。辽军一路跌跌撞撞向北跑去，到了土墱寨，又有伏兵突然出现，就更加魂不守舍，没有抵抗之力了。

最后杀敌数百，俘虏五百，俘获战马两千匹，辽朝的国舅也死在乱军中。

这一战宋军确实取得了胜利，正如后人张方平给神宗皇帝所指出的，宋军和辽作战大小八十一次，唯一一次完胜，就是张齐贤。但是从结果不难看出，这一仗仅仅伤了辽朝的皮毛，并没有起到扭转历史的作用。

后来给朝廷上报军功时候，张齐贤将功劳归于龟缩不前的代州副都署卢汉赟。不过后来太宗还是知道了实情，将卢汉赟降职处分。张齐贤则一战成名，此后节节高升。

第十三章 外练筋骨皮和内练一口气

从太宗的后期开始，我们可以看出来，一大批个性鲜明、才华出众的臣子依次进入政治核心。在我国历史上，人们总是将唐宋并称，其实在规模上，宋朝并不盛大，它之所以值得我们后人骄傲，依靠的就是这些前无古人的文臣集团。

雍熙北伐失败之后，赵光义不得不面对现实。他将自己军事强人的梦想收拾起来，开始纸上谈兵。雍熙四年（987），太宗召见潘美和田重进，拿出自己最新的著作给他们观赏。

太宗的作品就是《御制平戎万全阵图》，从名字就可以看出来，他希望这个阵图对战争中所有可能遇到的状况都可以应对自如。然而我们都知道，不管从唯物论还是辩证法，这都是不可能的。但是潘美等人没得选择，唯有点头说好。

赵光义此举只不过是个前奏。接下来，他像是完全换了一个人，再也不提继承先帝遗志荡平幽燕的事了，而是转变口径，歌颂和平。他经常语重心长地说："我每每读到'兵乃不祥之器，圣人不得已而用之'这句话，总是拿来劝诫自己。王者即便可以使用武力获取天下，终究要靠文德来治理天下。"

为了消除北伐失败的阴影，雍熙四年（987）冬，太宗下诏改元端拱，期待一个全新的开始。

这时候，瞄准风向的胡旦再度出手。他唆使一个阴险古怪的抄书匠翟颖，让此人改名马周，这个名字不由令人想起贞观时代的监察御史马周，好像"李鬼"和"李逵"的关系。这个假冒马周鼓起了勇气，去击鼓告状。

假马周所告之人，就是当时的宰相李昉。马周对太祖说：“作为百僚之长，李昉身居宰相之位，当北方边境有事的时候，他不为战事做准备，却只顾赋诗宴乐，实在是有点失职！”

这句话说到了太宗的心坎上。最近这段时间以来，他一直觉得有些孤单，这种孤单的感觉不仅仅来自皇帝“高处不胜寒”的政治地位，还有一个原因就是，北方的战事失利令他觉得有点心寒。北伐的时候，没有几个人尽心尽力献计献策，臣子们大都只揣摩自己的心思来上奏。

用现在的职场语言，这叫“没有主人翁意识”。

“无所作为”的李昉，确实让太宗皱起了眉头。

这时候太宗想起了两个人，一老一少，他觉得这两个人是值得托付的。一个就是赵普，另一个就是职场新贵、天子门生吕蒙正。想起赵普，一是因为陈王赵元僖的推荐，二是因为北伐战争期间，赵普专门上过一个《班师疏》的折子（这个折子在晚年为赵普带来了如日中天的声誉），规劝太宗回兵休战，这在当时实属忠言逆耳，如今就显得弥足珍贵。至于吕蒙正，他是太宗亲自提拔的，而且很有才干。

真是“人在家中坐，祸从天上来”，李昉莫名其妙就被参了一本，还丢掉了宰相的位子。

胡旦、马周之流为何要疯狂撕咬李昉呢？这就要从前面的“三更半夜”四人组说起了。胡旦第一次攻击赵普投机失败，被贬了出去，因为有才华，不久又被召了回来，担任知制诰。

当时四人中的赵昌言是工部侍郎。

胡旦揣摩太宗的意思，北伐失败被羞辱，肯定要迁怒于尸位素餐的臣子，宰相自然首当其冲。如果弹劾李昉令其退位，赵昌言就极有可能一步登天，从而为自己的小集团带来利益。

胡旦等人的算盘打得很好，却忽略了一个人，太宗的儿子陈王赵元僖。元僖时任开封府尹，潜在的皇位继承者。他在一定程度上，可以左右当时的政治气候。

元僖是元佐的弟弟，哥哥因为发疯被贬，元僖就俨然成为下一个皇储。但是元佐只要活着，太宗就有可能回心转意，因为他亲口说过元佐最像自己，是自己最钟爱的。

元僖觉得心里没底。他需要在朝中寻找大臣的帮助，于是选择了赵普。原因很简单，大家心里都清楚，赵普罗织罪名赶走了廷美，而元佐为了给廷美申冤而发疯。所以，赵普和元佐绝对不是一条战线上的人。

凡是敌人反对的，我们就要赞成。元僖极力向太宗建议，让赵普回来吧。

于是授赵普太保兼侍中，授吕蒙正同平章事。太宗此举还有一个意图，就是觉得吕蒙正太年轻了，骤然登上宰相的高位难免不适应，所以让赵普来带一带年轻人。

现在“三更半夜”组合打上门来，元僖觉得是个机会。因为这个组合曾经和元佐走得很近，而且胡旦还曾经在《河平颂》里骂过赵普，正好借此一网打尽。

赵普果然老辣，没过多长时间，就将这个假马周的画皮撕开，把他们小集团全部贬了出去，此事暂时告一段落。

由此可以看出，这样一个小小的政治事件背后，是多么错综复杂的关系纠结，这里面最无辜的，就是受害者李昉。

其实平心而论，李昉并非阴险狡诈，非假马周所说的那样不堪。李昉或许没有什么过人的才干，但他绝对不是奸相、权相。当时的历史条件下，李昉的存在是相当必要的，头脑发热的赵光义身边，需要一个冷静温和的宰相。

李昉最初以文采出名，颇得太祖赏识。有次在大明殿设宴，太祖看到李昉坐在卢多逊的下方，就问宰相这是怎么回事。宰相回答：“卢多逊是学士，而李昉只是直殿。”太祖二话不说，当即下令授予李昉学士之位，让他位于卢多逊之上。

可见此时，李昉给太祖的印象还是很好的。但是后来，他就不如卢多逊“懂事”了。卢多逊觉察到太祖对赵普有所不满，就屡屡进言说赵普坏话，想把赵普赶出去。太祖向李昉求证，其实就是希望得到李昉的支持，李昉却回答：“我的职责是掌管文书诏令，赵普所作所为，我实在是不知道！”委婉地投了弃权票。

没过多久赵普终于架不住政敌林立，还是黯然离开了相位，走出了中书堂。卢多逊得以升迁为副宰相。

那个时候，李昉和卢多逊的关系还是很不错的，有人告诉李昉说卢多逊在皇上面前中伤你，李昉不信。若干年后，太宗和李昉说起卢多逊，李昉还说了很多卢多逊的好话，太宗呵呵一笑，握着李昉的手说：“你这个人就是太实诚了，卢多逊在我面前说你是一文不值！你知道不？”

江南平定之后，有很多江南文人和李昉都有往来，其中最被他看重的就是张洎，最不看重的是张佖。等到李昉罢相，张洎见风使舵，多次写奏折攻击李昉，与此形成鲜明对比的是张佖，他反倒每逢初一、十五，必然去拜访李昉。

有人就很不解了，问张佖：“李昉当初对你不怎么样啊，你现在为何如此尊重他？”张佖说：“我担任廷尉的时候，正是李公执掌朝政，他从来没有用自己的权势在我这里走过后门，这就是我敬重他的原因！”

张佖的这番话给我们提供了几个信息：首先，肯定有很多人在他那里走后门，因为不走后门的人凤毛麟角，所以李昉才被记住，并获得了尊重。

其次，可以看出来，这个张佖还有点正义感，他和李昉算是惺惺相惜。那么为何当初李昉喜欢张洎而不待见张佖呢？原因很简单，张洎会说好话，善于拍马屁于无形。

这件事再次说明了识人之难。我们喜欢一个人，一般都会默认此人是个好人，这其实是个巨大的误区。与此相反，两个君子在一起未必能和谐相处，因为他们之间没有“察言观色”的润滑剂。也许这就是世界参差多态、奇妙无比的原因吧。

李昉不仅自己不托人走后门，也严禁别人从他这里走后门。他在中书堂任宰相，难免有很多读书人来拜见，希望在皇帝那里得到举荐，从而飞黄腾达。对于来者，李昉只有两种态度，要么严词拒绝，要么温言相劝好好招待。

那些吃了闭门羹的人悻悻离去，殊不知，从此就交了好运，没多久就被皇帝召见面试，然后授予官职，得到擢用。那些被热情接待的人，回家后在梦里都会笑出来，却始终等不到好消息，白高兴一场。

对于李昉的这种行为，他的子弟们颇为不解，忍不住开口询问。李昉笑眯眯地揭开谜底：“那些有才能的人，我肯定是要用的，但是不能答应他，因为这样就是‘售私恩’，把为国家选择人才作为自己笼络人心的手段。我之所以先拒绝他们，然后再向朝廷推荐，就是让他们在日后得到重用后，会感激皇上，而不是感激我，这才是人臣的职责！”

“那么，为何对有些人却好言相待？”手下人问。

“这些人的才干不足以得到重用，我是不会举荐的，但是，总不能让人家既没有满足心愿，却又被恶言相向吧？所以我对他们就很和气。”

李昉也有自己的职业操守，绝不曲意逢迎，他当参知政事的时候，有一天宋太宗心血来潮问左右：“朕比唐太宗如何？”

左右侍臣没有别的选择，纷纷献辞赞颂，唯有李昉默然不语，然后小声念出了白居易的一联诗：“怨女三千放出宫，死囚四百来归狱。”这是白居易《七德舞》中的两句，是以唐太宗的功德来讽劝皇帝。

赵光义听了这两句，立刻反应过来了，即刻起身说：“朕不及，朕不及！你的话实在是令人警惕啊。”

除了做官治国，李昉还编写了一套《太平广记》，给我们留下了许许多多神奇的故事，使今人得以窥见古人光怪陆离的精神世界。

朝廷内部人员的替换，显示了太宗苦练内功的决心。但是这一切辽朝并不知道，他们看宋军采取了守势，反倒活跃起来，好几次主动进犯，这几次在家门口作战的宋军表现尚且不错，以李继隆为代表，取得了一些局部胜利。

到了端拱二年（989）正月，辽圣宗御驾亲征，攻陷了易州。刚刚准备解甲归田的太宗坐不住了，被人打到了家门口再不还手，自己爱好和平的姿态就会被人理解为软弱可欺。于是火速召集大臣，商议再次北伐。

因为之前的论调都是“戒急用忍”，所以大臣们纷纷上书劝皇上息怒。这一次他们都学聪明了，引用太宗的话说：“圣人若非万不得已，是绝对不会用兵的。恳请圣上稍微降低尊贵，和他们通好和平结成联盟，这才是上策！”

太宗已经见识过战争的残酷性了，思考再三，觉得再次用兵确实有点勉强，只好作罢。与此同时，在赵普的举荐下，在代州打败辽军的张齐贤被调回京，担任枢密院副使。

八月份的时候，听说威虏军的粮草供应时断时续，又有辽军虎视眈眈，太宗命令李继隆带领定州、镇州的大军护送粮草几千车前去。

这个消息被耶律休哥侦察到之后，不由大喜，这一段时间宋军的畏首畏尾令他志气大涨。耶律休哥最擅长的就是拦截别人的粮草，他毫不犹豫地就带兵出发了。

这时候北面缘边都巡检使尹继伦带着一千多人，正在边境执行常规的巡逻，几乎要和耶律休哥打照面了。不料辽军并不把他们放在眼里，反而绕道走开。这种轻蔑而反常的行为惹怒了尹继伦，他觉得真是对他的污辱。

尹继伦告诉手下将士们说："敌军现在视我们简直就是俎上鱼肉，如果他们得胜归来，肯定会一鼓作气将我们赶向北方，倘若他们失败了，那就一定会拿我们泄愤，我们肯定没有什么好下场！"

得到"双方必有一战"这个结论后，尹继伦决定隐兵衔枚，也就是将旗帜收起来，摘掉马脖子下的铃铛，悄悄跟在耶律休哥后面，伺机进行偷袭。

一千余人去对抗几万人，就算是偷袭也隐含着巨大的风险。尹继伦并不是不知道，在战前动员时，他也说得很清楚："我们奋力作战，足以建功立业，就算失败了，也不失忠义，总强过成为默默无闻的戍边鬼魂！"这番话说得战士们热血沸腾。

徐河之畔，黎明将至，月明星稀，薄雾笼罩，但见一缕缕炊烟袅袅升起……耶律休哥的部队在准备早餐，他们计划在饱餐一顿之后，火速展开战斗。就在不远的地方，密密麻麻驻扎的，就是李继隆护送粮草的军队。

等辽军将要开饭的时候，尹继伦大吼一声跃马冲出，他身后的士兵也蜂拥而上。辽军的注意力本来都放在对面的李继隆部队上，身后的这支奇兵令他们猝不及防，根本摸不着头脑，不由惊惶恐惧、四处溃散。

最吃惊的还是耶律休哥，他为自己的轻率疏忽付出了代价。那会儿他正端着盘子在进早餐，感觉地动山摇，吓得餐具哗啦啦掉在地上。随后就有宋军扑过来跟他玩命，耶律休哥虽然勇猛，但也不是超人，被砍伤右臂后不敢停留，跳上一匹快马惊慌逃窜。

那边高度戒备的李继隆部队看到辽军慌作一团，也赶紧上马赶来助战，双方合兵夹击，将辽军赶出了十几里地。辽军又遇到了定州副都部署孔守正，再次雪上加霜损失了几员将领。

这一战虽然有很多偶然因素在里面，却在客观上打击了辽朝的嚣张气焰，此后好几年不敢南下。

辽朝不来挑衅，太宗当然乐意做个太平天子。他重新拿起爱好和平的理论，将部下找来谈话，研究如何在不打仗的情况下，把边防工作做好。这一次来谈话的是右谏议大夫权御史中丞王化基。

王化基给了一个很好的比喻。他说治理天下就像种树，最要紧的是树根要稳固，如果根本坚固，那么枝叶躯干根本不是问题。所以圣上应该把注意力放到朝廷清明大治上来，边塞就没什么忧患了。

应该说，王化基的建议很符合一般的哲学规律，事物的变化都是从内部开始的，内因起了主导的作用。换句话说，如果将国家比喻成一个武士，光靠一身蛮力很难取胜，外练筋骨皮和内练一口气应该结合起来，内功尤其重要。

和李昉一样，王化基也是一个典型的封建臣子，他有一套完整的为官做人准则。当时有个进士鞠咏，因为文章被王化基所赏识，所以王化基到杭州上任时，就提升鞠咏以大理评事，知杭州仁和县。

鞠咏得到领导赏识当然很开心，就把平生所做文章整理好给王化基送去。文人就是这样，你来我往互相唱和写诗，感情自然就深厚了。不料，王化基收到鞠咏诗文后并不答复，而且鞠咏到任后稍微办事不力，就会被苛责，搞得小伙子莫名其妙，不知道怎么得罪了王大人，从此也不妄想和首长套近乎了，老老实实干自己的本职工作。

更令人意外的是，后来王化基调到中央去工作，推荐的第一人就是鞠咏。有人问起原因，王化基回答说："以鞠咏的才华，根本不用发愁显达，我所担心的是他的性情桀骜，所以故意压制他，令其日后可成大器。"

为了给国家培养人才，宁愿自己来承担他人的怨言，这也不是一般的境界。

以王化基的人品来说，他给太宗的建议肯定是发自内心的，并非想要讨好太宗。就这样，太宗开始练习内功，将朝堂作为主要阵地，经营自己的帝国。他的这个转变是如此彻底，以至于他的后代们习惯性地放弃了武力，并且以此为荣。

后来在太宗晚年的时候，辽朝与大宋又发生了一次激烈冲突。这次大宋没有吃亏，将士却遭到了太宗的处罚，理由是他们轻佻惹事，破坏了边境的和平环境。这时期，多年平静的生活，已经令赵光义对战争产生了一丝恐惧……

宋、辽两国在边境相安无事，只有西夏这个小地方在玩着"朝秦暮楚"的小把戏。当时的李继捧和李继迁两兄弟，游离于宋、辽两国之间，利用两者的矛盾，在夹缝中求生存。他们和大宋帝国分分合合，有时把太宗的心情搞得很坏。不过不要紧，因为西夏地域使然，各类基本物资都很缺乏，不可能彻底脱离大宋，所损失的不过就是一点金钱而已。

"世间不如意十之八九"。准备潜下心来的太宗，在淳化三年（992），又遭到一次致命的打击——他的另一个儿子元僖，在这一年莫名其妙死去了！

当时的情形是这样的，十一月的某一天，元僖早上入朝办公，刚坐到殿庐之上，就觉得身体不舒服，急忙赶回自己的府第，太宗知道消息后也随即赶到探望。这时候，元僖已经接近昏迷的边缘，太宗叫他，刚开始还答应几声，不一会儿工夫就一命呜呼了。

元僖担任开封府尹五年以来，处理政事从来没有什么闪失。《宋史》记载，他生性仁慈孝顺，容貌伟岸，沉默寡言但性格刚毅，很有希望成为一代雄主。太宗专门派了吕端等得力臣子辅佐左右，不料还是天妒英才，早早就撒手人寰。

据说，元僖的死对太宗打击很大，有时候甚至会通宵达旦抽泣，还写下了《思亡子诗》给近臣看。没过多久，他的伤心就变成了愤怒。

原来，有人揭发说元僖被小妾张氏迷惑，张氏曾经打死过侍妾，而且还在寺院的招魂地安葬自己的父母，僭越规章制度。太宗勃然大怒，于是将埋在地下的张氏父母挖了出来，说文明一点是实施了火葬，实际上是被挫骨扬灰。

张氏被吊死；元僖的部属，包括吕端在内都受到了处罚；至于元僖，在死后也没有得到安宁，太宗取消了追封元僖为太子的仪式，而且只用一品官员的礼仪来安葬。

问题出来了，既然元僖是被张氏迷惑了，杀人的也是张氏，为何作为皇帝亲儿子的他，死后还要承受如此严厉的处罚？

只能说，元僖之死，没那么简单。

对元僖的死因，正史采用了标准的“春秋笔法”，只说“有人奏报是误吃食物而中毒”，甚至连“病”“疾”等猜测性的词语都没有，而是直接给出了处理结果。

来看看野史都是怎么记载的。元僖之所以不爱说话，是因为他“丰肥，舌短寡言”。娶了功臣李谦溥的女儿，不过元僖不怎么喜欢这个正妻，他心仪的是小妾张氏，号“张梳头”。

古时候纳妾是合理合法的，但是毕竟屈居人下，于是这个张梳头就处心积虑要除掉嫡夫人。冬至那天在王府搞聚餐，就像武侠小说里说的那样，张氏请人做了一个“斗转乾坤壶”，这个壶里面分为两格，一半装正常的酒，一半装毒酒，旋转一下就可以倒出不同的酒来。

张梳头先给元僖倒了一杯酒，然后悄悄旋转壶盖，给嫡夫人倒了杯毒酒，然后她闪身到屏风后面，捂着嘴一脸坏笑。

那天不知道怎么回事，元僖忽然对夫人表现出了超乎寻常的热情。互相敬酒之后，夫妇俩交换了酒杯。张梳头在后面急得"撅耳顿足"，眼睁睁看着元僖饮下了那杯毒酒。随后，元僖去大内上班，就发生了上面提到的那一幕。

野史所记载和正史有一点不同，前者言之凿凿："赠王为太子，府僚吕端、陈载俱贬官。"而后者明确说："诏停册礼。"

我们以正史为准，那么，作为受害者的元僖，为什么在死后，还遭到了父亲的刻骨仇恨？

北宋张商英在《寇准传》中提到，寇准在郓州当通判的时候，被太宗召见。太宗对他说："知道你深谋远虑，所以找你来帮我决断一件事，不要让外人知晓。"

"敢问何事？"寇准问。

"东宫[①]做了很多违法的事，他日肯定像桀、纣那样残暴，我想把他废了，但是他府中也有兵甲，恐怕引起动乱。"太宗和盘托出。

寇准说："这样吧，某一天让东宫去某处摄行礼，让他带上手下的侍卫，然后陛下派人去搜查他的府邸，如果发现不法行迹，等他回来隔离左右，将其废除，一黄门力耳[②]！"

这则隐蔽的消息提示我们，太宗或许是真的发现了儿子的不法行径。至于张梳头，或许只是个替罪羊而已。进一步联想一下，太宗身边

① 指元僖。

② 指随便一个人单枪匹马都可以完成的。

死了很多人，都是莫名其妙中毒而死，和元僖何其相似？

当然，这一猜测仅作参考。

前面说过，在元僖遭到处罚后，他的部下被贬官，那时候吕端是判官。这个位子他干第二次了，以前廷美当开封府尹时他就是判官。

当时吕端正在办案，太宗派来的王继恩等人到了，吕端慢慢站起来打招呼。王继恩说："皇上命令审查你！"吕端面不改色，神态自若地对跟班说："把我的帽子拿来！"王继恩幸灾乐祸地说："你何必这样惊慌失措呢？"

吕端慢吞吞说："既然天子有诏责问我，就是有罪的人，怎么可以在堂上与讯问的人对质呢？"他随即走到堂下，随问而答，侃侃而谈。

王继恩不知道吕端的厉害，还以为他是个一般小吏呢。其实，吕端是真正见识过"大风大浪"的人，当年出使高丽国坐船，遇到惊涛骇浪，风暴漫天涌起，折断了船桅杆，船工吓得魂不附体，直向上天祈求，吕端却好像在书房一样面不改色，在颠簸中自顾读书。

即便不熟悉历史的人，听到吕端的名字也会觉得耳熟，因为有句名言说过："诸葛一生唯谨慎，吕端大事不糊涂。"能和诸葛亮并列，绝对不是泛泛之辈。他可能在一些事务性上不敏感，但是决断力极强，关键时候总能够给出正确的建议。

至道二年（996），宋军出兵讨伐摇摆不定的西夏李继迁，俘获了李继迁的母亲，太宗有意杀掉李母泄愤，就找来寇准商量。这时候，当年的正堪"吃酒插花"的少年寇准，已经是参知政事了。寇准性子比较急躁，建议把李母处死，吓唬一下李继迁。

寇准商量完事回去，路过宰相办公的地方，吕端看他神色不对，就怀疑有什么大事，拉住寇准说："皇帝有没有跟你说不要告诉我？"寇准被问个措手不及，张口说："没有！"

吕端表示说：“军国大事，宰相岂能不知道，麻烦你告诉我。”听完寇准的陈述，吕端叫他稍缓执行，自己要再去奏报一次。

慢吞吞的吕端找到太宗，又说话了：“这样不好，当年项羽也试过这一招，他抓住了刘邦的父亲，说要煮着吃了，岂料刘邦要起无赖，要求分一杯羹尝一尝。”

吕端接着分析：“凡是起兵造反的人，都不会顾及家眷的。我们杀了李继迁的母亲，只能白白添加仇恨，坚定他造反的决心而已，还不如将她安放在延州，用来牵制李继迁的心。”

太宗仔细想想，还是吕端的话有道理，李母才得以幸免。后来果然对李继迁的招降起到了一定的牵制作用。

自从将更多的注意力放到朝政治理上，大宋朝在人才队伍建设上下了不少功夫。从太宗后期开始，我们可以看出来，一大批个性鲜明、才华出众的臣子依次进入政治核心。在我国历史上，人们总是将唐宋并称，其实在规模上，宋朝并不强盛，它之所以值得我们后人骄傲，依靠的就是这些前无古人的文臣集团。

太宗在晚年最正确的决策，就是留下了一批精明强干的臣子给后代，否则，大宋又会是一个短命王朝。

赵普、张齐贤已经登场，接下来是吕蒙正、寇准、张咏等人。可以说，那时候帝国的天空，已经拉开了群星灿烂的序幕。

第十四章 天子门生们的八卦新闻

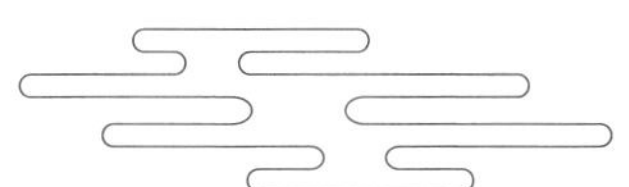

道士说：“我曾经东至于海，西至流沙，南穷岭峤，北抵大漠，在国内四处奔走，寻找所谓的贵人，用来试验一下我的相术，遗憾的是，没找到。”紧接着，他忽然话锋一转，提高声音道：“没想到，今天贵人都坐到了我这里！”

宋太宗登基之后，为了稳固位子，就要广泛招揽天下士子。吕蒙正等人就是在这样的历史机遇下，登上政治舞台的。

吕蒙正，字圣功，河南人。在太平兴国二年他以全国第一名的成绩，引起了急需青年人才的皇帝的注意。对每个读书人来说，科举都是命运的转折点。对吕蒙正而言，除此之外还有另一层意义——他再也不用仰人鼻息，过寄人篱下的生活了。

吕蒙正的父亲叫吕龟图，官职是起居郎，也不是什么实权官员，主要负责跟在皇帝后面，逐字逐句记录皇帝的言行。吕龟图官职不是很显赫，却纳了不少小妾，这一点令他的老婆，也就是吕蒙正的母亲刘氏十分不开心，夫妻俩经常拌嘴。吕龟图没有丝毫惭愧，最后，他还理直气壮地将妻子和儿子赶了出去。

这对母子漂泊街头无处谋生，只好在寺院寄宿。时间一久，个别斤斤计较的和尚就对这两个吃白食的人有所不满，开始捉弄他们。

在寺院里，吃饭和功课前都要敲钟，但和尚们为了让他们出丑，每次先悄悄吃完饭，然后再敲钟，等吕蒙正母子过去，就只剩一些剩菜剩饭了。

据晚年的吕蒙正自己讲，他年轻时候在龙门，行走在伊水之畔，看到有人卖瓜，实在是想吃，但是兜里没有钱，只好怅然地跟在车子后面。大概是上天看到这个状元郎实在可怜，就让卖瓜人“偶遗一枚”。

吕蒙正捡起这个西瓜，百感交集。

这件事情在他的记忆里刻下了深深的痕迹，当宰相之后，他在洛阳东南买了个园子，下临伊水修建亭子，名字就叫“饐瓜亭”。

就这样，尝遍人间冷暖，见识了各种世态炎凉，吕蒙正在这种环境下坚持读书，终于考上了状元，然后一路顺风当上了参知政事。

可能是年轻时候确实受的苦太多了，吕蒙正晚年的生活可称得上奢侈。他最喜欢吃一种细微的东西——鸡舌头，每顿饭都要用来做汤。如此这般吃了一段时间，有一天吕蒙正去花园游玩，忽然看到墙角有一个毛茸茸的垛子。

手下人给他解释说，这些都是被您吃掉的鸡。吕蒙正摸着脑袋说：“不可能吧，我哪里吃得了这么多？”那人反问说：“鸡只有一个舌头，能够多大？你做一顿汤要用多少，你吃了多久了？”

吕蒙正听后闷闷不乐，以后就再也不吃了。

吕蒙正当上参知政事后，当时有些老资格的官僚，知道他年轻时候的流浪经历，某一次偶遇，就在背后说：“这种人也能当上副宰相？”

吕蒙正装作没有听到，继续从容往前走，和他同行的人却忍不住了，要他去追查是谁在说他的坏话。吕蒙正摆手说：“算了吧，知道是谁说的，反而终生难忘，一直要怨恨他，还不如不知道！”

对同僚如此宽容，对皇帝却是不留情面。淳化五年（994）上元佳节，太宗召开了一个宫廷宴会，召集臣子们到一起聚会。喝了一点酒后，太宗登上高楼眺望自己的大好河山，忍不住又发了怀古幽思。

他感慨地说：“自从晋、汉兵争纷乱，生灵凋敝死伤将尽，当时人们都认为不会再有和平年代了。但是，没想到啊，朕亲自处理各种政务，万事大部分都理清楚了，每次想起上天的恩赐，国内如此繁荣昌盛，才知道所谓的治乱之本，其实起决定作用的是人！”

话说到这份儿上，臣子们顺理成章，齐齐叩首，接下来应该就说：“皇上您真是尧舜转世，比唐宗强悍，比汉武英明。”

吕蒙正站起来了，但他手里没有酒杯。他沉着脸提醒太宗说：“圣上您所在的地方是天子脚下，士人庶民都来集会，当然繁华昌盛。但是我经常看到在距离京师几里远的地方，就有人饥寒交迫而死，希望陛下由近及远，就是苍生的福气了！”

说完这段变了味的“祝酒词”，吕蒙正一言不发走回座位，最关键是面色如常，根本不理会太宗的脸色。

好在赵光义也是明白人，知道吕蒙正这样直言不讳，也是为了他们赵家江山，所以懊恼气愤过后，依然器重他。

一段时间后，太宗发文件要求中书门下派人出使朔方，吕蒙正将自己选择的人名递上去，太宗不允许。此后三次催促，吕蒙正不屈不挠，还是将那个人的名字递上去，太宗怒了，将他的奏疏扔到地上去，呵斥说：“何必如此固执！”

吕蒙正缓缓说：“不是我固执，只不过是你不信任我而已。此人绝对可以胜任，我是不想用谄媚来附和人主，从而危害国事！”

当时气氛十分紧张，其他大臣都吓得大气不敢出，个个噤若寒蝉。

吕蒙正将奏事的笏板插到腰带上，然后蹲下将奏折捡起来装进怀里，面无表情退下。看着他的背影消失，太宗叹了口气说：“论气度，我还是和吕蒙正有距离啊！”

以上就是正史中吕蒙正的形象，下面看看关于他的一些神奇的传闻了。

吕蒙正少年游学时，曾经和张齐贤、王随、钱若水、刘烨一起，跟着洛阳人郭延卿学习如何写赋。某一天大家兴致不错，就一起渡水寻找专业相面人士王抱一，问个前程。王抱一，即所谓“抱元守一”，从名字就可以看出来，这个人在修炼上颇有成就。

遗憾的是，王抱一不在，倒是有个和尚迎接他们。众人都很奇怪，一个和尚为什么要拜道士为师呢？和尚解释说：“我跟着道士已经三十年了，不过学艺未精，师父告诫说，不要轻易给人看相，如果你们确实想知道前程，明天再来吧。”

次日，终于见到了传说中的王抱一。

当时的座次是这样的，吕蒙正和王抱一对面，张、王二人紧挨着他，接下来是钱若水，刘烨坐在末尾。按理说王抱一见多识广，然而对面这几个年轻人，令他倒吸一口凉气，深感震撼。

王抱一捋捋胡须，然后“拊掌叹息”，年轻人看大师这种表情，不由紧张起来，急忙追问何故？

道士说：“我曾经东至于海，西至流沙，南穷岭峤，北抵大漠，在国内四处奔走，寻找所谓的贵人，用来试验一下我的相术，遗憾的是，没找到。”紧接着，他忽然话锋一转，提高音量道：“没想到，今天贵人都坐到了我这里！”

各位年轻人这才松了一口气，面露惊喜之色。

道士指着吕蒙正徐徐说道：“吕君得解[①]和及第，都无人可以压得住，十年做宰相，十二年出判河南府，自此之后出将入相，三十年富贵享受到老。”然后又对着张齐贤说：“张君后三十年也做宰相，也是富贵到老。”

“至于钱君，也可以做执政，不过无百日之久。刘君你呢，有执政之名，无执政之实。”说完这些，道人戛然而止，丝毫不理会那边翘首

① 取得地方推荐资格。

企盼的另一个人——年轻人的老师郭延卿。

受到冷落的郭延卿怒不可遏，站起来就要揭发道士的鬼把戏，觉得实在是荒谬，他说："座上岂有这么多的宰相乎？"

道士也不着急，继续说："十二年之后，等吕君出判河南府时，你就可以取解，第二年虽然可以登科，但是千万注意不要当京官为妙。"这句话犹如火上浇油，郭延卿更加愤怒，他的学生们也觉得十分不安，于是仓皇归去。

果然过了一段时间，吕蒙正"魁多士"，次年殿试第一，成为太宗朝的第一个状元，以后又当宰相判河南，和道人预言的一模一样。郭延卿则"连蹇场屋"，这个词非常形象，"蹇"者，跛足也，场屋者，考场也，形容的就是他在考场上像跛足一样，当然没什么好成绩。

等许久之后，郭延卿得到地方政府的推荐资格，参加鹿鸣宴[①]，吕蒙正也把道士叫来，众人散后，专门留下这两个人，再次把酒言欢，一如当年。

感慨良多的吕蒙正思绪万千，当场赋诗一首：

昔作儒生谒贡闱，今提相印出黄扉。
九重鹓鹭醉中别，万里烟霄达了归。
邻叟尽垂新鹤发[②]，故人犹著旧麻衣[③]。
洛阳漫道多才子，自叹遭逢似我稀。

道士呵呵一笑，索要纸笔，似乎有应答之意。他写道："重日重月，

① 乡举考试后，州县长官宴请得中的士子，唱《诗经·小雅·鹿鸣》，做魁星舞，故有此名。
② 指道人。
③ 指郭延卿。

荣华必别。笙歌前导，偃师密雪。”吕蒙正知道这几句话颇有深意，恭恭敬敬地收起来。

很多年后，吕蒙正致仕回家，在西京洛阳去世，重阳日出丧路过偃师，那一天“大寒微霰”，正如道士所说，吕蒙正告别他的荣华富贵，正是在重日重月[①]。

古人说过，官做到三品以上，根本就不需要读相书，便可以推测一个人的命运前程，盖因为其阅人无数。王守一依靠专业技术为吕蒙正指点前程，作为宰相的吕蒙正和他的后继者，据说可以依靠过人的眼力，在很短时间内为国家挑选干部。

太宗驾崩之后，他的儿子真宗即位，那时候吕蒙正已经老了。真宗祀汾阴路过洛阳，吕蒙正迎接皇帝回来后就病倒了，真宗去看他。君臣二人闲聊了一会，真宗问吕蒙正：“您的儿子，哪一个可以称得上是国家栋梁？”

吕蒙正沉思片刻，很严肃地回答说：“我的几个儿子‘皆豚犬’，根本不堪重用，不用考虑他们！我倒是有个侄子，现在是颍川推官，他才是真正的宰相之才！”

果不其然，吕蒙正的这个侄子后来做了宰相，虽然被“贤人们”骂作“奸臣”，却也不失为一个杰出的政治家。可能你也猜测出来了，所谓贤人们，范仲淹是也；奸臣者，吕夷简是也。

当时在吕蒙正家里还住着一个门客，此人姓富，有一天他跟吕蒙正说：“我的儿子今年十岁了，我想让他进入书院跟随廷评、太祝学习。”吕蒙正说好啊，于是这个人将儿子带来。

吕蒙正看到这个小孩后，立刻站起来惊奇地说：“这个孩子不简单，

① 九月初九。

他将来的功名富贵和我是一样的！”然后让他和自己的儿子们一起学习，而且给予了很优厚的待遇。果然这个姓富的孩子长大后，和吕蒙正一模一样，两次进入中书做宰相，晚年以司徒致仕回家。

宋朝姓富的宰相，大概就只有这个富弼了，堪称一代名臣。

受到吕蒙正器重的吕夷简，不但当了宰相，而且据说也如同吕蒙正一样，发现过一个大人物。曾经有个年轻人自兖州当通判期满归来，吕夷简一见之就惊奇不已，跟他说：“听说兖州的墨很有名，明天拿来让我看看吧。”

次日，年轻人带墨而来，吕夷简慢慢接过他手里的墨，熟视良久，乃是为了观察他的手相。这个年轻人也用实际行动证明了吕夷简的高超技艺，他后来也当上了宰相，就是文彦博文潞公。

说起朝廷官员热衷于相面，就不得不提吕蒙正的同学钱若水。据说，钱先生是有“仙骨”的，差一点成为世外高人。

青少年时代，钱若水就焕发出惊人的天赋。陈抟老祖初次见到他，就对他说：“你神清气爽，适合于学道，如果不学道，就是富贵中人，只不过注意不要升得太快了。”

不久之后，钱若水备考科举，在华山又遇到了陈抟，关于这件事有两个版本，我们拿其中一个简单一点的来说。两人重逢之后，陈抟跟钱若水说：“明天你来找我，有点事情。”

第二天钱若水如约前往，在石洞里看到陈抟和一个老和尚围着火堆，席地而坐。和尚盯着钱若水看了许久之后，默默不语在灰堆上用火箸写道：“做不得！”随后慢慢说：“急流勇退人也！”

钱若水站了一会觉得无趣，也就告辞而去，陈抟老祖也没有挽留。

原来，陈抟老祖看到钱若水有异人之相，就想让他学习相人之术，特地带他前来拜师。至于那个老和尚，想必所有的人都耳熟能详，那就是麻衣道者。

但是钱若水被麻衣道者否定了，说他还不具备那个天赋，同时断言其是“急流勇退”之人。这其实和道士王抱一的诊断差不多，后者说的是“无百日之久”。

具体情况是这样的。太宗时代，钱若水一直在枢密院任谏议大夫，后来真宗即位之后，加封工部侍郎，这个位子他干得时间不久，应该就是王抱一所说“无百日”，然后以母亲年龄大了为理由，坚决要求辞官。

一个在仕途上蒸蒸日上的中年人，四十不到，身体健康无不良嗜好，为何忽然急流勇退，抽身而出？

按照唯心的说法，这就是命运。就官场上的传言来说，还有一些直接的原因：真宗即位之后，罢免了他的救命恩人吕端的职务，然后问钱若水说：“我听人家说，吕端一听他被罢免了，顿时就哭了起来。”

面对年轻的、不知天高地厚的天子，钱若水勃然大怒，厉声道：“哪有这回事！”退朝后跟同僚说：“我们眷恋爵禄到这种地步，难怪被圣上轻薄，实在是有辱斯文。”随后立刻打报告要求辞职。

因为钱若水放弃荣华富贵这件事，实在是有点石破天惊，故而传言很多。又有人说王曾被罢相之后，章圣[①]对大臣们说：“王曾都说他要走了，但是依然站在门口，逡巡却立，看样子是期待再次得到重用。”大家一起点头称是。

唯有钱若水挺身而出：“王曾因为修道而放弃了政治，哪里有贪恋权柄的意思？太后您这是隔着门缝看人[②]，我们弃之如草芥般！”说完愤然出宫，撕裂官服，穿上道士衣服，佯狂归隐嵩山。

---

① 章献太后。

② “料人何薄耶”。

这个故事讲得很富于浪漫主义色彩，是封建臣子对君主专制的一种反抗。这种反抗并不是想破坏什么，而仅仅是为了保存士人的尊严。

和做人有人品一样，做官的官品也是各有千秋。太宗朝有个官员陈恕，每当太宗发怒时，他就静静地面壁思过，直到太宗怒气消除为止，有时候一天甚至要这样三四次。

恭顺如陈恕，倔强如赵普，洒脱如钱若水，强悍如寇准，虽然表象各异，但其核心都是一致的，为君为国不为私。

不过令人遗憾的是，这个浪漫的故事是假的，因为王曾罢相并不在真宗一朝。还有个说法是太宗对吕蒙正罢相出言讥讽，引起了钱若水的反感，这倒是有可能。

有一篇文章叫作《钱若水为同州推官》，说的是他在同州当推官[①]的事情。

当时的知州性子急躁气量狭小，经常自以为是，靠臆测去胡乱断案。钱若水每每据理力争不下，就会叹息说："又得陪你一起缴纳赎罪钱了！[②]"果然不久后就被上级批评，遭到罚款。

有次，某个富人家的小女奴不见了，女奴的父母就告到州里去要人，知州让录事参军[③]负责这个案子。这个录事参军先前找富人借过钱，但是没借到，就公报私仇，胡乱审理一番，断言是富人家杀害了小女奴，抛尸入水。

富人因为实在熬不住毒打，也只好承认"犯罪事实"，就此结案。那个没大脑的知州没发现任何破绽，决定赶紧上报。

钱若水认为事情并非如此简单，就将案子压下来好多天。那个参军

① 知州的助手。

② 地方办案被朝廷驳回，直接领导要受罚。

③ 掌管文书的官员。

做贼心虚，跑到钱若水那儿找碴儿：“难道你收了富人的贿赂，想要替他翻案？”钱若水笑道：“判的罪这么重，难道我不能留下供词再研究几天？”

就这样，顶着压力坚持了十余天后，钱若水突然找到知州说：“女奴找到了！我拖延这么多天，就是为了找到她。”随后将女奴推出来，她的父母欣喜若狂，富人一家也得以免罪。

富人很感激钱若水，但是他闭门不见，说：“论功行赏并非自己本意。”富人就只好施舍僧人，念颂佛经为钱若水祈福。

钱若水为同州推官的这一段故事，颇具传奇色彩，不过比起下面要介绍的人来说，可谓小巫见大巫。

接下来要介绍的是，重量级人物、官场异类张咏。此公和寇准并称“帝国双星”，称得上是朝堂之上不带刀的侠客。

说张咏不同凡响，一是其个性不类文人，少年时候就喜好任侠，刻苦学习击剑技术。他性格豪爽，乐于打抱不平，同时生活清介不喜好声色，所居之处也没有妾媵。平时上班穿朝服，下班后也就是简简单单的“纱帽皂绦一黄土布裘而已”。

二是张咏和神仙特别有缘，用迷信的观点解释，他本人似乎就是“谪仙人”之类的人物。晚年时，这种异能更是达到了顶峰，他甚至精确预见了自己的辞世。宋代张舜民在《画墁录》里提到张咏，只有一句简简单单的话：“张乖崖浴为猿。”这句极不负责任的话翻译过来就是：“张咏在洗澡的时候，就会变成猴子！”

虽然这些野史记载未足以信，却也从另一个方面反映了此人的传奇性。

既然要讲传奇，有一个人物绝对是绕不过的。没错，又是陈抟老祖。他几乎参与了当时所有的神秘事件，上至皇帝，下至县令，但凡有灵异就必有老陈。

张咏还是布衣的（没中举之前）时候就认识陈抟了。太平兴国三年（978），他参加了一次科举考试。那一年的题目是《不阵而成功赋》，张咏写道："包戈卧鼓，岂烦师旅之威；雷动风行，举顺乾坤之德。"这是为了配合太宗幸临河东而做的。

写完后，张咏觉得状态非常好，认为这一次肯定拿个第一名。可能是锋芒太露了，评卷老师觉得对偶不好，将他拿下，而点了胡旦做状元。张咏很生气，火暴脾气上来，当即撕毁儒服，冲进华山豹林谷，要跟陈抟学道成仙。

陈抟火眼金睛，一看到张咏就拍着他肩膀说："你应该是贵为公卿之命。只不过一生辛苦，就好像有人家召开筵席，正吹打欢唱笙歌鼎沸之际，忽然厨房起火，在座宾客束手无策，唯有依赖你才可以扑灭大火[①]。你的功名富贵在后年，此地非栖憩之所。"

张咏听不进去，坚持要出家，陈抟说："你行度明噪[②]，怎么可以学道呢？"坚决不给他办理入学手续。张咏无奈唯有离开，陈抟赠诗曰：

征吴入蜀是寻常，鼎沸笙歌救火忙。
乞得江南佳丽地，都应多谢脑边疮。

有了这次交情，两人慢慢就熟悉起来了。有次张咏开玩笑说："我想分一半你的华山来居住，不知可否？"陈抟说："别人不行，你可以！"次日清晨作别，陈抟赠他宣毫十支、白云台墨一剂、蜀笺一角。

---

① 所谓"厨房起火"，影射的是李顺、王小波起义，后派张咏镇蜀地，果然安定下来。

② 指一举一动都张扬狂躁。

张咏感慨道："明白您的意思，我向闹市处寻求前程去了……先生珍重！"张咏走后，陈抟跟弟子们说："此人无情于物，和世间凡俗事物缘分浅薄。他如果发达，则是封疆大吏，如果不能显达，最差也是王者之师！"

很多年后，张咏去成都赴任，想起当年的此情此景，百感交集下写了一首诗寄给陈抟：

性愚不肯林泉住，强要清流拟致君。
今日星驰剑南去，回头惭愧华山云。

如此赳赳雄夫，难得细腻情怀，此诗是对故人的思念，更是古代文人"仕隐之患"焦灼情绪的集中反映。

除了陈抟，张咏还遇到过一位号称神和子的道人。那时候张咏正在京师游学，他所居住旅馆房间的隔壁有一位道人，两人每天在一起喝酒，相处非常融洽。每喝到尽兴之处，张咏感慨道："和您倾盖于此，不知道您是何方高人，以后是否还有机会相见。"

所谓"倾盖"，说的是古人坐车头上都有一个盖子，两人在路上偶然遇到了，就将车子凑到一起讲话，越说越投机，迅速称兄道弟乃至生死之交，可谓一见倾心相逢恨晚。张咏性情中人，也看出道人非平常之人，故顿起惺惺相惜之感。

道人缓缓回答："我神和子也，他年将会和你在成都相会。"

后来张咏到成都任职之后，一直盼望着可以和道人再次相逢。修建天庆观的时候，还专门修建了一个阁楼，名为"望仙"。如此等了两年后，他即将任满离开。某一天日暮时分再次登临阁楼，在东边廊庑发现一条小径，走过去，发现房间里四周都是古人画像。

这些画像里，有一位道人面目依稀熟悉，题为“神和子”。

等待多年的故人在这样的情形下再次重逢，令张咏“怅然若失”，感悟了纷繁人世所不具有的寥落大寂。

这种情怀在古代文人中极为普遍，譬如李白、白居易，以及苏轼，他们渴望自由，却又不忍放弃自我价值的实现。

古话说得好，“大隐隐于市”，但这还有一个前提就是“小隐隐于野”。如果没有山林深处的头陀苦修，就不可能达到“游戏人间”，嬉笑怒骂之间教化众生的化境。古代文人企图在俗世顿悟，就这样年复一年，在庙堂上思念山林，在山林里却又仰慕荣华，所以处于纠结怅然的情绪当中。

而这一点，在张咏身上表现得尤为明显。他是个行事极端的人，有尚气任侠、好勇斗狠的一面。

还是布衣时候的事情，张咏客居长安，夜深人静时，常听到邻居家有人哭泣，似乎还不止一人，吵得人睡不着觉。登门拜访后才知道，这家的主人以前是个官员，却不是什么好官，自律能力比较差，经常做假公济私的事情。

他的这个问题就被最亲近的仆人给抓住了，这个恶仆很懂得做交易，就以此要挟官员，要娶他的大女儿为妻。官员虽然不愿意，但是害怕被人告发，可如果让女儿嫁给一个仆人，却又实在是舍不得，所以一家人聚在一起哭哭啼啼。

第二天，张咏就站在邻居门口等着，那个恶仆露面后，张咏说：“我向你家主人借你使唤一天，到老朋友家去，走吧！”恶仆“意尚迟迟”，可能觉得有点不妙，但是张咏不由分说捏住他的脖子提上马，一直往深山飞奔，到悬崖边才停住。

张咏将恶仆从马上抛下来，开始细数他的罪状。情况太突然，这个仆人半天还没明白怎么回事，稀里糊涂、目瞪口呆，仓皇间根本来不及辩解。随后，忽觉眼前白光一闪，咔嚓被砍死了，接着尸体被抛下悬崖。

张咏骑着马回去告诉邻居："你那个骄横的仆人不会再来了，你赶紧回老家去，以后记得好好做人啊！"

这就是典型的张咏风格，贪官挪用国家钱财办私事他不追究，但是如果有人受到胁迫，他就肯定会出手，感情因素占了上风。

这时候的张咏，还只是一个凶狠少年。此时的他强横到什么地步呢？一天下午他从外地回家，正悠闲地走着，背后来了一个书生，不讲礼仪，催动毛驴呼哧呼哧就超车，而且"意态轻扬"，一副扬扬自得的样子。张咏又开始生气了，准备从袖子里抽出宝剑。

不料那书生走了大约百步，忽然停下来，牵着驴子避在路边，神态又变得十分恭顺。张咏收回取宝剑的手，忍不住询问这是为何。书生回答说："我看您昂然飞步，神韵轻举，看样子绝对不是一般人，所以才心生敬重。"

张咏笑笑说："我刚才看你牛气冲天，不由就一肚子火，正准备收拾你一顿。现在没事了，咱们不打不相识，到前面酒家喝一杯吧？"

闲聊之后才知道，这个书生名字叫王禹偁，字元之。

王禹偁是个大文人，文章非常好，只不过和所有理想主义的读书人一样，仕途较为坎坷。王禹偁一生三次遭到贬黜，这三次遭贬的情节还十分雷同。

第一次遭贬是淳化二年（991），庐州有个尼姑道安状告徐铉，说徐铉和自己的外甥媳妇关系暧昧。

太宗命令王禹偁严查此事。王禹偁时任国务秘书知制诰，同时兼任司法工工作，他组织人员周密勘察，经过分析后，证明了徐铉的清白。

诬告是要付出代价的，但是大约道安会一些法术，所以颇得太宗的重视。太宗以皇帝的身份干涉司法，要求不要惩罚道安。王禹偁据理力争毫不退让，最后获得了一个从八品的散官——商州团练副使。

这个职务让他吃尽了苦头，因为没有工资拿，所以率领全家人在深山老林搞农业建设，其间写了很多自娱自乐的诗句。很明显，这是他的第一次遭贬。

没过几年，文坛巨匠王禹偁又被太宗召回去担任翰林学士。孝章皇后去世后，没有按照皇后的礼仪来安葬，王禹偁又跳出来，要求“遵用旧礼”，被太宗安了一个“谤讪”的罪名，再次贬了出去。

至于为什么孝章皇后没能享受应有的礼仪，是因为她是太祖赵匡胤的遗孀。当初就是她在太祖驾崩之后，让王继恩去找德芳，而忽略了晋王赵光义，所以赵光义对这个嫂子一直心生不满。

王禹偁第二次被贬和第一次一样，还是因为太坚持原则了。

真宗即位之后，王禹偁上书言五事，引起了新皇帝的注意，又让他回来当国务秘书，这次他的主要任务是编修《太祖实录》。赵光义和哥哥关系比较微妙，所以有些话不可直说，但是王禹偁不管，照样实话实说。

他的直言不讳让宰相张齐贤和李沆感到有些棘手，所以这两个人合计一下，把王禹偁又弄了出去。为了纪念自己的这三次贬黜，王禹偁发挥特长写了篇《三黜赋》重申自己的志向：“屈于身兮不屈其道，任百谪而何亏！”

深入研究后我们就会发现，王禹偁最后一次遭贬黜，和张咏也有一点关系。首先要说明的是，王禹偁和张咏在路上偶然相逢之后，关系就变得很好，然后就成了儿女亲家。

真宗即位后，张咏担任御史中丞，相当于官员的纠察员。某次在寺院进香的地方，宰相张齐贤对副宰相温仲舒说了一些粗俗的话，被张咏弹劾了。张齐贤心里很不舒服，就告诉真宗皇帝：“张咏这个人没什么文化，他的很多奏折都是他的亲家王禹偁代笔的！”

张齐贤此举是一箭双雕，要把张咏和王禹偁一起拿下，因为王禹偁曾经写文章讽刺过他。

张咏听说张齐贤打小报告后，立刻进宫见皇帝，辩白说：“我平生苦心钻研学术，无人不知无人不晓，张丞相这是在冤枉我！”真宗让张咏把平生著作呈上来，还没看完就下令给他赐座，而且将自己经常使用的一把红绡金龙扇赐给张咏。

这件事情应该是导致王禹偁第三次被贬的主因。

王禹偁一辈子除了写诗，几乎没干成什么有用的事，就连他所发现的人才，也被证明是不怎么成功的。王禹偁作为当时的文坛巨擘，一直有年轻人写信寄文章给他，期待能够得到王老师的指点。

这些年轻人中间，王禹偁最欣赏的就是孙何与丁谓，曾经专门写过一首诗《赠孙何丁谓》：“三百年来文不振，直从韩柳到孙丁。如今便可令修史，二子文章似六经。”简直把这二人捧上了天，说是自从伟大的韩愈和柳宗元之后，就只有这两个年轻人的文章可以看了，写出来简直就是经典中的经典。

王禹偁终究是个书呆子，严重看走眼，这个丁谓后来把帝国搞得乌烟瘴气。

第十五章 后院起火了

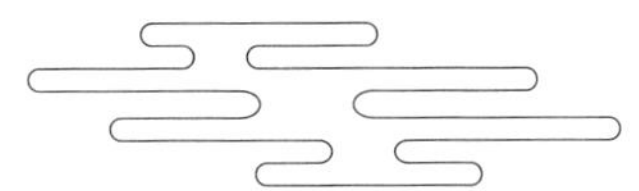

喜欢思考的王小波，决定用自己的经济学知识分析一下，是什么原因造成了自己的失业，让妻儿老小也跟着受罪。在回家路上，他遇到了同样喜欢思考的小舅子李顺。两人经过周密研讨分析，最后认为，是制度出现了问题，并不是他们的商业才华有毛病。

在淳化四年（993）之前，太宗曾经搞过一次官员摸底，主要考察对象就是川峡地区的州县长官。这次的结果并不乐观，这些地方有百余人并不合格。其中有一个人鹤立鸡群，就是彭山县令齐振元，据说清白精干，引起了太宗的注意。

可惜的是，这个齐振元还没来得及得到提拔，就犯事了。

这事要从头说起。

淳化四年（993）二月的某一天清晨，贩茶叶的个体户王小波忽然发现，生意不好做了，因为政府对茶叶进行了专卖控制，所以一般人休想涉足，如果私下买卖，那就是走私。

其实走私也不是什么新鲜事。盐铁之类的东西，黑市上一直有买卖，所以王小波决定通过地下途径，继续做茶叶生意。

真是祸不单行的日子。茶园主告诉王小波："生意没得做了！政府搞专卖，用那么低的价钱强制收茶叶，连成本都收不回来，我们干脆关门不干了！"

王小波彻底傻眼了，原来行业不景气不是一句空话，它是如此残酷，大家立刻都没饭吃了。

喜欢思考的王小波，决定用自己的经济学知识分析一下，是什么原因造成了自己的失业，让妻儿老小也跟着受罪。在回家路上，他遇到了同样喜欢思考的小舅子李顺。两人经过周密研讨分析，最后认为，是制度出现了问题，并不是他们的商业才华有毛病。

没工作，但是一家老小要吃饭，怎么办？

王小波没有门路递交意见，也不想回头去做“旁户”[①]，所以，唯有从根本上解决问题，将这个制度推翻！

因为“旁户”们受的苦实在是太多了，王小波一号召，立刻就有无数人蜂拥而至。为了提高士气，王小波根据自己的亲身经历和思考，拟了一个口号：“吾疾贫富不均，今为汝均之！”这个口号被某位近代史学家评价很高，说是中国古代第一次提出了“均贫富”的概念。

义军起事之后，迅速占领了青城县城，随后又攻克了彭山县。彭山县的县令，就是齐振元。此人自从得到太宗嘉奖之后，更是变本加厉地贪污。只不过他很聪明，把钱都藏在百姓家里，一般人不知道。

王小波他们到彭山之后，就把齐振元抓起来，为了解恨，还将他的肚子剖开，用钱财塞得满满的。

按照唯物史学的观点，这件事情在必然中有偶然，偶然中也有必然。必然性体现在，就算王小波不造反，还有别的张小波、李小波会跳出来反抗，总之一场兵变在所难免；偶然性就体现在王小波这个个体身上，他提前觉悟了。

古语有云：“天下未乱蜀先乱，天下已治蜀未治。”可见蜀地素来奇特。主要原因就在于其地理位置，易守难攻，所以皇帝们被打得走投无路时，就会想起这个地方，带着一干人马，浩浩荡荡奔向剑门关。

唐朝末年乃至五代乱世，很多豪强地主为了逃避战乱，举家迁居四川。他们和四川本地的地主一起比赛，看谁兼并土地的速度快，在很短

① 所谓“旁户”，就是失去土地的佃农，很多人世代被大地主奴役，完全丧失了人身自由。

时间内，就达到了“遍地‘旁户’下夕阳”的境地。

对于这种土地兼并，政府的态度是暧昧的，因为朝廷觉得土地被集中在少数人手里，是“为国守财”，并非什么大问题。政府的这种态度，将没有土地的人推向了另一个阶级，相当于为王小波输送了很多精兵强将。

除此之外，宋太祖攻下后蜀之后，并没有长治久安的态度，而是分为水陆两路，将孟昶和达官贵人的财宝一批一批运往京城。蜀地比较富饶，孟昶赋税又较重，这个运输大队一干就是十余年。

这种掠夺性征服引起了蜀人的不满，心头始终憋着一口气。

直接导火索则是茶叶和布帛的禁榷[①]制度。政府为了加速敛财，盯上了蜀地的这两样丰富物产，以很低的价格收购，然后高价卖到别的地方。这不只挫伤了商贩和农户的积极性了，而且关系到他们的生死存亡。

以上的解析就是，王小波迅速召集这么多人马的历史唯物原因，还有一个理由可以作为补充。根据《老学庵笔记》记载，除了王小波诱人的口号之外，起义军还编造了一个故事，说李顺是孟大王（孟昶）的遗孤。

当初蜀国灭亡时，早上有人路过摩诃池，看到锦箱锦衾，裹着一个小男孩，还有一个纸片写着：“国之义士，为我养之。”这个小男孩就是李顺，因为听说他是孟昶的儿子，所以应者云集。

淳化四年（993）冬天，西川都巡检使张玘在江源县和王小波作战。张玘战死，王小波额头被射了一箭，不久就去世了。他去世之后，因为有“孟大王之子”的传言，所以众人又推举李顺作为首领，继续和朝廷

① 即专卖。

对抗。

淳化五年（994）正月中旬，李顺带兵攻破成都，号称大蜀王，改年号为应运。

直到正月中旬，太宗才知道四川有人造反了，当即派人去征讨。派谁去好呢？他思考许久，决定任命王继恩为西川招安使，率领军队进行讨伐，而且赋予王继恩极大的权力，全权负责一切事务，不用遵从朝廷的批示。

这件事说明，王继恩是太宗信得过的人，一来他在太宗即位过程中立过大功。二来，太监一般没什么篡国的野心，相对安全一些。

王继恩出发后不久，到二月初太宗才知道成都沦陷了，意识到问题的严重性，太宗恼怒地说："哪想到这帮乌合之众竟有如此势力，我不忍心让四川的百姓再次陷于水火！一定要再派兵讨伐。"

这次派出的人是雷有终[①]、周渭等人。

李顺终究不是专业军事家，难免犯错。

第一个失误就是剑门失守。此处乃是咽喉要道，李顺分批次派遣几千人去攻打剑门，遭到了朝廷军队的顽强抵抗。刚好这时候，成都监军宿翰带领部下投奔剑门，两股军队会师之后，将李顺的士兵打得落荒而逃，只留下三百人，这三百人逃回成都后，被李顺统统斩首。

第二个失误就是派遣主力部队去攻打梓州，一直围攻了八十多天都没有结果，还在坚持，属于重大的决策失误。

四月，王继恩带着部队一路横冲直撞，接连不断给太宗发捷报，相继攻克剑州、绵州、阆州和巴州，进逼成都城下。

在攻打剑州的时候，西川作坊使马知节担任先锋。马知节是武人，

---

① 雷德骧的儿子。

性格直爽，一贯瞧不上王继恩的嘴脸，平时也不怎么和他交往。王继恩怀恨在心，就派马知节把守彭州，再配给老弱病残的士兵三百人，彭州原来的守军都被召走了。

王继恩想要马知节“因公殉职”。

马知节就率领这三百人来抵御十万余人的进攻，一直打到天黑。他手抚铁枪感慨万千，对部下说：“如此坐以待毙，死于贼兵之手，算不上大丈夫！”说完当即起身，挥舞铁枪又冲了出去……

马知节还算命大，黎明时分援军到达，他才留了一条命，活到了真宗的时代。

五月初六，王继恩带兵到达成都，然后展开攻城，没多久就攻破了成都城，将李顺擒获。至于擒住的这个人是不是李顺，历史上有过一些争执。有人说成都城将要被攻破时，李顺忽然召集数千僧人供斋祈福，然后又让数千童子落发为僧。这几千僧人顺着东、西两门鱼贯而出之后，李顺就不见了。

一种说法是，李顺逃到了岭南，在天禧初年被捉住，斩杀于狱中；另一种观点则相信，李顺逃命到荆渚，在一个寺院里遇到了高僧，高僧一看他就十分惊诧说：“阁下面有异相，应当做百日的偏安霸主，怎么会在这里？你赶紧去吧，今日不死的话，还有十年的寿命！”

至于李顺为什么是“百日偏安霸主”，足智多谋的老百姓也给出了合理的解释：繁体的“順”字要是拆解开来，就是“川”加上“百”再加上“八”，含义一目了然，一百〇八天的四川天子嘛！

最后一则传言说的是，景祐年间有人告发李顺在广州，巡检使臣陈文琏派人去捉，此时李顺已经七十多岁了，朝廷觉得公开此事有损尊严，也就悄悄杀掉他了事。

实际上归纳一下，我们不难发现，那些造反者往往都有类似的传闻，比如黄巢、李自成，民间也都传说他们没有死，而是以另一种隐秘的方式在世间生存。

黄巢流传有“三十年前草上飞，铁衣著尽著僧衣。天津桥上无人识，独倚栏干看落晖”的诗句；李自成则有“奉天玉”和尚的传言。

传说终归是传说，李顺很可能当时就被斩了，所谓“出家”是老百姓安慰自己的说法，也是支撑他的部下继续战斗的动力。

王继恩这一次算是立下了大功。和王全斌一样，他淹留天府之国，每天“专以宴饮为务”，出去的时候前呼后拥，一直有乐队追随，而且还让士兵们给他端着博局棋枰跟在后面。王继恩如此，他的部下也有样学样，肆意妄为，整个军队的战斗力急剧下降。

李顺的死还是一个疑问，所以他的很多部下还在继续活动，很快又有一些州县被起义军夺走了。

饶是如此，朝廷内部中书门下，一些不明真相的人，还主动为王继恩请功，希望太宗任命他为宣徽使。太宗虽然对王继恩心存感激，但是对于“宦官参政”还是心有余悸，十分严厉地拒绝了这个要求。

李顺所留下的余部里面，实力最强的就是张余，他控制着近万人的部队，四处流窜作案，威胁性十分大。

王继恩就派遣部下王文寿，带着两千虎翼兵到遂州去追讨张余。王文寿平日里对部下管理比较粗暴，士兵们都怀恨在心，一直在伺机报复。

晚上安营扎寨，王文寿躺在帐篷里睡大觉。他的部下，指挥使张嶙带着士兵破门而入。因为当时夜色昏暗，张嶙害怕误杀了别人，专门用火炬照了照，确信是他严厉的上司无疑，才一刀砍下。随后，张嶙带着部队和张余会合，开始了草莽生涯。

听到手下和贼兵勾结的消息后，太宗十分恼怒，下令把这些投降军人的家人全部诛杀。在近臣的极力劝说下，才改变了主意，派人传下消息，宽恕这些人的罪行，只要浪子回头，全家亲属都可以保全。

这一招果然好用，很快，张嶙的脑袋就被部下送来了。

西川地区局势动荡不安，始终牵动着太宗的心。在焦躁之下，他甚至产生了放弃四川的想法，他跟副相赵昌言说："西川本来就是一个国家，自从太祖平定以来，已经有三十年了！"言下之意，合久必分，西川独立出去也不是什么大事。

赵昌言立功心切，立刻进言说："国家兵强马壮，攻无不克战无不胜，四川这点事根本不算什么。"然后给太宗出谋划策。

太宗被说动了，任命赵昌言为川陕五十二州招安行营马步军都部署，除了王继恩，其他人都必须听他的。赵昌言喜滋滋领命而去，带着随从就立刻上路。

赵昌言出发十几天后，走到了陕西凤翔，接到朝廷的加急诏书，让他不用去四川了，就在原地休整，等待进一步的安排。赵昌言很纳闷，不知道究竟发生了什么事，是不是有政敌在背后给他使绊子？

事实是，赵昌言走后，有一个峨眉山的和尚叫茂贞，他给太宗说："赵昌言的山根（鼻子靠近额头的部分）是折断的，这是反叛的面相，千万不要派他去四川工作！"

又有人向太宗进言，赵昌言的名声一直不错，而且又没有后代，如今掌握军队进入四川，四川地势险要，万一他窝在里面不出来，成为一方割据势力，朝廷也没有办法。

这些消息提醒了赵光义，也唤起了他潜意识里的忧虑。当初之所以派王继恩入川，考虑的就是太监没有后代不会篡位夺权，最多鱼肉百姓作威作福。但赵昌言问题太严重了。

赵昌言刚出发不久，张余部队就被官军击败了，只剩下小股人马在活动。

九月初，深受太宗宠信的参知政事苏易简推荐张咏去管理西川事务。这时候因为成都府的行政级别已经被降级为益州，所以张咏的差遣是益州知府。

张咏在成都留下了很多故事，做到了“为官一任，造福一方”，因而也和诸葛亮、李冰等一起被尊为治蜀名臣。张咏在去成都的路上，看到一路络绎不绝的马车，都满载着粮食，原来是从陕西调拨粮食到四川去，供应军队使用。

即便夜以继日地运输，成都的军粮还是少得可怜，三万军队连半个月的口粮都没有。张咏转变思维，认为这样不是长久之计，开始了实地考察。结果才知道，成都并非没有粮食，而是老百姓都把粮食存在家里了，并不打算卖出。

怎么把老百姓的粮食弄出来呢？一不能偷二不能抢，张咏只能“换”。

成都当时的紧俏商品是食盐，因为这东西是国家专卖，市场相对需求不足，于是张咏下令降低盐价，老百姓可以拿粮食换取食盐。

就这样一条政策，使得官军粮库迅速充盈，才有了打胜仗的基本条件。

王继恩不管这么多，他还在继续喝酒，像一个世外高人那样，对城外剩下的小股起义军采取了选择性失明，每天就把城门紧紧闭上，“躲进城楼成一统”。张咏实在看不下去了，就想了一招来对付这个掌权的太监。

按照规定，当地政府应该给驻军供应粮草，粮食收上来了，但是草料却没有，张咏每个月只是给王继恩把钱送去，让他们自己去买。王继恩很郁闷，就怒气冲冲对张咏说：“你这什么意思，我们的战马难道吃钱吗？”

张咏回答说：“城里的粮草早都被烧毁了，只能从民间征取，你每天躲在城里大摆宴席，也不出去打仗，到哪里找粮草去？这件事我已经上报朝廷了，你自己掂量吧！”

王继恩没办法，这才慢吞吞去追打丛林里的草莽流寇。

草料的事令王继恩心里很不舒服，就想办法给张咏上眼药。他遣送了很多起义军俘虏给张咏，看张咏如何收拾。如果张咏杀了这些人，就可能激怒蜀地百姓；如果张咏从轻发落，王继恩又有理由了，对于逆贼你如此宽容，究竟什么居心，是不是在收买人心，好自己割据为王？

张咏看到王继恩的俘虏，嘿嘿一笑，跟大家说：“回家去吧，到家里好好种地，不要再捣乱了！”

王继恩抓住了把柄，气势汹汹质问张咏。张咏针锋相对道：“以前李顺胁迫他们，将良民逼为盗贼，现在我们教化盗贼为良民，大人您觉得有什么不妥吗？”

王继恩哑口无言，张咏的做法很高明，贯穿了皇帝一贯的政治主张。

对于部下欺男霸女骚扰百姓的行为，王继恩也故意不闻不问，想用此事来为难张咏。等有人奏报这些事情，张咏不慌不忙说：“不要紧，下次抓住这些当兵的，问都不要问，直接用绳子捆了扔到井里去！”

王继恩又没辙了。

张咏在成都，和多年前一模一样，继续坚持着他的雷厉手段。手下有个官吏因为忤逆，被张咏下令用大枷锁起来。这个官吏不知道张大人的威风，还恶狠狠威胁说：“这个枷锁，你给我戴上容易，脱下来就难了！”意思是要和张咏记仇，这件事没完！

张咏冷笑一声，脱下来有何难？当即命令手下把这戴着枷锁的家伙推出去砍了！脑袋没了，枷锁确实很轻易就脱下来了。

古时候资讯不发达，所以那个时候的官吏没机会听说张咏年轻时的行为与语录，犯了“知己而不知彼”的错误，信息不对称。

事情是这样的，张咏在崇阳当县令的时候，路过库房，看到有个仓库管理员鬓角下有一文钱，就招呼他过来问道：“你这文钱是哪里来的？”管理员漫不经心说：“是库房里的啊，我顺手拿的。”

张咏教育他说：“你这样不对，就算是一文钱，也是国家的，我们不能……”管理员耐心听完正要走，张咏说：“你别走啊，我还没处罚你呢！”命令衙役们将他杖打了一顿。

管理员很冤枉，就恼怒地说：“你至于吗，不就是一文钱嘛？你能打我，有本事你杀了我！”张咏拿过纸笔批道：“一日一钱，千日一千，绳锯木断，水滴石穿。”这句话非常著名，一直用来激励我们坚持努力就会获得胜利，不过在这里，它却宣告了管理员的死刑。

张咏曾经客观评价过自己，说自己幸运之处就是生在太平盛世，可以读三坟五典、圣人著述来教化自己，如果生逢乱世，还不知道成什么样的人物呢。

张咏年轻的时候，天下还不怎么太平。他去汤阴，那里的县令对他很有好感，就赠送了不少钱，张咏用驴子驮着，慢悠悠回家去。有人对他说：“这里‘陂泽深奥，人烟疏阔’，你等几天有伴了再一起回去。”

张咏摇头道：“深秋之暮，天气日渐寒冷，我的老父母还没有衣服呢，怎么敢停留呢？”说完提着一把短剑就上路了。

走了三十余里地，天色已经黑了。荒郊野外只有一个小店，店里有个老翁和两个儿子。他们看到张咏鼓囊囊的包袱，不由相视而笑，小声说：“今夜好个经纪！”张咏在江湖上混了这么多年，当然听得懂什么意思，心里暗自提防，就用杨柳枝做了一个木棍带上。

老头心里发虚，就问张咏说："你带这个棍子干什么。"

张咏回答道："治安不好，明日一早赶路用的。"

晚上刚到半夜，就听到门外有人喊道："鸡已经叫了，秀才你可以赶路了！"张咏并不答话，用床抵住左边的门，用手抵住右边的门。门外的人使劲推了好几次，力量越来越大，忽然张咏一个松手，对方不由自主趔趄进来。张咏一棍上去结果了他。这个是店主的大儿子。

不久之后，二儿子也来了，张咏故技重施，将其干掉。

然后摸出短剑去找老板，老头对两个儿子很放心，正点着火在屋里头，张咏推门进去，一剑取了他的人头。最后牵着驴子出来，到门口后，一把大火点了这黑店，走出二十里地后才听后面来的人说，前方有个旅店失火，全家都被烧了。

张咏嫉恶如仇的品格和急躁的毛病，一生都没有改正，在成都吃抄手，头巾的带子屡次垂到碗里。张咏连着拨了好多次都没用，终于发作了！他把头巾摘下来，狠狠摁到碗里，气哼哼吼道："叫你吃，叫你吃！"

以上这些例子并不能说明张咏就是一个粗鲁的武夫。他这种行为固然有其天性使然，但是另一个方面，我们应该看得出来，张咏是在用这种激烈的方式，在重建五代以来分崩离析的统治秩序，那时候是"君君臣臣、父父子子之道乖[①]"！

因为五代的乱世，很多基本的做人原则和道德秩序都被破坏，尤其是皇家权威，更遭到了前所未有的挑战。士兵们动辄鼓动主帅造反，不听话就斩掉再推举一个。作为大宋统一之后的第一代文人，张咏在无意识地执行着自己的使命——和孔夫子一样，努力让天下恢复秩序，君

① 指不正常。

臣、父子、夫妇……

比如说，并代都部署张永德因为小事鞭挞一个小校致死，朝廷下令处罚张永德。张咏认为不妥，封还诏书[①]，并且对皇帝说："张永德刚到那里任职，如果因为这件事摧辱主帅，恐怕人人都有轻慢他的心思了！"

通过这件事，我们得以对他的行为有更深一层的了解。不听话的下属、害人的黑店、顺手牵羊的管理员，这些人都是规矩的破坏者，理应受到严厉的处罚。而过失致人死命的张永德，因为他是秩序的维护者，所以即便有错，也是可以原谅的。

张咏致力于建立一种合理的制度，让合适的人做合适的事情。他曾是在崇阳的时候，在街上见到农民买菜，就拦住说："城市的居民因为没有地种植，所以只能买菜，你家里有地，为什么不种菜呢？"将这人训了一顿赶回家去。

这种对制度的痴迷，还进一步深入伦理领域。李顺的余党有一个人杀死了耕牛，这在当时可是重罪。耕牛虽然不是国家保护动物，但农民种地全靠它，故中国古人一直有"不食牛肉狗肉"[②]的说法。

这个犯罪分子很长一段时间都在外面流窜，为了将他抓捕归案，张咏就拘留了他的母亲，等了十天，这家伙还不回来。没办法只好放了老太太，将他媳妇抓来。这次效果十分明显，一天不到这个人就来投案自首。

张咏判道："把你母亲关了十天，你都不露面，你老婆只被关了一晚上，你就小跑而来。你母亲倚门望你的感情就这么淡，你老婆和你的

① 那时候的一种制度，如果认为皇帝诏书不太合适，可以封还表示反对意见。

② 狗可以看家守财。

结发之情却这么深吗？”最后判定这个人死刑！

这个人之所以该死，是因为他的行为已经触犯了封建社会道德的最低标准——孝。所以张咏才下重手，将其处死。

张咏初到成都，有一个小卒抱着小孩在廊下玩耍。小孩子不知道为什么忽然发怒，用手掌不断扇他父亲耳光。张咏路过，很严肃地说：“这里忤逆之风如此盛行，这孩子长大后，肯定是个逆子。”下令杀了小孩。

这件事处理得确实有点过分，它反映了张咏面对纷乱的四川急于求治的焦急心态。几天后有两个士兵打架，张咏询问后发现有一个人的名字居然叫赵光义，这是对皇权的极大侮辱，二话不说，斩！

说了这么多，似乎张咏一直都在杀人，完全成了十恶不赦的杀人魔头，其实他也有宽宏大量、仁厚待人的一面。

某次外出办事回来，在后堂小厅子有人正在呼呼大睡。张咏把他叫醒问道：“你家有什么事吗？”此人回答说母亲病了很久，而哥哥一直在外没有回来，所以心情十分不好。派人查看后果然如此，就派了一个人到他家去帮忙，而且解释说：“敢在我厅上睡觉的，肯定是内心忧闷使然，值得怜悯。”

按照宋朝的用人制度，真正干活的职务，都是“差遣”，而不是任命。任命只表示他所享受的待遇等级。成都府的录事参军一般都是京官差遣，但是依照惯例，他也应该定期前来参拜一州之长，谓之庭参。

但是有人不买账，就是不愿来参拜。张咏传话下去：“除非你辞职不干了，才可以不来庭参！”这个官员也很有个性，当即递交辞呈，同时献诗一首，里面有两句说：“秋光却似宦情薄，山色不如归兴浓。”把对仕途的留恋比喻成轻薄秋光，却将归隐之心说成浓浓山色。

看到这两句，张咏拍案而起，离开座位握住这位仁兄的手说：“属下有如此好的诗人我却没有发现，实在是罪过啊！”封还他的辞呈，从此待为上宾。

大概这个人的诗句，也触动了张咏内心归隐田园的愿望吧。

还是一个文人的事。萧楚材做溧阳县令的时候，张咏是他的长官，有一天大家一起吃饭，萧楚材抽空到张咏房间溜达，看到书案上有一首诗，里面两句说：“独恨太平无一事，江南闲煞老尚书。”那时候张咏年纪已经不小了，却还如此不甘寂寞，希望天下出点事情，自己好挺身而出，做几件彪炳千古的事情。

萧楚材略加思索，拿起毛笔改了一个字，悄悄走了出去。

等筵席散了，张咏发现有人敢在他的稿子上乱写乱画，就拿着草稿出来问道：“这是谁改的？胆子也太大了！”

属下回答说：“是萧楚材干的，他说您功高位重，奸臣侧目之秋，天下一统之时，您却非要‘恨’太平，这是什么道理？所以他把您那个字改成了‘幸’字！”

张咏愣了一会，喃喃地说：“萧楚材称得上我的一字之师！”

这就是张咏，一个真性情的，棱角分明的封建官员。

他自号“乖崖”，解释说：“‘乖’则违众，‘崖’不利物。”正是他一生落拓不群的性格写照。他当官最忌讳别人参拜，如果有人敢跪拜他，他要么反过来不断给对方磕头作揖，要么坐在地上破口大骂。

他人情练达、聪慧过人。曾经有个小伙子来告状，说的姐姐和姐夫侵吞了父亲的遗产，张咏将他们召来审问，小伙子的姐夫拿出岳父的遗嘱做证，说老人家临终前写得很清楚，女婿分得财产的七分，当时年幼的儿子分得三分。

张咏鉴定了遗嘱，是真的。

随后，他整理官服站起来，慢慢斟了一杯酒洒在地上，祭奠了死去的老人家，感慨地说：“你这个老丈人是个智者啊，如果当时给你分三分，给他儿子留七分，恐怕小伙子早就死在你手里了！他这样做，无非是为了保全自己儿子的性命。”

最后判定，七分财产给老人的儿子，三分给女儿和女婿。

张咏的故事还没有完结，接下来出场的，是他的一位好朋友，帝国双星的另一位——寇准。张咏性格倔强，一生很少服人，但是他曾感叹：“我比不上寇准啊！”不过，他也曾暗示过寇准是个“不学无术”的家伙，这是什么原因呢？

第十六章 至道建储

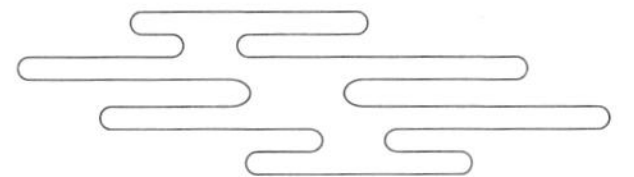

也许对太宗来说，寇准就像一个任性顽皮的孩子，一会不见就很想念，但是见面后，他的淘气令你恨不得打他一顿。不过，足以宽慰太宗在天之灵的是，这个淘气的孩子，在数年之后，依靠自己钢铁一般的意志，挽救了大宋帝国。

王小波、李顺的起义对太宗的触动确实不小。他先是让钱若水起草诏书，然后亲自修改，加了很多自我检讨的文字，说自己用人不当，导致那些掌管茶叶专卖之权的胥吏惊扰黎民，导致他们成为狂寇，从今后我要时时提醒自己，永远以从前的弊端为借鉴。

除此之外，在公元995年，下令改元为至道。

在这年的四月，太宗以吕蒙正工作太辛劳为由，将他的相权剥夺，而任命吕端为户部侍郎、平章事。所谓的“平章事”，就是实际意义上的宰相。这时候吕端年纪已经不小了，他没有参加过科举，是靠着祖荫当官的，不过这并不妨碍他成为一名杰出的政治家。

第一次给太宗皇帝留下深刻印象的，就是对赵元僖事件的处理，当赵元僖出事之后，太宗盛怒之下，把元僖的部下全都处理了，很多人就哭哭啼啼，没有固定的职位和俸禄了，担心将过着饥寒交迫的生活。

唯有吕端去找太宗，不卑不亢说：“以前我在秦王廷美府里当判官的时候，因为行为失检，被派到商州去工作，承蒙陛下提拔，又回到许王元僖身边。现在许王莫名暴毙，我们这些人负有不可推卸的责任。”

于是吕端就主动要求降级，要去担任颍州副使。

这件事给太宗留下了深刻印象，不禁想起了赵普对吕端的评价。赵普说：“我观察吕端奏请办事，不以物喜，不以贬惧，从不行喜怒于言表，实在是做台辅的人选啊。”

既然领导心里有了他，升迁就只是时间问题了。

果然没过多久，吕端就官复原职，任枢密直学士，一个月后又成为参知政事。一年之后，张咏的好朋友寇准来了，他以左谏议大夫的身份官拜参知政事。吕端请求位列寇准之下，太宗随即下令他也为左谏议大夫，位列在寇准之前，而且每次都单独召见，详谈很久。

种种迹象表明，太宗想要把吕端提升到宰相位子上来。大家一起在后苑钓鱼的时候，太宗专门赐给吕端钓鱼诗，曰：“欲饵金钩深未到，磻溪须问钓鱼人。”吕端则谦虚地回答：“愚臣钩直难堪用，宜问濠梁结网人。”

任命吕端还是有一些阻力的。有人反对，说吕端为人太糊涂了，成天不知道干些什么。太宗相信自己的眼光。他说了一句名言：“吕端小事糊涂，但是大事绝对不糊涂！”

此后不久的政治形势表明，太宗这步棋走得太对了。如果没有吕端的当机立断，帝国的未来，大约还被一些宵小文人和势利太监玩弄于股掌之间。

历史在这一刻，捏了把汗。

吕端知道寇准的脾气，两个人本来是同僚，现在自己提前当上了宰相，寇准肯定心里不服气，所以吕端便奏请由宰相和参知政事轮流押班掌印，一起在政事堂办公。开始办公以后，大家都很活跃，提出这样那样的建议来，唯独吕端少有建白，追求清净简易。

某一天，宫中忽然传出太宗一道手谕：“从今后，中书门下所有事情必须经过吕端的审查斟酌，才可以上报！”

除了吕端，紧接着张洎取代苏易简，成为参知政事。张洎之所以能登上这个位子，除了他自身比较善于钻营之外，寇准也起到了不小的作用。本来，太宗对苏易简是十分厚爱的，当年苏易简作为翰林学士承旨，晚上在玉堂值班，太宗忽然驾临，苏易简急忙摸黑穿衣服。太宗就让宫女从窗格子里举着蜡烛照明，窗格上留下蜡烛灼烧的痕迹，被作为太宗宠信苏易简的证据。

但是太宗架不住张洎和寇准的发难，终于罢免了苏易简。

寇准之所以对张洎有好感，是因为淳化初年，两人在吏部曾经共事过，寇准掌管选举事务，张洎掌管考功。寇准年纪轻，少年新晋，希望有老同志可以配合他。每天，张洎日夜都坐在曹署处办公，经常穿戴整齐站在机关门口，等待寇准进来，两人见面后，张洎深深作揖，然后退下办公，从来不说一句话。

寇准于是认定张洎是一个诚实可靠的好人，多次在太宗面前推荐。太宗在心里还是有一点阴影，因为有人说张洎这个人在李煜手下时，就经常攻击诋毁朝廷良臣，李煜杀死潘佑就有他的一份功劳。

于是太宗召见尹熙古等人，进一步了解张洎的为人。这几个人说："李煜之所以杀死潘佑，是因为恨他说话太直而已，和别人没有关系。"于是张洎得以高升。

寇准的为人作风在这里初露端倪。他性格直爽倔强，但是不善于识人，很容易被表面的毕恭毕敬所迷惑。对张洎的举荐也就没在意了，后面的丁谓可把他害苦了。

不可否认，寇准是一个伟大的政治家，曾经立下了不世奇功。但他性格有很明显的缺陷，所以才造就了自己"三起三落"的仕途经历。

寇准，华州下邽人，正史称其"少年英迈"，通《春秋》三传。在野史中，却是另一个形象——和张咏差不多，并不是一个喜欢学习的好青年。他不拘小节，酷爱飞鹰走狗，惹得母亲十分不高兴，说了很多次都不听。实在气得不行，母亲就用秤砣砸他，重重的秤砣砸在脚上，骨折流血，寇准这才幡然醒悟，从此折节读书。

发奋读书后，寇准进步很快，十九岁的时候就考上了进士。当时太宗用人往往要“临轩顾问”，看到太年轻的，往往罢去不用。有人建议寇准说：“你可以虚报年纪，以便早日得到重用。”

寇准说：“我正思进取之时，怎么可以欺骗君上？”

他刚考上进士，因为实在是年轻，迅速成为当地名人。算命先生为其预测前程道：“你的面相确实很有贵气，但是登第太早了，恐怕难以善终，以后功成就赶快身退，以免惹火烧身！”

末了，这个相面师又补充了一句晦气的话：“你的头骨相，几乎和卢多逊一模一样！”

卢多逊当年被贬到崖州，寇准后来则被贬到雷州，确实有一点相似。

关于乔装老成，这次寇准坚持了原则，并没有因为年纪问题而吃亏。根据野史记载，寇准三十多岁的时候，太宗打算重用他，但是考虑到年纪太轻，于是寇准就食用了地黄、芦菔等中草药，使自己的须发变白，以便得到重用。

这个消息当然是假的，不过完全符合寇准的行事方式。

老百姓知道寇准，大部分是从《杨家将》，或者《罢宴》《背靴》《澶渊之战》等戏曲名段中得来的。其实寇准没干那么多事，而且他也不像《罢宴》所塑造的那样，是一个恪守清苦生活的官员。

大部分时候，寇准是奢侈的。他是个很懂得享受生活的人，正史记载他“性豪奢，喜剧饮”，每每要宴请宾客了，总要把门窗都关起来，不喝尽兴了绝不罢手。家里从来不用油灯，就算厨房、马厩，也都用蜡烛照明。要知道，当时普通百姓根本用不起蜡烛。

寇准考中之后，被授予大理评事，到归州巴东担任知县。在他到达之前，郡府的领导唐某梦见有人告诉他："宰相就要来了！"第二天就有人奏报说，寇廷评前来报到。郡守又惊又喜，自然是热情款待，然后把自己的儿子都叫上来，见一见这位未来可能做宰相的大人物。

寇准走了之后，唐某的小儿子，在整个家族中排号第十四的唐极，极力劝说他的父亲："赶紧派人赶上去，把你那个新做的鞍鞯给寇准送去吧，刚才在客厅，我看他一直盯着那个东西看，肯定特别喜欢！"

果然，寇准看到这个礼物非常高兴，就问来人："谁让你送来的？"回答道是十四秀才。寇准暗自点头称许，一有机会就夸奖唐极，小伙子迅速成名。

在地方上辗转几年，寇准的政绩一直不错，没多久就被调回朝廷，在三司和吏部担任要职。因为性格原因，也因为个人才华，寇准在朝会上频频发言，锋芒毕露，取得了很好的效果。

太宗注意到了这个年轻人，询问左右的意见说："应该给寇准安排个什么职务呢？"

吏部的人回答说："开封府推官怎么样？"太宗连连摇头，略微带着愤怒道："简直胡扯，寇准怎么能当那种官呢？"吏部的人赶紧说："那就当枢密院直学士吧？"太宗想了一会，点头说："那就暂时先干着吧。"

寇准在朝廷的活跃表现获得了太宗的默许。他经常滔滔不绝给太宗奏事，每当因为不同意见而争吵，太宗愤怒起身，然后离去。但是寇准不允许他离开，上去扯住他的衣服，继续口若悬河把事情说完。

每当发生这种事情，太宗就喜忧参半道："我得到寇准，就好像文皇[①]得到魏徵一样！"

① 唐太宗。

淳化二年（991），太宗忧心忡忡坐在大殿之上，再次品味了“世间事不如意十之八九”的含义。天气莫名其妙地大旱起来，而且铺天盖地的蝗虫滚滚而来，眼看老百姓就要在秋天挨饿了。

他把足智多谋的臣子们找来，商量一下到底应该怎么办。大部分人坚持说旱灾就是单纯的自然现象，没别的原因。这句话实际上是温柔的马屁，表示对太宗统治的高度认可。

唯有寇准站出来了，大声道：“根据《洪范》的理论体系，天道与人事之间是交互感应的，犹如身子和影子、喊声与回音那样，现在天灾发生了，是因为刑法不公所导致的！”太宗脸一沉，一言不发起身回宫。

回去想了一会，太宗感觉到寇准话里有话，就又把他叫过来问话。

寇准先让太宗把枢密和中书二省的长官叫来，随后侃侃而谈：“前不久，祖吉和王淮都因为收受贿赂触犯刑法。祖吉贪污的不算太多，但是就被判处了死刑，王淮偷窃国家财产上千万，却只是被处以杖刑，而且不久后就恢复了官职。为什么？因为王淮是参政王沔的亲弟弟！”

“难道这就是‘法律面前人人平等’的法治精神？”寇准反问。

太宗问王沔是不是有这么回事，王沔叩头认罪。

这件事后，寇准在太宗心目中的形象进一步得到提升。做皇帝，怕就怕臣子们沆瀣一气，串通起来欺骗自己。寇准这样做的代价是很沉重的，为了皇权社稷，不惜成为同僚中的刺头，以后遭到陷害中伤，也在意料之中。

整个文官体系对于标新立异者的敌意是极其明显的，两年后的淳化四年（993），攻击来了。某天黄昏下班，寇准和温仲舒一起骑马走在街上，忽然从街角窜出一个精神病患者，拦住马头跪下来就连呼：“万岁！”

在任何朝代，精神有障碍的人都无须承担任何刑事责任，所以寇、温二人也就没往心里去，继续走自己的。所谓“说者无意，听者有心”，这件事被寇准的政敌张逊获知，就指使他的死党王宾进殿告状：“老百姓拥着寇准，非要称他为‘万岁’！”

张逊是太宗当晋王时的老部下，早年擅长做生意，现在和寇准同为枢密院知事，两人素来意见不合，每每奏事总要互相攻击，所以张逊才出了这个阴招。

太宗把寇准找来问话，寇准方才想起是有这么一回事，迫不及待辩白道：“当时我和温仲舒一起走的，为什么单单诬告我一个？这是张逊不怀好意啊！”张逊立马跳出来应战，两人唇枪舌剑，互相揭发隐私，唾沫星子漫天飞舞，完全无视天子的存在。

被严重忽略的太宗一忍再忍，最后，终于没忍住，下诏处理这两个人，分别降职。

寇准被放到青州去当知州。他赴任之后，太宗顿觉无聊，满朝官员现在只会唯唯诺诺遵旨行事，再没有舌战群儒的热闹，以及当面斥责同僚的勇气了。太宗很想念寇准，知道他是个好人，就对左右大臣说：“不知道寇准在青州过得好不好？”

左右大臣好不容易赶走了寇准这个“害群之马”，当然不希望他再回来飞扬跋扈，衬托自己的懦弱，所以就酸溜溜地说：“青州那地方经济条件好，寇准算是得了一个美差，当然不苦恼了。”

太宗沉默了。

过了几天，他又想起了寇准，再次感叹道：“不知道寇准在青州过得好不好？”左右大臣急了，照这架势，太宗估计很快就要把寇准召回来了。这帮人再次酸溜溜地说：“陛下您成天思念寇准，但是我听人家说，寇准在青州天天喝酒作乐，不知道他是不是也想念你？”

太宗再次默默无语，不过他还是个心里有数的人。第二年，把寇准召回来担任副宰相，这才有了吕端要求位列寇准之下的事情。

太宗这次召寇准回来，不单单是因为宫廷寂寞，而是想要商量一件高度机密和敏感的事情。这个问题很重要，关系到整个帝国的千秋基业与历史走向。

建储！

早先在淳化初年，太宗就对近臣说过："近来总是有人劝说我立太子，我不是不愿意，但是因为皇子们年龄太小，性格还不成熟，所以任命佐官乃至杂役，我都是亲自挑选，不让他们被奸佞的小人所包围。等他们年龄稍微大一些，我自有安排，你们怎么不体谅我的苦心呢？"

刚说完这话没多久，就有人再次上疏请求立储。当时元僖还没去世，这些人就极力催促太宗立元僖为太子，用词十分轻率狂妄。太宗勃然大怒，将这些人都贬到外地去了，因为为首上疏的宋沆是吕蒙正妻子的族人，所以吕蒙正也受到牵连，第一次被罢相。

正如我们在前面所了解到的，太宗两个儿子，一疯一死，给他造成了沉重的打击，但是随着自己年岁渐长，帝国必须有接班人，这件事就被提上了日程。这是一个高度敏感的话题，就连寇准，也不敢大大咧咧轻率回答。

太宗见到寇准后，心情十分激动，这时他的脚伤已经比较严重了（估计是高梁河兵败时中箭的部位）。他撩起衣服给寇准看他的伤口，略带抱怨说："爱卿你怎么现在才来呢？"寇准语带双关道："臣下没有受到召见，不敢轻易到京城里来！"

太宗直切主题问道："你看这几个皇子，有谁适合于托付帝位？"

寇准的回答很谨慎。他不动声色道："陛下您为天下人选择太子，不可与宦官、妇人商量，也不可和近臣商量！只有您自己选择，能孚天下人众望的人！”言下之意，知子莫若父，你不要被左右的小人迷惑了耳目。其实寇准这句话里的妇人、宦官乃至近臣，都是有所指的，只不过出于小心，没有公开说出来而已。

太宗沉默良久，然后屏退左右，小声问道：“你看赵元侃如何？”

寇准口风还是那么紧：“圣上您既然觉得可以，希望早做决定！”

赵元侃是太宗的第三个儿子，他随即被任命为开封府尹，改封为寿王，确立了太子的身份。等册立太子的消息传出去后，民众顿时疯狂了，守候在街上等待太子拜祭祖庙回来。

老百姓看到太子气宇轩昂的模样，都啧啧赞叹说：“真是少年天子啊！”

看到儿子如此受欢迎，太宗心里有点不舒服了：我还没有退休呢，你们就“移情别恋”了！他找到寇准抱怨说：“你看，现在人心迅速就归顺太子了，把我放到什么位置去？”

寇准再次跪拜道：“陛下，这才是国家的洪福啊！”

太宗想想：“也对，我儿子要是没有群众基础，那岂不是更可怕？”这才高兴起来，召集后宫宣布此事，然后和寇准尽情饮酒，大醉而归。

太宗确实有点敏感过头了。老百姓之所以如此高兴，是因为自从五代离乱以来，天下已经有百年左右没有举行过册立太子的仪式了，所以人们才如此兴奋。

根据小道消息，太宗之所以让赵元侃做太子，是因为他曾经找了一个异僧，来给诸王相面。这个异僧看过了七个人之后，赵元侃还在睡懒觉。但是和尚断言说：“我看其他人都不如这个睡觉的王子！”

太宗说：“你还没见过他呢，怎么知道？”

和尚指着赵元侃的大门说：“你看门口站立的那三个仆人，都是将相之才，他们的主人怎么可能差？”门口那三个人，就是后来的宰相张耆、杨崇勋和太尉郭承祐。

按照规律，这个将要当皇帝的人，也必须有一些神奇的表现，比如说他出生的时候赤光绕室，脚底板上的纹路形成一个“天”字。

再比如说，他小时候在内宫，爬上太祖的皇位玩耍，太祖也很喜欢这个小侄子，就问他说：“天子好不好当？”小家伙回答说：“但凭天命而已！”

解决了太宗的后顾之忧，寇准在中书省干了两年，又出事了！至道二年七月，寇准被罢免为给事中。

事情的起因还是因为他的性格，先前在郊外祭天行施庆赏，朝廷内外的官员都获得加官晋级。寇准意气用事的毛病又出来了，凡是平时对他恭敬有礼的人，都得到好位子，而那些和他关系不妙的，自然就吃亏了。

有一个叫冯拯的人跳出来了。此人以前因为建储之事，被太宗骂得狗血淋头，和寇准关系不妙。他检举说：“那个彭惟节的排名一直在我后面，为什么这次提得比我高？”彭惟节自己也知道不正常，所以写奏章时，还很知趣地把自己排在冯拯后面。

寇准大怒，使用中书省的堂帖，以法令的形式将冯拯赶到后面去。冯拯当然出奇的愤怒，立刻发难攻击寇准专权，处事不公。有人开头，就立刻有人跟进，马上又有检举信递到了太宗的案头，说吕端、张洎和李昌龄都是寇准举荐的，且都是中书省的大员，他们不敢得罪寇准，所以寇准在中书省简直就是一霸，胡作非为。

太宗听说中书省成了寇准的天下，就找他前来谈话。随口问起冯拯这件事，寇准立刻慷慨激昂，滔滔不绝。太宗说：“你身为执政大臣，在朝堂上如此争执，实在是有失体统！”

寇准不听，依然为自己辩护不已。

太宗感叹说：“麻雀和老鼠尚且知道体会人的意思，何况人呢？”言下之意，寇准你怎么不能忍一忍，做一个温和有风度的人。

太宗以为这件事就算完了，寇准还不答应。

第二天一上朝，太宗顿时哭笑不得，寇准早就抱着中书门下的簿册站在那里，继续为自己贬低冯拯辩解。虽然说人年纪大了脾气就小了，但太宗又没忍住，把倔强的寇准又贬到邓州去了。

也许对太宗来说，寇准就像一个任性顽皮的孩子，一会不见就很想念，但是见面后，他的淘气令你恨不得打他一顿。不过，足以宽慰太宗在天之灵的是，这个淘气的孩子，在数年之后，依靠自己钢铁一样的意志，挽救了大宋帝国。

寇准被赶出去之后的第二年，至道三年（997）二月二十八日，太宗已经无法视朝，次日，在万岁殿驾崩。他身边的一些人，迅速行动起来，而且为了一个共同的目标，走到了一起，并临时结成联盟。

这个小集团的临时领导，就是那个亲身参与了“烛影斧声”的王继恩。他当年灵机一动转弯到了晋王家里，才换来了后来的荣华富贵。他显然是尝到了甜头，希望在新旧政权交替的关键阶段，再次插上一脚，保住眼前的富贵。

积极参与此项活动的，还有前面出现过的胡旦，此公首鼠两端，投机心极重，也希望借此一飞冲天。

另外作为内应的，还有太宗的李皇后，以及李皇后的弟弟李继隆。温柔贤淑、人品不错的李皇后，为何要蹚这个浑水，我们没有明确的答案，大概是出于对自我安全的考虑吧。毕竟，太宗的小孩都不是她亲生的。

这些人不知道如何串联到一起的，总之，他们事先肯定开过小会，决心在太宗驾崩之后，瞅准机会兵行险招，创造属于他们的权力时代。

当然单凭王继恩的智慧，是很难把问题想得足够深入的。他主要是受了自己的心腹潘阆的启发。

潘阆，字逍遥，又号逍遥子，性格狂放不羁，以参加科举考试为耻，成天号称闲云野鹤，叫嚷着要进山修行或者流浪江湖。

其实明眼人不难看出，此人是想走一条“终南捷径”，以如此个性的表演引起权贵的注意，然后步步高升。

费尽心机后，潘阆的招数终于奏效，没多久他就引起了王继恩的注意，被推荐到太宗那里，得到了同进士出身的资格和官职。出于对王继恩的感激，潘阆给他出了个主意。

潘阆说：“寿王赵恒已经被立为太子了，所以他认为自己肯定会当皇帝，我们如果去拥戴他，他即位之后，也不会感激我们，所以就没有任何好处。反之，如果我们去烧冷灶，找一个本来没希望当皇帝的人，把他推上去，他肯定会对我们感恩不尽，那么……”

潘阆和王继恩相视一笑，就此决定，把发疯的赵元佐推出来，因为他是长子，这是个无可匹敌的优势。

应该是听了潘阆的建议之后，王继恩才积极联络了其他成员，虎视眈眈等着太宗去世。

但他们最终失败了，败在一个大智若愚的胖老头手里，这个胖老头就是吕端。

吕端是个很可爱的人。他当年因为辅佐廷美被贬往商州，太宗严令禁止骑马，他照骑不误，同僚劝告他说：“还是不要骑了，以免招致灾祸！”吕端拍着座下的马笑呵呵说：“不是我的灾祸，而是这个长耳[①]的

① 指马。

灾祸[①]！”

寇准和吕端关系也还不错，曾经屡次给太宗建议：“吕端非是常人，越来越老了！”敦促太宗重用他。吕端有一天等待寇准去办事，等了很久寇准不出来，里面人说：“寇参政正在洗脸呢！”吕端又笑了，开玩笑说：“马喂饱了吧？可别被我压坏了！”

就这样一个老头子，彻底搞黄了王继恩的得意之作。太宗病重的时候，吕端到宫中去探望，看到太子不在身边，就怀疑有什么变故，赶紧在笏板上写了“大渐”两个字，派人送给太子，意思是皇帝已经病危了，叫他做好准备。

不久太宗去世，王继恩来找吕端说：“太后让你过去商量，究竟谁来继承皇位！”

吕端听这话苗头不对，很明显有废掉太子重新推举的倾向，怎么办？如果是一个没有城府的人，沉不住气就会脱口而出：“明明已经立了太子了，他就是法定的皇位继承人，还有什么可讨论的？”

吕端没有，他相当沉着，若无其事说：“先帝早先已经写好遗诏了，就放在中书阁里，麻烦宣政使您亲自去拿一下，我们一看就知道谁来继承大统，成为新的天子！”

王继恩也是利令智昏，过分的焦灼早已掩盖了他本来贫乏的智慧，急忙抢先一步窜进书阁去，寻找所谓的“先帝遗诏”。

吕端迅速合上大门，拿出一把大锁，咔嚓一声将王继恩锁在里面，然后迅速入宫去见李皇后。

李皇后看到吕端一个人来了，不见了王继恩，顿时就胆怯了三分，她说：“先帝驾崩，应该是拥立长子才合乎礼法，现在怎么办？”吕端

① 自嘲体重太大，把马要压坏了。

面无表情大声说："当年立太子就是为了今天，岂容另有异议？"于是迅速张罗太子进殿，继承皇位。

当新皇帝垂帘接见群臣的时候，吕端害怕有人冒充，还专门过去掀开帘子观察，这才率领群臣山呼万岁。就这样，大宋朝这才顺利走到了第三代。

真宗即位后，第一件事就是从部下张耆家里，接回来一个靓丽女子，名叫刘娥。到这一年为止，其实她和真宗不为人知的交往已经进行了十五年，随着真宗成为九五之尊，她也步步高升，差一点就成了第二个武则天。

这是一个漫长的故事……